Das Buch

Am 13. März 1984 verschwindet die ostdeutsche Austauschstudentin Kerstin Beck scheinbar spurlos im sowjetisch besetzten Kabul. Während der DDR-Botschafter mit Hilfe des afghanischen Geheimdienstes die Stadt nach ihr absuchen lässt, ist sie längst mit einer kleinen Gruppe von Freiheitskämpfern unterwegs nach Pakistan.
Nach über 20 Jahren erzählt Kerstin Beck nun von ihrer abenteuerlichen Flucht über die zerklüfteten Berge des Hindukusch, durch Regen, Schnee und zerstörte Dörfer, vorbei an Blindgängern und sowjetischen Militärposten. Nach Überquerung der Grenze lauern andere Gefahren auf sie: Grenzmilizen wollen einen russischen Spion in ihr erkannt haben, sie soll zum Islam bekehrt werden und einen Mudschahedin-Kommandanten heiraten. Hinter den Kulissen pokern die Geheimdienste um ihr Schicksal. Nach vier bangen Wochen fliegt sie endlich nach Westdeutschland, ihr Traum von einem neuen Leben wird wahr …

Die Autorin

Kerstin Beck wurde 1960 in Gera geboren. Von 1980 bis 1983 studierte sie Asienwissenschaften an der Humboldt-Universität zu Berlin. Nach ihrer Flucht studierte sie Vorderasiatische Archäologie, Iranistik und Assyriologie an der Universität Heidelberg. Sie lebt mit ihrer Familie in Frankreich.

Kerstin Beck

Verschleierte Flucht

Mein Weg in die Freiheit

Ullstein

Meiner Familie und den afghanischen Völkern.
Möge endlich Frieden einkehren in Afghanistan!

Besuchen Sie uns im Internet:
www.ullstein-taschenbuch.de

Umwelthinweis:
Dieses Buch wurde auf chlor- und säurefreiem Papier gedruckt.

Ungekürzte Ausgabe im Ullstein Taschenbuch
1. Auflage Juni 2006

Umschlaggestaltung: Büro Hamburg
Titelabbildung: © Desmond Boylan/Reuters/Corbis
Satz: Pinkuin Satz und Datentechnik, Berlin
Gesetzt aus der Aldus
Druck und Bindearbeiten: Ebner & Spiegel, Ulm
Printed in Germany
ISBN-13: 978-3-548-36851-1
ISBN-10: 3-548-36851-4

Sainab

Kabul, 14. März 1984, 6.30 h

»*Sub be chair* – Guten Morgen«, sage ich leise durch das Stoffgitter vor meinem Gesicht zu den beiden Frauen.

»*Sub be chusch* – Guten Morgen, hast du gut geschlafen?«, fragt mich höflich die in der Mitte sitzende verschleierte Frau.

»Danke, gut, haben Sie auch gut geschlafen?«

Sie nickt und bedankt sich.

Ich wende mich noch an die daneben sitzende Verschleierte, frage sie nach ihrem Befinden und bekomme die übliche Antwort. Es gehe ihr gut und sie hofft, dass es mir auch gut gehe.

»*Maschallah*«, sagt Assad-Ullah zum Fahrer und bittet damit Allah um seinen Beistand für unsere Fahrt. »Bist du bereit?«

»*Ballee* – Ja«, antworte ich entschlossen. »Ich bin bereit!«

Dann füge ich hinzu: »So bequem hatte ich mir eine Flucht gar nicht vorgestellt.«

»Warte es ab, du hast noch einen langen Weg vor dir. Jetzt fahren wir erst einmal als Familie getarnt zum Verwandtenbesuch in ein Dorf außerhalb von Kabul. Unterwegs gibt es eine Polizeikontrolle. Falls dich je irgendjemand etwas fragt, sagst du, dass du die tadschikische Cousine aus *Masare Scharif* bist und – ja, wie sollen wir dich nennen?«

»*Sainab*«, sage ich, »so wie das Kino, vor dem wir uns gestern Abend getroffen haben.«

»Ein schöner Name«, sagt die Frau unter dem Schleier neben mir.

»Also du heißt ab jetzt *Sainab*«, wiederholt Assad-Ullah noch einmal.

Anstatt in einem Aeroflot-Flugzeug nach Taschkent sitze ich in einem gelben afghanischen Taxi und schaue durch das Gitter meines grünen Ganzkörperschleiers aus dem Seitenfenster auf die von der Morgensonne hellgelb leuchtenden Bergspitzen, die das fast 2000 Meter hoch gelegene Kabul wie eine Mauer umgeben. Diese Berge Afghanistans sind überwältigend, beeindruckend und wunderschön.

Vorn im Auto sitzt zwischen Assad-Ullah und dem Taxifahrer ein Junge, der sich die ganze Zeit nach hinten umdreht.

»Sei nicht so neugierig«, sagt Assad-Ullah zu ihm. »Du bekommst sonst einen schiefen Hals.« Zu mir gewandt, sagt er: »Das ist mein jüngster Sohn.«

»Wie heißt du?«, frage ich ihn in Dari.

»Esmat«, sagt er kleinlaut und dreht sich schnell wieder nach vorn.

Unser Fahrer lenkt sein Taxi geschickt und in zügigem Tempo aus Kabul heraus über schmale unbefestigte Wege, durch engste Gassen zwischen Lehmhäusern hindurch, nur Zentimeter entfernt von den offenen *Dschuies*, den Abwasserkanälen, die die ganze Stadt durchziehen. Er kennt den Weg ganz genau und weiß, wo er lang muss.

Prolog

Als im Herbst 2001 nach einem *Blitzkrieg* des amerikanischen Militärs in Afghanistan die Schreckensherrschaft der Taliban beendet und im Dezember eine neue afghanische Regierung gebildet wurde, reiste der Chefkorrespondent der Nachrichtenagentur Reuters Ende Dezember desselben Jahres nach Kabul. Ich bat ihn, sich nach einer Pizzeria in der *Chickenstreet* zu erkundigen, ob dessen Besitzer noch ausfindig zu machen sei. Ich bat ihn auch, sich im *Kartehje Seh,* einem Stadtbezirk Kabuls, umzusehen.

Aber nichts und niemand war mehr da. Keiner von den jungen afghanischen Agentur-Kollegen hatte je etwas von einer Pizzeria gehört, der 3. Stadtbezirk Kabuls war vollständig zerstört und unbewohnbar. Ich hatte gehofft, irgendjemand, irgendetwas sei noch da vom Kabul der 80er Jahre, doch die Bilder waren gespenstisch, die Stadt, in der einst meine verschleierte Flucht ihren Anfang genommen hatte, war eine einzige Ruine.

20 Jahre sind vergangen. Die Welt hat sich verändert: Es gibt keine Mauer mehr, die Deutschland 28 Jahre lang teilte und die Menschen in der DDR an Flucht denken ließ. Es gibt seit 1989 in Afghanistan auch keine sowjetischen Besatzer mehr, gegen die die verschiedenen Mudschahedin-Organisationen kämpften. Es gibt keine benachbarte Sowjetunion mehr, sondern selbständige, islamische, mittelasiatische Republiken.

In Kabul regiert ein neuer Präsident mit gepflegtem Bart und eleganter Kleidung. Doch Frieden herrscht nicht in Afghanistan.

Anfang der 1990er Jahre hatten sich aus einem Teil der

Mudschahedin die Taliban formiert, die mit einer religiös-fanatischen Diktatur zehn Jahre lang die Menschen in ihrem Land terrorisierten, ihnen jegliche persönliche Freiheit nahmen, Musik, ein Lebenselixier der Afghanen, verboten, den Männern selbst die Länge des Bartes vorschrieben, die Frauen unter einen hellblauen Schleier steckten und den Kindern einzig das Auswendiglernen des Korans in einer ihnen fremden, der arabischen Sprache erlaubten.

Was treibt Menschen zu solchem uns unverständlichen kollektiven, religiösen Fanatismus? Wieso lässt sich ein freiheitsliebender Afghane das Denken vorschreiben? Kann man das je irgendwie nachvollziehen, verstehen?

Der Grundstein dazu wurde schon in den 1980er Jahren, in der Zeit der sowjetischen Besatzung gelegt. Der Islam sollte ein Gegengewicht zur kommunistischen Regierung in Kabul darstellen. Im Laufe der Jahre hat sich dieser Prozess verselbständigt, bekam eine nicht mehr aufzuhaltende Eigendynamik, ist ausgeufert, wurde angeheizt von Mullahs, Predigern, Politikern, Hintermännern, wurde finanziert durch Drogenhandel, bekam Unterstützung von militanten Eiferern, von Besessenen, die Kämpfen und Krieg als Lebensinhalt betrachten. Ein Afghane, der heute 25 Jahre alt ist, hat nur Krieg erlebt, er kennt kein anderes Leben, er kann nicht anders als kämpfen – um sein Leben, gegen einen Feind, wer auch immer der sei.

Die Menschen in diesem Land haben ihren eigenen Charakter, geformt durch die harten Lebensumstände. Der eine verzweifelt daran, findet Trost im Gebet, der andere arrangiert sich mit ihnen, der Nächste sucht seinen Vorteil und nutzt die Not selbst des Nachbarn aus. Das Maß der Dinge ist in Afghanistan ein anderes. Ein Streit eskaliert schneller, das Messer sitzt lockerer in der Tasche. Mudschahedin machen keine Gefangenen, sie machen kurzen Prozess. Als Ende September 1983 ein afghanischer Offizier der in Kabul stationierten 8. afghanischen Infanterie-Division und zwei seiner russischen

Berater entführt wurden, begrub man sie bei lebendigem Leib, weil eine Erschießung zu viel Lärm gemacht hätte. Man muss ständig auf der Hut sein. Der bewusstseinsverändernde Drogenkonsum, den ich bei einem meiner vier Begleiter erlebt habe, baut jegliche Hemmungen ab und ist erschreckend. Das Leben ist elementarer, brutaler, härter, selektiver. Zu oft geht es einfach nur ums Überleben, und da ist jedes Mittel recht.

Doch Afghanistan besteht nicht einzig aus machthungrigen religiösen Fanatikern. Es gibt auch Menschen, deren Herz nicht durch den täglichen Anblick von Blut und Brutalität versteinert wurde, die ihr Leben riskieren, um anderen zu helfen – und die sich verlieben können, die sensibel sind für ihre eigenen Gefühle und die Gefühle anderer, die das ganz zurückhaltend zeigen.

Ich war im September 1983 für ein sechsmonatiges Sprachpraktikum über Moskau und Taschkent nach Kabul geflogen. Zuvor hatte ich schon sechs Semester an der Humboldt-Universität Berlin Asienwissenschaften mit der aufgrund der damaligen politischen Entwicklung einmaligen Spezialisierung auf Afghanistan studiert. Doch ich war nicht nur zum Studieren nach Kabul gekommen, sondern auch mit dem Vorsatz, nicht wieder in die DDR zurückzufliegen. Ich wollte nach Pakistan und von da aus nach Westdeutschland gelangen. Auch deshalb hatte ich mir so ein exotisches Studienfach ausgesucht. Die Chance, über die innerdeutsche Grenze zu flüchten, war gleich null, die Grenze zwischen Afghanistan und Pakistan hingegen durchlässig. Um mir die Möglichkeit dieses Auslandspraktikums zu sichern, musste ich mich unauffällig und linientreu verhalten, keine FDJ-Veranstaltung oder marxistisch-leninistische Philosophievorlesung versäumen, mich für den Führerschein und ein Auto anmelden. Ich hatte eine Arbeitsstelle im Ministerium für Kultur in Aussicht, alles Dinge, die an meiner Staatstreue und Rückkehr aus Afghanistan keinen Zweifel ließen.

Meine Flucht-Vorstellung damals war, allein, per Anhalter und zu Fuß nach Pakistan, das kein Auslieferungsabkommen mit der DDR hatte, zu gelangen. Dass dies völlig absurd war, wurde mir schon bei der von sowjetischen Kampfhubschraubern begleiteten Landung auf dem Flughafen von Kabul klar. Das Flugzeug musste sich in einer schier endlosen Spirale aus acht Kilometern Höhe auf das Hochplateau von Kabul herunterschrauben, um einem Raketenbeschuss der Mudschahedin zu entgehen. Das Erste, was man von oben deutlich sah, war das Gefängnis von Kabul und wenige Kilometer entfernt die Landebahn des Flughafens. Links und rechts der Piste lagen Wrackteile von Flugzeugen und Hubschraubern. Was für eine makabre Begrüßung! Dieser Anflug führte mir deutlich vor Augen, dass in diesem Land der Ausnahmezustand herrschte. Alle Berichte im DDR-Fernsehen über die friedliche sozialistische Bauern-Revolution waren eine große Lüge. Die Regierung von Barbrak Karmal funktionierte nur in der Hauptstadt und nur mit Hilfe des sowjetischen Militärs. Außerhalb von Kabul hatten die Stämme und ihre Krieger das Sagen. Die Mudschahedin kontrollierten beinahe jeden Quadratmeter ihres Landes. Mit ihren täglichen Guerilla-Aktionen destabilisierten sie die Lage in Kabul und den Provinzhauptstädten.

Um meine Flucht durchzuführen, musste ich Kontakt zu Afghanen bekommen, die mir dabei behilflich sein würden. Die ersten zwei Monate hielten wir sieben ostdeutschen Austauschstudenten uns streng an die von der DDR-Botschaft ausgegebenen Vorschriften, die nur zu unserer eigenen Sicherheit sein sollten. Wir sollten weder ein Taxi noch den öffentlichen Bus benutzen. Zu groß sei die Gefahr einer Entführung. Um zur Universität zu gelangen, durften wir den »Professoren-Bus« benutzen, der jeden Morgen durch unser Viertel und den Bezirk Mikrorayon fuhr, um die afghanischen Hochschullehrer einzusammeln. Als der Fahrer eines Morgens dick vermummt und mit Sonnenbrille auf der Nase seinen Kleinbus neben uns stoppte, stellten wir fest, dass der Bus keine Windschutzscheibe mehr hatte und vorn ziemlich verbeult aussah. Da in Afghanistan alles nicht so dramatisch genommen wird, machten wir erst Witze über seine Gangster-Verkleidung, aber die Geschichte, die er erzählte, war gar nicht so lustig. Er war am Vortag beschossen worden.

In den Basar oder in die nicht weit entfernte *Schahre Nau* mit ihren vielen Läden sollten wir mindestens zu zweit gehen, dabei keine persönlichen Beziehungen zu Händlern aufbauen. Sollten wir Einladungen von Studenten, Lehrern oder Händlern bekommen, dann musste mit der Botschaft abgeklärt werden, ob wir annehmen durften oder ablehnen mussten. Auch zu westlichen Personen, angefangen beim Klassenfeind BRD-Bürger bis hin zum abtrünnigen Ungarn, sollten wir keinen Kontakt herstellen, selbst wenn wir ihnen zwangsläufig über den Weg laufen würden. Sollten wir mit ihnen im gleichen Laden zur gleichen Zeit sein, dann mussten wir so tun, als ob sie Luft wären. Wenn es zu politischen Diskussionen mit Afghanen kam, dann sollten wir ihnen die Vorzüge des Sozialismus aufzeigen. Ausgerechnet! Besuche des westdeutschen, des britischen oder gar des UN-Clubs waren uns verboten. Sollte die Versuchung auch noch so groß sein, die Einladung noch so nett gemeint sein: Würden wir da hineingehen, wäre eine sofortige Rückkehr in die DDR die Folge, Studium und Karriere wären beendet.

Mit der Zeit lockerten sich die Überwachungen, mit dem Winter fielen nicht nur die Temperaturen, sondern mangels Heizung und Lehrern auch häufig der Unterricht an der Universität aus. Wir verlegten daher unser Sprachlernprogramm in die Läden der Basare und in eines der wenigen Restaurants von Kabul. Ich sprach inzwischen ziemlich gut *Dari*, das afghanische Persisch, konnte an der Mimik und den Worten meines Gegenübers seine Ansichten über die Besetzung seines Landes abschätzen und wartete nur auf eine Gelegenheit, allein mit dem Afghanen zu sprechen, von dem ich glaubte, er würde nicht nur meinen Fluchtwunsch verstehen, sondern mir auch noch dabei helfen.

Mein erster Gesprächsversuch war ein Volltreffer in jeder Hinsicht. Das war Anfang November 1983. Tasa Gul, ein ruhiger, sympathischer Geschäftsmann und Besitzer der Pizzeria, in der halb Kabul ein und aus ging, versprach mir, sich zu erkundigen, könne mir aber jetzt schon sagen, dass im Winter eine Überquerung des Hindukusch unmöglich sei, ich müsse bis zum Frühling warten. Ich sagte ihm, dass der 14. März 1984 der Tag der geplanten Rückreise in die DDR sei. Darauf antwortete er, dass ich Geduld haben solle, er würde mir Bescheid geben, wenn es so weit wäre. Bis Weihnachten 1983 lagen all meine Hoffnungen allein bei ihm, seinen Verbindungen zu den Mudschahedin, von denen ich wusste, und seinen Verbindungen zu den Geheimdiensten, von denen ich nichts wusste.

In einer Einkaufsstraße von Kabul, der berühmten *Chickenstreet*, machte ich die Bekanntschaft eines jungen westdeutschen Diplomaten. Zufällig (!) war er der Konsul in der Botschaft. Ich hatte seinen Namen schon auf dem eingeklebten Visum in Tasa Guls Pass gelesen, mit dem er Ende November nach Deutschland gereist war. Vielleicht wüsste er ja einen einfacheren Fluchtweg als ausgerechnet zu Fuß über die Berge Afghanistans? Er wohnte nur ein paar Querstraßen weiter; ich besuchte ihn trotz aller Risiken ein paar Mal und fragte ihn irgendwann, ob er die Möglichkeit hätte, mir bei einer Flucht mit einem westdeutschen Reisepass zu helfen. Genauso gut hätte ich ihn fragen können, ob er mir nicht mal eben einen Platz in der Mondfähre freihalten könne. Sein »Nein« war definitiv, er wolle seine Karriere für so was nicht aufs Spiel setzen. Außerdem wäre es besser, wenn wir uns nicht mehr treffen würden. Er gab jedoch den »Vorfall« an seinen Botschafter weiter, der seinen Militärattaché informierte. Dieser wiederum setzte seinen Kollegen der amerikanischen Botschaft davon in Kenntnis.

Es war der zweite zu den Geheimdiensten durchgesickerte Hinweis auf meine Fluchtabsicht. Den ersten hatte Tasa Gul bereits ein paar Wochen zuvor abgeliefert und damit ein unfassbares Räderwerk in Bewegung gesetzt, von dem ich nicht einmal ahnte, dass es existierte.

Lediglich gewundert habe ich mich manchmal über diesen und jenen Zufall, diese und jene Bemerkung und Information. Ich war jahrelang der Ansicht, meine gelungene Flucht habe ich allein einer kleinen Gruppe von selbstlosen, gottesfürchtigen Freiheitskämpfern zu verdanken und einer gehörigen Portion Glück. Über »Glück« und dessen Abhängigkeit von den Umständen nachzudenken fiel mir erst viel später ein.

Das Kabul von heute befindet sich in der gleichen Situation wie das Kabul im Herbst 1983. Einzig die Akteure wurden ausgetauscht. Die Regierung von Hamid Karsai hält sich nur mit Hilfe der von den Vereinten Nationen beauftragten Militärgesandtschaften an der Macht. Würden die abziehen, so wie die Sowjets 1989, das Land würde wieder erst im Chaos und dann in der Anarchie einer Taliban-Herrschaft versinken. Die Auswirkungen der Ereignisse in Afghanistan sind bis nach Europa zu spüren. Wie vor 20 Jahren sowjetische Soldaten riskieren nun auch deutsche Soldaten ihr Leben, um einen Status quo in einem ihnen völlig fremden Land mit einer unbekannten Kultur und Religion zu sichern.

Mit meinem Buch will ich nicht nur die Geschichte meiner Flucht erzählen, sondern auch ein weit entferntes Land näher bringen, so wie ich es mit meinen Augen gesehen habe. Meine Zeit in Kabul und die Flucht über die Berge Afghanistans haben mir gezeigt, dass zwischen einem fanatischen Moslem, der ohne Rücksicht und Mitleid andere und sogar sich selbst töten kann, und einem gläubigen Moslem, der im Koran einen Leitfaden für ein gottgefälliges Leben sieht, Welten liegen.

Der Glaube an eine hilfreiche, schöpferische Kraft, die in jedem Menschen ruht, ließ mich das fast Unmögliche schaffen. Ich habe zwar keine Berge versetzt, aber einen Weg darüber und viele Erkenntnisse gefunden.

Allahs ist der Osten und der Westen.
Er leitet, wen Er will,
auf den geraden Weg.
(Koran 2.142)

Verschleierung

Kabul, Mittwoch 14.3.1984, 6.30 h

Am 13. März, Dienstagabend, war ich mit Assad-Ullah, einem Gebietskommandanten der afghanischen Freiheitskämpfer, den *Mudschahedin*, im Haus seiner Mutter am südlichen Stadtrand von Kabul eingetroffen. Ich hatte die herzliche Gastfreundschaft der Familie genossen, war begrüßt worden wie eine heimgekehrte Tochter und saß bis in die Nacht mit den Frauen des Hauses zusammen auf den am Boden liegenden Baumwollmatten, trank Tee und redete mit ihnen über das für sie wichtigste Thema überhaupt: die Familie. Sie fragten mich über alles aus, was sie dabei interessierte.

»Hast du Mutter und Vater?« – »Ja.« – »Leben die noch?« – »Ja.« – »Hast du Geschwister?« – »Ja, eine Schwester.« – »Hast du einen Mann und Kinder?« – »Nein.« – »Warum nicht, du bist doch schon 24, du musst bald heiraten, sonst bist du zu alt.« – »Seit wann bist du in Kabul?« – »Seit sechs Monaten.« – »Was hast du an der Universität gemacht?« – »Paschtu und Dari studiert.« – »Warum willst du nach Pakistan?« – »Ich will nicht zurück in die DDR.« – »Ist das Ostdeutschland?« – »Ja.« – »Da regieren doch die Kommunisten.« – »Ja.«

Schließlich sagte eine ältere Frau: »Es ist gut, dass du mit dem Kommunismus Schluss gemacht hast. Hier wollen sie auch den Kommunismus einführen. Aber diese neuen Sitten in Kabul sind schlecht für unser Land. Mein Sohn wird dir helfen, nach Pakistan zu kommen. Dann kannst du entscheiden, was du tun willst. Kennst du auch die *Kalima*?«

»Ja«, antwortete ich und dankte im Stillen meinen Professoren der Humboldt-Universiät in Berlin für den umfassenden Islamkunde-Unterricht, der auch das Glaubensbekenntnis der Moslems zum Inhalt hatte.

»Sag sie doch mal auf!«, forderte mich eine andere Frau auf.

So sprach ich zur Zufriedenheit aller die drei arabischen *Kalima*, die für mich wie Zauberformeln wirkten:

»*Bismillah ar-Rahman ner-Rahim* – Im Namen Allahs, des Erbarmers des Barmherzigen. *La illah-hi illala wa Muhammad Rassul Allah* – Es gibt keinen Gott außer Allah und Mohammad ist sein Gesandter. *Allah-hu akbar* – Allah ist größer.«

»*Afarin* – ausgezeichnet«, lobten mich die Frauen und nickten mir lächelnd zu.

»Ah, du bist Muslima geworden, gut, gut«, kommentierte die *Madar-Kalan*, die Oma, aus ihrer Ecke, »willst du nicht einen *Mudschahed* heiraten?«

Ich war belustigt über das Angebot und versteckte mein Gesicht hinter den Händen. Ich konnte ja nicht wissen, wie ernst sie das meinte. Und was ich zu dem Zeitpunkt noch nicht ahnte: Das gleiche Angebot würde mir noch des Öfteren unterbreitet werden.

Nachdem nun alles gefragt und gesagt war, verteilten die Frauen und Mädchen weitere Matratzen im Zimmer, die sie von einem hohen Stapel aus der Ecke des Zimmers holten. Endlich legten sich alle schlafen. Die Frauen und Kinder schliefen in einem Zimmer, die Männer und älteren Jungen, die sich nicht im Frauenzimmer aufhalten durften, in einem Nebenzimmer.

Aufgeregt vom Ausgang dieses Tages, drehte ich mich noch hin und her und schlief dann schließlich ein. Mitten in der

Nacht wachte ich auf, weil ich Bauchkrämpfe hatte und dringend auf die Toilette musste. Traditionelle afghanische Häuser haben jedoch keine Toilette mit Sitz und Wasserspülung, sondern man geht im wahrsten Sinne des Wortes auf das Häuschen im Hof. Man muss eine kleine Holz- oder Lehmtreppe hochsteigen, um auf das Dach des Toilettenhäuschens zu gelangen. Dort zielt man in ein kleines Loch in der Mitte des Daches das große Geschäft, während das kleine Geschäft eine Lehmrinne entlangläuft und draußen in den offenen stinkenden Abwasserkanal tropft. Damit man dabei nicht nass wird oder einen Sonnenstich bekommt, gibt es immerhin ein Dach darüber. Die Seiten sind halb hoch ummauert. Alle paar Wochen wird das Innere des Häuschens entleert und als Dung für die Felder verwendet.

Ich schlich mich also nach reiflicher Überlegung aus dem Zimmer.

»*Kudscha meeri*? – Wo gehst du hin?«, wollte gleich eine wachsame männliche Stimme aus der Ecke des Hofes wissen.

»Aufs Klo«, flüsterte ich zurück.

»Weißt du, wo es ist? Brauchst du Hilfe?«, fragte die Stimme wieder.

»Ja, ich weiß, wo es ist, und nein, danke, ich brauche keine Hilfe. Es geht schon«, flüsterte ich so entschlossen wie möglich und kletterte die ausgetretenen Stufen der Holztreppe hoch.

Ein greller Lichtblitz blendete mich unvermittelt, ich fühlte mich irgendwie ertappt. Doch es war nur einer der zwei riesigen Scheinwerfer auf dem *Asamai*-Berg mitten in Kabul, der die Stadt und die umliegenden Berge ableuchtete, um Mudschahedin aufzuspüren und bei ihren vorwiegend nächtlichen Aktionen zu stören.

Heute Morgen, es war noch stockdunkel draußen, sollte ich mich umziehen, mir afghanische Kleidung anziehen: eine weiße, lange, pyjamaartige Hose mit Spitzenmuster am unteren

Rand und einem sehr weiten Bund, der von einer Schnur zusammengerafft und gehalten wird, ein weinrotes wadenlanges Kleid aus dickem Baumwollstoff mit kleinen aufgedruckten schwarzen Blüten, etwas zu kleine afghanische Pumps, einen weißen Haarschleier und darüber einen ausgewaschenen grünen afghanischen Plisseeschleier, wie ihn viele Frauen in der Stadt tragen. Mir war erklärt worden, wie man den Schleier hochklappt, so dass der vordere bestickte, nur bis zu den Knien reichende Teil auf dem Kopf liegt, während der Plisseestoff weiterhin den Rücken verhüllt, und was ich machen muss, wenn das Kopfteil, an dem der ganze Schleier angenäht ist, verrutscht.

»Wenn der Schleier nach hinten rutscht, ziehst du innen an dem kleinen angenähten Stoffläppchen unterhalb des Gitters. Außerdem kannst du dir damit die Nase abwischen, wenn sie tropft. Beim Laufen hältst du mit der linken Hand die Vorderseite zu, damit der Schleier nicht so rumflattert«, hatte mich Bibi Dschan in die Geheimnisse der *Tschadri* eingeführt.

»Eigentlich eine sehr praktische Sache, dieser Schleier«, sagte ich, »man kann darunter so allerhand verstecken: Männer zum Beispiel oder Waffen oder Ausländerinnen wie mich jetzt.«

Nachdem ich fertig angezogen war, band Bibi Dschan meine Jeans, den Pullover, eine Steppjacke und die Stiefel in ein Tuch und drückte mir das Bündel in die Hand. Meine Papiere wie Pass, Abiturzeugnis und Studienbuch, dazu Taschentücher, meine Zahnbürste, Zahncreme, Creme, Kopfschmerztabletten und afghanisches Geld hatte ich in meiner kleinen afghanischen, ledernen Umhängetasche. Diese verbreitete einen einmaligen, typischen, herb-süßlichen Geruch, der von der traditionellen Art des Gerbens herrührte und Jahrzehnte anhält.

Im Hof wartete schon ihr Sohn und mahnte zur Eile. Es war kurz vor halb sieben, und die Sonne ging eben auf hinter den Bergen östlich von Kabul. Wir verabschiedeten uns herzlich voneinander, und die Zurückbleibenden wünschten uns alles Gute. Dann stieg ich ohne zu zögern in das bereitstehende Taxi. Kommandant Assad-Ullah setzte sich nach vorne zum Fahrer, den ich als den vom gestrigen Abend wiedererkannte.

Verschwunden

Kabul, DDR-Botschaft, 14.3.1984, 8.45 h

»Was machen Sie denn hier?« Der Sicherheitschef der DDR-Botschaft, Genosse Koza, ist heilfroh, dass diese weiblichen Unsicherheitsfaktoren nach sechs Monaten Studienaufenthalt endlich abreisen, und wollte gerade jemanden losschicken, um die Studentinnen von ihrem Haus im Kabuler Stadtteil *Wasir Akbar Chan* abzuholen und zum Flughafen zu bringen, damit sie mit der für 10.00 Uhr geplanten *Aeroflot*-Maschine über Taschkent und Moskau nach Berlin zurückfliegen würden.

Er schaut in zwei völlig abgehetzte, verzweifelte Gesichter und ahnt Schlimmes.

»Kerstin ist nicht da. Wir haben sie schon überall gesucht, aber sie ist einfach weg, wie vom Erdboden verschluckt.« Katrin und Julia versuchen, ihre aufkommende Panik zu beherrschen.

»Wie, sie ist nicht da? Was soll das heißen?« Genosse Koza schaut fragend von einer zur anderen.

»Sie war heute Morgen nicht in ihrem Zimmer. Ihre Koffer stehen alle da, aber sie ist weg.« Julia streicht sich nervös eine Haarsträhne aus dem Gesicht.

»Seit wann ist sie weg?«, fragt er.

»Gestern Abend, halb sieben ist sie weggegangen«, antwortet Katrin leise.

»Wohin? Wissen Sie das?«, hakt Koza nach.

Katrin überlegt, wie sie es sagen soll, ohne sich dabei selbst allzu sehr zu belasten. Wenn sie zugibt, dass sie es weiß, sitzt sie ziemlich in der Klemme.

›Wenn ich das dem jetzt sage‹, denkt sie schuldbewusst, ›bin ich erledigt. Wieso habe ich mich da auch mit reinziehen lassen, ich hätte es gleich melden sollen. Aber sie hatte mich in der Hand wegen unseren verbotenen Beziehungen zu den Palästinensern. ›Sag niemandem was davon, sonst haben wir den größten Ärger, den du dir vorstellen kannst‹, hatte sie mir angedroht. Katrin steigen die Tränen in die Augen. Scheinbar unendlich langsam sagt sie schließlich: »Sie wollte sich noch von jemandem verabschieden.«

»Von wem? Nun sagen Sie es doch endlich, Herrgottnochmal!«

»Von einem Bekannten von der BRD-Botschaft.« Die drei Buchstaben der Abkürzung bleiben ihr fast im Halse stecken.

»Was wissen Sie noch davon?«

»Sie hatte seit einiger Zeit diesen Freund, ging manchmal zu ihm hin, mehr weiß ich auch nicht.«

»Wo wohnt der?«

»In der vorletzten Querstraße, das vierte Haus auf der rechten Seite.«

»Wie heißt der?«

»Gerd Triller. Aber ich war schon dort. Es ist keiner da. Die tschechischen Nachbarn haben gesagt, dass gestern Abend und am Morgen das Notstromaggregat gelaufen sei, aber sie hätten niemanden gesehen. Dann bin ich zur Pizzeria gerannt, ob sie da ist, weil sie mit dem Besitzer befreundet ist, aber da war auch alles zu. Danach bin ich noch zur BRD-Botschaft, um da nachzufragen, ob die was wissen, aber die sagten, der Triller sei gar nicht in Kabul, er sei auf Urlaub und komme nicht vor Mitte April zurück.«

Flugzeugkontrolle

Kabul International Airport, 14.3.1984, 10.00 h

Im Flughafentower von Kabul schrillt das Telefon.

»Stoppen Sie sofort die Maschine der *Air India*. Dies ist ein Befehl!«, schreit es aus dem Hörer.

Abdul Wakil, diensthabender Controller an diesem sonnigen Märzmorgen, wackelt bedächtig mit dem Kopf hin und her und fordert über Funk den Piloten der *Air India* auf, von der Startbahn zu seiner Parkposition auf dem Vorfeld zurückzukehren.

»Was ist los?«, fragt der Pilot neugierig.

»*Clearance is cancelled* – die Startfreigabe ist gestrichen!«, antwortet Abdul Wakil gelassen. Wer weiß, was oder wen das Flugzeug an Bord hat, das nicht außer Landes soll. In diesen unruhigen Zeiten in seinem Land ist so ein Anruf ohne Begründung nichts Ungewöhnliches.

Vor vier Jahren erst, im Herbst und Winter 1979, waren kurz hintereinander zwei neue Präsidenten aufgrund innerparteilicher Auseinandersetzungen eines unnatürlichen Todes gestorben. Den letzten König hatte man 1973 verjagt. Sein Cousin und Premierminister Mohammad Daud Chan hatte gegen ihn geputscht, während der König auf Urlaub in Italien weilte. Darum lebte König Zahir Schah ungewöhnlicherweise auch noch. Normalerweise endet in Afghanistan ein Putsch immer mit dem Tode des Abgesetzten. Daud hatte auch gleich neue Banknoten mit seinem glatzköpfigen Konterfei drucken lassen. Die waren nach fünf Jahren schon wieder nichts mehr wert, denn ihr Herausgeber fiel 1978 der Machtübernahme der Demokratischen Volkspartei Afghanistans zum Opfer. Nun gibt es neues Geld von der jetzigen Regierung. Sie behauptet, das Land modernisieren zu wollen und eine sozialistische, unabhängige Staatsmacht zu sein. Doch alle wissen, dass hinter jedem afghanischen Minister, hinter jedem Beamten ein sowjetischer Berater steht. Im ganzen Land sind seit dem 27. Dezember 1979 sowjetische Truppen stationiert und regieren es auch noch. Das kann kein freiheitsliebender Afghane hinnehmen.

Insgeheim sympathisiert Abdul Wakil mit den afghanischen Widerstandsgruppen, die einen Guerilla-Krieg gegen die sowjetischen Besatzer und die Zentral-Regierung in Kabul führen. Jeden Tag wird die Stadt von Granaten getroffen, die die Mudschahedin von den umgebenden hohen Bergen aus abschießen. Auch sein Flughafen ist allnächtlich Ziel ihrer Angriffe. Das ausgebrannte Wrack eines Mi-8-Transport-Helikopters der sowjetischen Armee liegt mahnend neben der Landebahn und bedeutet unmissverständlich jedem Besucher Kabuls: Hier herrscht Krieg!

Vor ein paar Monaten ist erst die Brotfabrik zerstört und dann zum wiederholten Male die Hauptwasserleitung aus den Bergen in die Stadt gekappt worden, um die Lage in Kabul zu destabilisieren.

In der Stadt selbst werden russische Soldaten und Offiziere entführt, hinterrücks erstochen oder durch Scharfschützen erschossen. So auch vor einem Monat der 1. Sekretär der sowjetischen Botschaft. Mitten im Basar war er aus einem vorbeifahrenden Auto heraus in den Kopf getroffen worden.

Seitdem dürfen die *Schurawi,* wie sie von den Afghanen genannt werden, nur noch in Gruppen oder mit Bewachung durch die Stadt. Manche Teile des Basars sind ganz gesperrt für sie. Nachts werden auch wieder mehr Leuchtraketen in den Himmel geschossen. Es patrouillieren verstärkt Panzer durch die staubigen Straßen der Hauptstadt und machen den Straßenbelag kaputt.

Als er vor einer Woche mit seinem alten Auto nach Hause fuhr, blieb sein rechtes Vorderrad in einem dieser tiefen

Schlaglöcher hängen. Er hatte es in der Dunkelheit nicht gesehen. Außerdem war er in Eile, es war kurz vor 22.00 Uhr. Gleich würde die Ausgangssperre beginnen. Jeder, der dann noch auf der Straße angetroffen wurde, würde festgenommen oder gleich erschossen werden. Er musste sich ein Taxi nehmen, um noch rechtzeitig vor Beginn der Ausgangssperre zu Hause zu sein. Am nächsten Morgen war er um 5.00 Uhr schon wieder auf den Beinen und zu seinem Auto unterwegs, damit von dem noch etwas übrig war, wenn er dort ankam. Ersatzteile jeder Art, auch die seines Autos, sind sehr begehrt in Krisenzeiten.

Abdul Wakil schaut auf der anderen Seite seines Turmes aus dem Fenster. In eine Staubfahne gehüllt, trifft vor dem Flughafengebäude ein weißer Diplomatenwagen ein, aus dem ein Mann im Anzug springt und ins Gebäude rennt.

»Die haben es aber eilig heute!«, murmelt er vor sich hin und wird gleich darauf von zwei russischen Offizieren mit Geheimdienstausweis in die Pause geschickt.

Nach einer Stunde kann der ein wenig fassungslose Pilot des Flugzeuges der *Air India* mit seinen von der Personenkontrolle mindestens genauso überraschten Passagieren von Kabul nach Delhi abfliegen. Während er auf der Startbahn Vollgas gibt, um dann in einem steilen Winkel die Stadt zu verlassen, überlegt er sich, was er in seinen *»flight report«* über diesen *delay* schreiben soll? Vielleicht, dass ein verrückter Mann aus Ostdeutschland mit Hilfe russischer Soldaten sein Flugzeug stürmen wollte, über Mikrofon nach einer Person ausrufen ließ und dann alle Passagiere einer genauen Gesichtskontrolle unterzog? Sogar die verschleierten Frauen mussten unter vorgehaltener Kalaschnikow ihre *Tschaderis* hochheben. *»They must be crazy!«*, sagt er zu seinem Copiloten und lässt das Fahrwerk einfahren.

Weiterleitung

DDR-Botschaft Kabul, 14.3.1984

Telegramm

Absender: kabul Dringlichkeit: blitz -n-
Geheimhaltungsgrad u. Regist.-Nr.: vd 26/84
Empfänger: gen. burkert, sch
gen. lindner, ssoa
gen. sieber, zk-iv

am 14.3. um 09.45 uhr teilte die studentin katrin branke mit, dasz seit 13.3. 19.00 uhr die studentin kerstin beck, geb. 11.2.60, nicht mehr in der unterkunft erschienen ist.
im zusammenhang mit beendigung des praktikums der insgesamt sieben ddr-studenten war endausreise der ddr-studenten fuer 14.3. mit aeroflot um etwa 10.45 uhr vorgesehen. eine ueberpruefung des gepaecks der kerstin beck ergab, dasz der ddr-reisepasz der genannten fehlt (ra 0688741).
ueberpruefungen moeglicher aufenthaltsorte der beck erbrachten kein ergebnis.
von kabul airport flog auszer aeroflot um 10.00 uhr indian airline nach delhi. durch mitarbeiter botschaft wurden die flugzeuginsassen sowie die ausreisezaehlkarten ueberprueft – ohne ergebnis.
der geschaeftstraeger der brd-vertretung teilte mit, genannte sei nicht auf territorium der vertretung bzw. in einer wohnung eines brd diplomaten.

eingeleitete masznahmen:
1.
su-botschaft wurde verstaendigt.
2.
dra-sicherheitsorgane verstaendigt, fahndung wurde eingeleitet.
3.
verbliebenes gepaeck der genannten wurde sichergestellt.
4.
botschaft klaert, ob genannte in ein stadtkrankenhaus eingeliefert wurde.
5.
angaben zur person:
kerstin beck, geb. 11.2.60
in gera, heimatanschrift: 1035 berlin, jessnerstrasze 60
studentin humboldt universitaet

krueger
14.3.

Dieses Telegramm wurde weitergeleitet an das Ministerium für Staatssicherheit der DDR:

HVA/VII/9 TAK (Tel. 27 351)

Eingang des Telegramms: 15.03.84

Verteiler:

Gen. Minister
Generaloberst Wolf
Generalleutnant Mittig

Generalleutnant Neiber
Generalleutnant Geisler
Generalmajor Großmann
Generalmajor Jänicke
Generalmajor Geyer
Generalmajor Prosetzky
Generalmajor Vogel
HA II
Abt. X
ZAIG
ZOS

Vertrauen

Musahee Deh, 14.3.1984 10.00 h

Inzwischen haben wir die Berge erreicht und halten vor dem letzten Kontrollposten der afghanischen Armee. Aus dem kleinen Holzhäuschen am Rand der Straße kommt ein verschlafen aussehender Soldat und begrüßt unseren Taxifahrer. Er lässt ihn den Kofferraum öffnen, schaut dann kurz ins Innere des Autos und fragt:

»Wo soll es heute hingehen?«

»Zum Bruder nach Musahee Deh«, antwortet der Fahrer ruhig.

»Gute Fahrt«, wünscht der Posten und beeilt sich, wieder in sein warmes Wachhäuschen zurückzukommen.

Ruhig steigt unser Chauffeur wieder ein und fährt los. Nach zwanzig Metern stoppt er jedoch abrupt.

›O Gott, was ist jetzt passiert‹, denke ich, ›hat der Posten etwas bemerkt? Oder hat schon einer bei ihm angerufen?‹

»Wir haben einen Platten«, sagt der Fahrer trocken. Assad-

Ullah steigt mit ihm aus, und in unglaublicher Geschwindigkeit wechseln beide den Reifen, während wir Frauen im Auto sitzen bleiben. Durch die ruckartigen Bewegungen des Autohebers werden wir auf der Rückbank hin- und hergeschüttelt. Die zwei Frauen rutschen langsam auf meine Seite und versuchen sich abzustützen.

Erleichtert lehne ich mich zurück, als es wieder weitergeht über die holprige Pistenstraße. »Das glaubt mir keiner, wenn ich das jemandem erzähle«, sage ich halblaut.

Wir fahren durch eine enge Schlucht, und Assad-Ullah erklärt mir ganz stolz:

»So, jetzt sind wir im freien Gebiet. Hier regieren die Mudschahedin.«

Vor dem großen, schweren Holztor eines mit einer vier Meter hohen Mauer gesicherten Gehöftes steigen wir endlich am frühen Vormittag aus dem Taxi. Von innen wird ein großer Holzriegel zur Seite geschoben, und wir werden von einem jungen Mann hereingebeten.

»Ihr Frauen wartet da in dem Zimmer«, weist Assad-Ullah uns an. »Gibst du mir jetzt bitte deinen Pass? Ich hole dich dann, wenn es so weit ist.« Mit diesen Worten und meinem Pass verschwindet er durch die Tür ins gegenüberliegende Zimmer.

Wir nehmen unsere Schleier vom Kopf und hängen sie an einen großen Nagel neben der Tür. Dann machen wir es uns auf den ausgelegten Matten in dem Raum, der sonst als Schlafraum und Vorratskammer dient, bequem.

»Bis jetzt ging ja alles gut, Allah ist sicher auf deiner Seite«, sagt die jüngere der beiden Frauen lächelnd zu mir. »In Kabul werden sie wohl schon dein Verschwinden bemerkt haben. Da ist bestimmt schon was los.«

»Hoffentlich bekommt ihr keine Probleme auf dem Rückweg. Ich danke euch, dass ihr das alles für mich auf euch nehmt.«

»Schon gut, das machen wir gerne, mach dir keine Sorgen um uns.«

Plötzlich wird leise die Tür geöffnet, und ein junges Mädchen, gekleidet in eine rote Pumphose und ein buntes Überkleid mit eingenähten Spiegelchen, kommt mit einem Tee-Tablett herein. Über den Kopf trägt sie ein langes orangebraunes Baumwolltuch, das ihr lose über den Rücken herunterhängt und von dem sie einen Zipfel mit den Zähnen festhält.

»*Salam*« sagend hockt sie sich hin und gießt Tee in drei kleine Gläschen. Dabei verrutscht ihr das Tuch leicht nach hinten, und strohblondes Haar kommt zum Vorschein. Nun ist auch zu sehen, dass ihre Wimpern und Augenbrauen weißblond sind und sie ganz helle Haut hat. Ich sehe zu der jüngeren Frau hinüber und hebe meine Augenbrauen als stumme Frage.

»Sie ist ein Albino. Ihre Zwillingsschwester ist auch eine *Safidpust*, eine Weißhäutige«, flüstert sie mir zu. »Allah weiß, warum. Es ist eben so.«

Aus der großen hölzernen Vorratskiste holt das Mädchen noch ein Schälchen Würfelzucker und ein paar Kekse und stellt sie auch auf das Tablett. Dann verlässt sie leise und wortlos den Raum.

»Ruh dich noch ein bisschen aus. Du hast eine weite Reise vor dir«, sagt die ältere Frau zu mir. »Du wirst die hohen Berge des Hindukusch überqueren, einige Pässe werden noch schneebedeckt sein, außerdem ist jetzt Regenzeit und Schneeschmelze in den Bergen. Hast du noch andere Schuhe dabei?«

»Ja«, sage ich, »diese Boots hier.« Ich schnüre mein Bündel auf und zeige sie ihr.

»Was ist das?«, fragt sie. »Eine Strumpfhose?«

Ich nicke. »Dein Mann hatte mir bei unserem letzten Treffen gesagt, dass ich sie mitnehmen solle, und auch diese Steppjacke hier.«

»Zieh besser jetzt noch die Strumpfhose an. Es wird wirklich kalt unterwegs.«

Der viele Schwarztee und die Aufregung tun ihre Wirkung; ich muss auf die Toilette. Das Mädchen wird herbeigerufen und geleitet mich über den großen Hof zu einem Nebengebäude, wo wir einige Lehmstufen hinaufsteigen. Diese enden in einem Raum, in dem auf es dem Fußboden nur ein Loch in der Mitte gibt und keine Abflussrinne wie in dem Haus in Kabul. Ein schmaler senkrechter Schlitz in der Wand zum Hof hin dient als Fenster und abwechslungsreicher Beobachtungsposten. Man kann den ganzen Hof überschauen. Rechts sind die Stallgebäude für die Kühe, Schafe und Ziegen, auf dem Dach lagern getrocknete Kuhfladen und Äste. Beides wird zum Feuermachen gebraucht. Links liegt das Gebäude für die Besucher und Gäste mit zwei Räumen, einer ebenerdig, der andere zwei Stufen erhöht. Geradeaus blicke ich auf das riesige Holztor, in das die kleine Eingangstür eingelassen ist, durch die wir hereingekommen sind. Hinter der Mauer sind die Berge zu erkennen, über die ich in Kürze steigen würde. Tausend Gedanken schießen mir durch den Kopf, während ich durch das Fenster sehe. Ich vertraue mein Leben den Mudschahedin an. Jenen Leuten, die in der kommunistischen Propaganda als der Feind Nummer 1 verteufelt werden. Sie seien allesamt Räuber, Banditen und Konterrevolutionäre. Doch bisher konnte ich diese Einschätzung nicht teilen, sie sind sehr gastfreundlich zu mir, sie lieben ihr Land, ihre Heimat, sind perfekt organisiert und sogar auf die Minute pünktlich.

Als ich vom Toilettenhaus heruntergestiegen komme, erwartet man mich schon. »Sie sollen jetzt hineingehen«, sagt das blonde Mädchen zu mir.

Ich betrete gespannt den Raum, lasse meine Schuhe am Eingang stehen und sage zu der am Boden sitzenden Männerrunde »*Salam aleikum* – Friede sei mit euch«.

»*Wa-aleikum salam*«, murmeln die Männer zurück.

»*Bschie* – Setz dich«, bittet mich Assad-Ullah und fährt sogleich fort: »Diese vier hier werden dich nach Pakistan bringen. Es sind Atta, Ali, Madschied und Rulam. Atta und Ali haben den Weg schon zweimal gemacht, sie kennen also die Strecke. Außerdem sind sie erst heute Nacht aus Pakistan hergekommen. Unterwegs werdet ihr bei Bauern, die unseren Kampf unterstützen, oder in einem Teehaus oder einer Moschee übernachten. Ihr habt ein Pferd dabei, außerdem genug Geld, um die Bauern für die Übernachtung und das Essen zu bezahlen. Hast du alles verstanden?«

»Ja, habe ich, und ich habe auch noch *Afghanis* bei mir«, biete ich ihm an.

»Behalte dein Geld, wir wollen nichts von dir. Du hast mit dem Kommunismus Schluss gemacht, das unterstützen wir. Wir helfen dir, nach Pakistan zu kommen. Wenn du dann in Deutschland bist, kannst du im Radio oder im Fernsehen Interviews geben und über unseren Kampf, unseren *Dschihad*, die Wahrheit erzählen. Weißt du, was das ist, der *Dschihad*?«, fragt er mich. Ich nicke und er fährt fort: »Es ist der heilige Krieg der afghanischen Moslems gegen die russischen Besatzer. Niemand hat je unser Land erobert, auch nicht die Engländer. Dreimal haben sie uns überfallen, dreimal haben wir sie verjagt. Einmal haben wir sogar nur einen Engländer am Leben gelassen, damit er seiner Regierung erzählen konnte, wie sie vernichtet wurden. Dies ist *unser* Land. Afghanen sind wahre Krieger. Wir verteidigen es und wenn wir dabei sterben müssen. *Fahmidi* – hast du verstanden?«

Ich nicke wieder und sage: »*Ballee, fahmidam* – ja, ich habe verstanden.«

»Auf der pakistanischen Seite werdet ihr zu Sufi Chak Sar ins Flüchtlingslager gehen, er weiß schon Bescheid, dass ihr kommt. Er wird euch nach Peshawar in unser Büro bringen. Dort kannst du dann Kontakt mit der westdeutschen Botschaft aufnehmen und Asyl beantragen«, erklärt er mir nun.

»Was ist mit meinem Pass?«, frage ich, als alle schon aufstehen wollen.

»Atta ist der Chef eurer Gruppe. Er wird deine Papiere bei sich tragen, solange ihr in Afghanistan seid. In Peschawar bekommst du sie dann zurück«, sagt Assad-Ullah und sieht dabei zu Atta. Atta schaut mich an und ich ihn, dann sagt er: »Vertraust du mir, vertrau ich dir!«

Den Spruch hatte ich schon einmal gehört, gestern Abend, als ich im Kabuler Stadtteil *Schahre Nau* gegenüber dem Kino *Sainab* zu Assad-Ullah und seinem Freund, dem Taxifahrer, ins Auto gesprungen war.

Zehn Minuten vor halb sieben abends hatte ich unser Haus im Stadtteil *Wasir Akbar Chan* verlassen. Der Abend vor der Rückreise. Julia war nicht da. Nur Katrin und ich wussten, dass sie die letzte Nacht bei ihrem tschechischen Freund verbrachte. Das war mir sehr recht. Denn erstens ging sie schon vor mir aus dem Haus, ich brauchte ihr also nicht zu sagen, dass ich am Abend auch noch weggehen würde, und zweitens würde sie wegen der Ausgangssperre nicht vor fünf Uhr am nächsten Morgen zurückkommen.

Unser Leben in den sechs Monaten in Kabul bestand aus Sicherheitsgründen fast nur aus Beschränkungen. Wollten wir in den Basar oder die Einkaufsgegend des benachbarten Viertels, durften weder Bus noch Taxi benutzt werden, wir sollten nur zu Fuß und zu zweit gehen. Ein Kontakt zu Ausländern sollte sich auf die des sozialistischen Lagers beschränken, Einladungen von Afghanen, auch Studenten, sollten gemeldet und vorher mit der Botschaft abgeklärt werden. Besuche des Museums und der Nationalgalerie bedurften der vorherigen Genehmigung durch die Botschaft. Den Versuch, ins Kino zu gehen, haben wir erst gar nicht unternommen. Auch wenn die gezeigten indischen Filme nicht unbedingt jedermanns Geschmack sind, es wäre doch eine willkommene Abwechslung gewesen. Den Besuch des Kabuler Zoos haben wir uns trotz allem nicht nehmen lassen, bereuten es aber hinterher zutiefst.

Traurigere Wesen als in diesem Tierpark kann man sich kaum vorstellen.

Wunderbarerweise gab es in der *Schahre Nau* zwei Buchläden, die die Hinterlassenschaften der Touristen der 60er und 70er Jahre preisgünstig verkauften. Von Thomas Mann bis Agatha Christie, von Stefan Zweig bis Charles M. Schulz, ich habe alles gelesen – bei Kerzenschein, nicht der Romantik wegen, sondern mangels Strom und Stromaggregat. Im Winter konnten wir das Wohnzimmer immerhin mit einem Kachelofen und riesigen Holzscheiten beheizen. Einer musste immer aufpassen, dass das Feuer nicht ausging. Der Unterricht an der Uni fiel häufig ganz aus, nicht nur wegen der katastrophalen Stromversorgung und nicht vorhandener Heizung, sondern auch, weil viele Professoren nach und nach ihr Land verließen, um in Pakistan, Amerika, Australien, Frankreich oder Deutschland ein neues Leben zu beginnen.

Wir versuchten einiges, um die Beschränkungen zu umgehen und unseren sechsmonatigen Studienaufenthalt ein bisschen erlebnisreicher zu gestalten. Dabei konnten wir auf das relative Desinteresse der Botschaft an uns bauen. Deren Engagement beschränkte sich auf freitägliches Volleyballspiel erst auf dem staubigen Sportplatz des Polytechnikums, später dann in der Botschaft, einige politische Weiterbildungsveranstaltungen und zwei Filmvorführungen. Da wir drei Studentinnen kein Telefon in unserem Haus hatten, fiel diese Art der Überwachung schon mal weg. Wir bauten ein tolles Gerüst von Alibis und Ausreden auf, damit einerseits keiner meiner Kommilitonen etwas von meinen Fluchtplänen und den Kontakten, die ich deswegen knüpfte, erfuhr, Julias Freund, der auch zu unserer DDR-Studentengruppe gehörte, aber im Studentenwohnheim am anderen Ende der Stadt wohnte, nichts von ihrem tschechischen Freund mitbekam, und andererseits wir auch noch Einladungen von Afghanen, Kubanern und Palästinensern annehmen konnten, ohne sie der Botschaft zu melden.

Katrin war an diesem Abend ebenfalls abgelenkt. Ein afghanischer Besucher, ein sehr begabter Maler und Lehrer von der Fakultät für Kunst der Universität Kabul, hatte für jede von uns zum Abschied ein Bild gemalt. Ich hatte mir eins mit Kamel gewünscht, und er hatte mir ein wunderschönes großes Bild mit einer Nomadenfrau und einem Kamel geschenkt. Ich bedauerte sehr, dass ich es nicht mitnehmen konnte. Aber für Kunst war in meiner kleinen Tasche leider kein Platz.

Nachdem ich mich von Katrin so beiläufig wie möglich mit der Bemerkung, dass ich noch zu Gerd Triller gehen würde, verabschiedet hatte, stand ich draußen vor unserem Tor und musste mich entscheiden, welchen Weg ich nun gehe. Würde ich an dem kleinen Platz nach rechts abbiegen, käme ich vorn an der Kreuzung in die Straßenkontrolle, die jeden Abend bis zur Sperrstunde um 22.00 Uhr stattfand. Das war zu riskant. Daher entschloss ich mich, nach links abzubiegen und einen Weg zu nehmen, den ich zwar noch nie entlanggegangen war, von dem ich aber wusste, dass er mich auch nach *Schahre Nau* zum Kino führen würde. Die Dunkelheit brach ziemlich schnell herein, und ich war mir sicher, dass ich auf diesem Schleichweg nicht auffallen würde. Kurz vor halb sieben, unserem verabredeten Zeitpunkt, kam ich hinter dem Kino an. Meine Schritte verlangsamend überlegte ich noch ein letztes Mal, ob ich das, was ich vorhatte, wirklich tun sollte. Keinem wäre irgendetwas aufgefallen, wenn ich wieder zurück zum Haus gegangen wäre. Es war das schlechte Gewissen meiner Familie gegenüber, die aus allen Wolken fallen und ziemlich viel Ärger kriegen würde, das mich kurz innehalten und nachdenken ließ. Doch der Egoist in mir hatte längst gesiegt. Ich hatte mich schon lange gegen mein vorbestimmtes sozialistisches Plan-Leben und für ein neues, unbekanntes und vielleicht auch abenteuerliches Leben entschieden. Ich wollte auf keinen Fall zurück in die DDR.

Ich ging um das Kino herum und stellte mich für ein paar Sekunden etwas unsicher zu den Leuten vor dem Eingang.

Dass einige davon Spitzel der *CIA* waren und nur deshalb dort standen, weil sie beobachten sollten, was gleich passieren würde, davon hatte ich keine Ahnung.

Als meine Uhr genau 18.30 Uhr anzeigte, überquerte ich die Straße, sprang über den kleinen *Dschuie* auf den Bürgersteig und ging nach links in Richtung *Chickenstreet*. ›Wenn jetzt keiner auftaucht, gehe ich eben in die Pizzeria zu Tasa Gul‹, sagte ich mir. Doch wie aus dem Nichts kam mir Assad-Ullah in diesem Moment entgegen. Er musste mich schon die ganze Zeit beobachtet haben und hatte auf mich gewartet. Ich wollte gerade Luft holen und ihn freudestrahlend begrüßen, doch sein abweisender Gesichtsausdruck ließ mich die Worte wieder herunterschlucken. Im Vorbeigehen sagte er leise zu mir: »*Kami peesch boroh* – Geh noch ein Stück weiter vor.«

Ich nickte kurz und lief einfach weiter. Wenige Sekunden später überholte mich langsam ein gelbes Taxi. Die hintere Beifahrertür öffnete sich wie von Geisterhand. In Bruchteilen von Sekunden entschied ich, dass das nur für mich sein konnte. Ich sprang hinein und klappte die Tür zu. ›Das war's‹, dachte ich. ›Jetzt gibt es kein Zurück mehr. Wenn das eine Falle war, bin ich voll reingetappt.‹

»Wow«, sagte ich dann aber doch irgendwie erleichtert, während ich tiefer im Sitz versank, »das ist ja wie in einem James-Bond-Film.«

Assad-Ullah drehte sich zu mir um und lachte vielsagend. Natürlich hatten wir beide eine gewisse Angst, in eine Falle geraten zu sein. Er konnte nicht genau wissen, wie ehrlich meine Fluchtabsicht war, ob ich nicht eine Spionin war, die einen Anführer der Mudschahedin auffliegen lassen sollte; und ich wusste nicht sicher, ob er mir wirklich helfen würde.

»Wo fahren wir jetzt hin?«, hatte ich ihn gefragt.

»Was glaubst du?«

»Na hoffentlich nicht zur sowjetischen Botschaft!«, gab ich mit Galgenhumor zur Antwort.

»Nein«, lachte er, »wir fahren nach Süden, an den Stadtrand von Kabul, zum Haus meiner Mutter.«

»*Alhamdulillah* – Gott sei Dank!«, sagte ich erleichtert. »Ich vertraue dir blind.«

»Ich muss dir genauso vertrauen, du könntest eine Agentin des *KGB* sein!«

»Ich? O nein, Gott bewahre, ich bestimmt nicht, nie im Leben«, antwortete ich ihm mit großen Augen aus tiefster Seele.

Wir waren beide sehr erleichtert.

Atta ist ein drahtiger kleiner Mann, von ruhigem Wesen, mit einem ernsten, immer nachdenklichen Gesichtsausdruck. Seine traurigen Augen hatten schon viel Leid gesehen. Vielleicht ist er 40 Jahre alt, vielleicht auch viel jünger. Das harte Leben und das extreme Wetter hinterlassen tiefe Spuren in den Gesichtern der Menschen. Er weiß, was uns erwartet, und wenn ich ihm unterwegs so sinnlose Fragen stelle wie: Wo sind wir jetzt, wie heißt der Berg da, wie heißt das Dorf da hinten oder wie lange müssen wir noch laufen und wann sind wir endlich da, gibt er mir immer ausweichende Antworten und lässt mich im Unklaren.

»Ihr müsst euch jetzt auf den Weg machen, es ist schon Mittag. Bis heute Abend solltet ihr noch das Dorf *Malang* erreichen, in dem ihr übernachten werdet.« Assad-Ullah drängt zum Aufbruch. Mit einem kurzen Gebet zu Allah wird die Runde aufgehoben.

»Hol deine Sachen aus dem anderen Zimmer, und dann geh' mit Gott!«, verabschiedet Assad-Ullah sich von mir.

Ich sage den Frauen, die noch immer geduldig wartend im Nachbarzimmer sitzen, »Auf Wiedersehen«. Wir umarmen uns herzlich. »Wir werden jeden Tag für euch beten, damit ihr gut in Pakistan ankommt. Allah wird euch auf eurem Weg führen und über euch wachen, sei gewiss. Alles wird gut. *Chuda hafis, Sainab* – Gott beschütze dich, Sainab!«, sagt die ältere Frau gerührt.

»*Ba-amane Chuda* – Gott möge über euch wachen«, antworte ich und lächle zuversichtlich.

Am großen Tor verabschieden wir uns noch einmal von Assad-Ullah und seinem Freund, dem Taxifahrer. Er sagt, dass sie mit den Frauen und dem Jungen gleich wieder zurück nach Kabul fahren würden. Sicher würde man dort schon nach mir suchen, und er musste noch einige Vorkehrungen treffen, um den Mann in Sicherheit zu bringen, der uns vor vier Wochen miteinander bekannt gemacht hatte.

»Er muss unbedingt auch weg von Kabul, sonst werden sie ihn verhaften. Die Geheimpolizei wird mit Sicherheit auch zu ihm kommen. Sag ihm tausend Grüße und ich hoffe, ihn in Pakistan wiederzusehen«, appelliere ich noch ein letztes Mal an Assad-Ullah.

»Die Partei hat immer Recht«

Flughafen Kabul, 14.3.1984, 11.00 h

Noch einmal gibt es Aufregung im Tower.

»*Wind is two five zero with 16 knots. Cleared to land on two nine expect windshears on final.*« Abdul Wakil schickt ein Stoßgebet zum Himmel, dass bei der Landung alles gut gehen möge. Vier sowjetische Militärhubschrauber Mi 24 Hind mit voller Bewaffnung an ihren seitlichen Auslegern kreisen wie gefährliche Hornissen über dem Flughafen von Kabul. Als die vierpropellige IL 18 der sowjetischen Luftfahrtgesellschaft *Aeroflot* mit nur zwei Stunden Verspätung auf der buckligen Piste des Flughafens aufgesetzt hat, drehen sie in westliche

Richtung ab, um dort ihren Patrouillenflug fortzusetzen. Von Sonnenaufgang bis Sonnenuntergang kreisen unüberhörbar diese riesigen Kampfhubschrauber über der Stadt und den Bergen und sollen so vor Mudschahedin-Angriffen schützen.

Die Gangway herunter kommt Wasir Taniwal mit seiner Familie. Er atmet tief und geräuschvoll die trockene Luft seiner Heimat ein, schaut zum strahlend blauen Mittagshimmel hinauf und sagt: »*Alhamdullilah* – Gott sei Dank, wir sind wieder zu Hause!« Er ist glücklich, endlich wieder hier zu sein.

Fast drei Jahre hatte er in der DDR als Gastdozent an der Humboldt-Universität in Ostberlin seine Muttersprache Paschtu gelehrt. Leider hatte er nicht schon eher nach Hause fliegen können. So würde er seine ehemaligen Berliner Studenten nur noch kurz vor deren Abflug in ihre Heimat auf dem Flughafen sehen. Er freut sich auf diese Begegnung, die eine Begrüßung und ein Abschied zugleich sein wird.

Doch der erhoffte Freudenjubel bleibt aus. Alle machen betretene Gesichter und wollen ihm nicht sagen, warum.

»*Kristin tscherta da?* – Wo ist Kerstin?«, fragt er verwundert in Paschtu einen der vier männlichen Austauschstudenten, als ihm auffällt, dass sie nirgends zu sehen ist. Er erhält nur ein Schulterzucken als Antwort.

Da zieht ihn Dr. Lehmann, ein ostdeutscher Gastdozent an der Ökonomie-Fakultät der Kabuler Universität, auf die Seite und sagt zu ihm:

»Sie ist seit gestern Abend verschwunden. Vielleicht ist sie gekidnappt worden. Niemand weiß, wo sie ist. Bitte sprechen Sie mit niemandem darüber, sonst ist es morgen in der *BBC*.«

Wasir Taniwal macht sich große Sorgen, kann sich aber nicht vorstellen, dass Kerstin ausgerechnet einen Tag vor ihrem Rückflug gekidnappt oder ermordet worden sein sollte. Das ist doch zu unwahrscheinlich. Er hat da einen anderen Verdacht.

Er erinnert sich augenblicklich an eines seiner ersten Gespräche mit ihr, als er gerade eine Woche in Ostberlin war. Das war vor drei Jahren.

Sie hatte ihn zu einer der Filialen der Staatsbank begleitet, um ihm bei den Formalitäten zur Eröffnung eines Bankkontos behilflich zu sein und ihm alles ins Englische zu übersetzen. Vom ersten Augenblick an waren sie sich sympathisch gewesen, und ihm war schon damals klar, dass hinter diesen braunen Augen mehr steckte, als es den Anschein hatte.

Nach endloser Warterei und dem Ausfüllen von zig Papieren war es ihnen gleich beim ersten Versuch gelungen, ein Konto zu eröffnen.

Danach hatte er sie, ganz afghanische Mentalität, in ein nahe gelegenes Café in der Friedrichstraße eingeladen, um sich bei einem Tee mit ihr noch ein wenig über dies und das zu unterhalten. Er wollte schließlich auch wissen, wo er diese *goli,* diese Tabletten zur Schwangerschaftsverhütung, bekommen könnte. Kerstin war ein wenig erstaunt über diese Frage gewesen. Doch zeigte er ihr damit auch, wie sehr er ihr vertraute. Für sie war es eine Selbstverständlichkeit, die Pille auf Rezept kostenlos zu erhalten. Sie erklärte ihm alles bereitwillig und gab ihm die Adresse ihrer Frauenärztin, die Frau Rose hieß. Sie hatten noch gescherzt über diesen guten Namen für eine Frauenärztin und waren dann zu ernsteren Themen übergegangen.

Wasir Taniwal gefiel seine erste Woche in Ostberlin. Er hatte für sich, seine junge Frau und seinen zweijährigen Sohn eine große, komplett eingerichtete Wohnung in einer Hochhaus-Neubausiedlung in Berlin-Marzahn erhalten, er bekam ein sicheres Gehalt, war krankenversichert und unterrichtete nun täglich an der Humboldt-Universität sieben Studentinnen und Studenten, die das ausgefallene Fach Afghanistik studieren sollten.

Nachdem sie nach einigem Warten auf den Kellner endlich ihren Tee bestellen konnten, der dann auch innerhalb der nächsten halben Stunde an ihrem Tisch eintraf, sagte Kerstin: »*You see, Wazir* – siehst du, Wasir, so läuft das hier. Auf alles musst du warten. Auf einen Tee wartest du eine halbe Stunde, auf eine Wohnung acht Jahre, willst du in der Wohnung auch noch ein Telefon haben, wartest du noch mal acht Jahre. Einen Fernseher möchtest du dir auch da reinstellen? Spare die nächsten Jahre darauf, damit du dir dann für wahnsinnige 6000 Mark einen Farbfernseher kaufen kannst. Aber nicht Westfernsehen damit gucken, o. k., das musst du heimlich machen! Um den Führerschein zu bekommen, musst du vier Jahre warten, das Auto dazu bekommst du nach zwölf Jahren, und es gibt nur zwei Sorten von Autos, beide verpesten die Luft bis zum Gehtnichtmehr. Willst du eine Briefmarke kaufen, wartest du in einer langen Schlange, willst du im Supermarkt was an der Kasse bezahlen, hast du wieder eine lange Schlange vor dir. Wenn du also irgendwo eine Schlange siehst, stell dich lieber an, es könnte etwas geben, was es nicht jeden Tag gibt: Bananen, Ketchup, Jeans-Hosen, Handtücher, Sicherheitsschlösser, egal … Soll ich weitererzählen?«

»*Yes, go ahead* – ja, fahr fort«, hatte Wasir Taniwal überrascht von so viel Missmut in so einem hübschen Gesicht geantwortet, »aber pass auf, da sitzt noch jemand am Tisch, der vielleicht zuhört.«

Kerstin hatte eine abwinkende Geste mit der Hand gemacht und ihm weiter ihre Meinung über den Sozialismus kundgetan: »Wie fandest du den Kellner eben? War er nett? – Nein, er war stinkig, weil wir ihm Arbeit gemacht haben. Geh auf irgendein Amt, dort triffst du noch mehr von dieser Sorte. Ohne Beziehungen geht hier nichts: Brauchst du ein Waschbecken, weil du dein Bad renovierst? Dann viel Spaß auf der Jagd danach, und denke erst gar nicht über die Farbe nach. Möchtest du eine Urlaubsreise machen? Dann überlege dir mal heute schon, wo du in drei Jahren hinwillst, aber beschränke dich bitte auf die Länder des Ostblocks, und sei dann nicht enttäuscht, wenn es doch nicht geklappt hat. Kannst ja immer noch ins Strandbad Müggelsee hier in Berlin.

Nicht mal 500 Meter von hier entfernt ist eine völlig andere Welt, und ich darf da nicht hin. Ist das nicht absurd? Außerdem ist diese Mauer nicht einfach eine Mauer, es ist eine Doppelmauer mit einem Todesstreifen dazwischen. Und sie heißt auch nicht Mauer, sondern antifaschistischer Schutzwall. Schlimmstenfalls wird man von einem Wachregimentssoldaten oder einer Selbstschussanlage erschossen, man kann auch von einem abgerichteten Schäferhund totgebissen werden, der zwischen den zwei Mauern unterwegs ist. Bestenfalls kommt man ins Gefängnis, wenn man versucht, irgendwie da drüber zu kommen. Aber nicht nur du allein wirst bestraft, deine ganze Familie wird gleich mit bestraft, Sippenhaft nennt man das. Wie findest du das? Human, demokratisch, sozialistisch?«

Wasir trank ein paar Schlucke von seinem Tee, um all diese unglaublichen Worte herunterzuspülen. Doch Kerstin war noch nicht fertig:

»Am schlimmsten aber ist dieser heuchlerische Personenkult um Erich Honecker. Er glaubt, er sei Gott! Zu jedem Staatsfeiertag werden Paraden abgehalten, wo du an der Tribüne, auf der der ganze Staatsrat der DDR sitzt und steht, sofern sie das überhaupt noch können, vorbeilaufen und ihnen zuwinken musst, ob du willst oder nicht. Denn wenn du nicht hingehst, bekommst du Probleme in der Schule oder auf der Arbeit oder an der Uni. Es wird genau überwacht, wer kommt und wer nicht kommt. Und vergiss nicht, an diesem Tag die rote Fahne oder die DDR-Fahne aus dem Fenster hängen zu lassen, sonst bekommst du deswegen auch noch Ärger. Zu solchen Anlässen muss ich ein blaues Uniformhemd der staatlichen Jugendorganisation tragen, vergesse ich es, habe ich wieder einen Eintrag mehr in der Akte. Es gibt extra Lieder für solche Veranstaltungen, das hirnrissigste ist: ›Die Partei, die Partei, die hat immer Recht.‹ Gemeint ist die Sozialistische

Einheitspartei Deutschlands, die *SED*. Ein anderes heißt: ›Wir sind die Kampfreserve der Partei‹. O Gott, da sträuben sich dir die Haare, wenn du so einen Schwachsinn singen musst. Manchmal erinnert das doch sehr stark an die Aufmärsche mit den braunen Hemden vor noch gar nicht allzu langer Zeit.«

Wasir Taniwal hatte sich seinen Mund zugehalten, um Kerstin damit anzudeuten, dass sie lieber ihren halten solle, und schaute in die Runde des Cafés. Aber der Herr am Tisch lächelte weiterhin freundlich, trank seinen dritten Kaffee und sah so aus, als hätte er nichts verstanden.

»Möchtest du noch einen Tee?«, fragte er Kerstin.

»Ja, gerne«, hatte sie gesagt und dem vorbeihuschenden Kellner die Bestellung zugerufen.

»Geh mal in die Hinterhöfe in Berlin und schau dir an, wie die Leute da leben. Wenn keine Bombe auf das Haus gefallen ist, findest du den Hof und die Wohnung im gleichen Zustand wie 1910. Bei mir im Hinterhof wohnt ein alter Opa in einem Zimmer. In dem lebt er, kocht er, schläft er. Die Zimmerdecke hängt durch, alles ist verrußt von seinem alten Küchenherd. Die Toilette im Treppenhaus benutzt er zusammen mit sechs anderen Leuten. Im Sommer stinkt es da zum Himmel, im Winter sind die Rohre eingefroren. Und das ist keine Ausnahme. Alle Hinterhöfe sehen so aus. Das ist Sozialismus live.« Kerstin hatte jäh ihren Redefluss unterbrochen. Auch ihr kam jetzt der Herr am Tisch suspekt vor, als er seinen vierten Kaffee bestellte.

»Siehst du, und jetzt muss ich sogar aufpassen, was ich sage. Eigentlich dürfte ich gar nicht hier sitzen und mit dir reden, weil du nicht aus einem sozialistischen Land kommst.«

Sie hatte auf ihre Uhr geschaut und mit einem schelmischen Grinsen gesagt: »Entschuldigung, ich muss jetzt leider noch zu einer Versammlung in die Uni gehen. Da kriege ich noch ein bisschen ›Rotlicht‹ von der Einheitspartei.«

Sie hatten sich von dem Kaffee trinkenden Herrn verabschiedet. Der lächelte noch immer freundlich und sagte in fließendem Englisch: »*I wish you a nice stay in Berlin* – Ich wünsche Ihnen einen schönen Aufenthalt in Berlin.«

Wasir hatte Kerstin angeschaut, die ihren Mund zu einem »Oh!« geformt hatte, aber es passierte nichts. Keiner stand auf, keiner kam und verhaftete sie beide. »Puh, noch mal Glück gehabt.«

Wasir Taniwal war dann für 20 Pfennig mit der S-Bahn die halbe Stunde bis zu seinem neuen Zuhause im Hochhaus gefahren und hatte die Welt mit völlig anderen Augen gesehen. Als er an dem Supermarkt vor seinem Haus vorbeikam, standen davor auffallend viele Leute in einer Schlange an. Er war ein sehr gelehriger Universitätsprofessor, stellte sich dazu und sagte zu sich selbst: ›Mal sehen, was es gibt.‹

Unwillkürlich muss er nun lächeln über diese Geschichte. Für ihn gibt es keinen Zweifel, wo Kerstin jetzt gerade ist: auf dem Weg nach Pakistan.

»Möge Allah sie beschützen auf ihrem Weg.«

Reitversuche

Logartal, 14.3.1984, 13.00 h

»Steig auf das Pferd!«, fordert Atta mich auf.

»Ich kann aber nicht reiten«, sage ich unter meinem Schleier hervor.

»Egal, steig auf«, sagt er noch einmal.

»Wie soll ich da raufkommen, es ist viel zu hoch. Außerdem ist es schon voll bepackt. Kann ich nicht lieber laufen?«, versuche ich mich vorm Reiten zu drücken.

»Nein, du musst auf dem Pferd sitzen. Halte dich an dem Gurt da fest und zieh dich hoch.« Atta lässt nicht locker.

»Aber so komme ich trotzdem nicht hoch, ich brauche was zum Draufsteigen«, sage ich und zucke mit den Schultern.

Atta macht daraufhin einen Ausfallschritt und klopft auf sein Knie: »Hier kannst du dich draufstellen.«

Ich tue wie geheißen, hole ordentlich Schwung und halte mich eine halbe Sekunde oben auf dem Pferd. Dann plumpse ich auf der anderen Seite wie ein grüner Kartoffelsack wieder herunter. Wir müssen alle lachen, und Ali kriegt sich gar nicht wieder ein vor Schadenfreude.

»Ha, ha«, sage ich und reibe meinen Ellenbogen. »Du kannst dich gerne aufs Pferd setzen, ich wollte sowieso lieber laufen.«

»Nein, du musst auf das Pferd drauf. Komm, versuch es noch einmal.« Atta ist ein geduldiger Mensch und gibt so schnell nicht auf.

»*Alhamdulillah* – Gott sei Dank, sie sitzt oben«, sagen schließlich alle vier wie im Chor. Wieder müssen wir lachen, und ich besehe mir meinen rechten Arm, der von dem Sturz leicht zerschrammt ist und wehtut.

»*Alhamdulillah*«, sage auch ich, und wir setzen uns in Marsch.

»Gut, dass du Dari sprichst, dann können wir uns wenigstens unterhalten«, sagt Rulam, der jüngste von meinen Begleitern. Er ist ein hübscher junger Mann von höchstens 20 Jahren, hat große braune Augen mit langen Wimpern, eine gerade schlanke Nase und einen schönen Mund. Er ist offensichtlich frisch rasiert und trägt auch keinen Oberlippenbart wie die anderen drei. Unter seiner Mütze schaut rundherum dichtes schwarzes Haar hervor, das sich an den Enden kringelt. Über der Schulter trägt er ein Kalaschnikow-Schnellfeuergewehr, das er *Kalaschinkow* nennt, und einen Patronengurt. »Kannst du auch Englisch?«

»*Yes*«, antworte ich in Englisch. »Und Paschtu verstehe ich auch«, ergänze ich in Paschtu.

»Kannst du auch Russisch?«, fragt Ali dazwischen.

»Na ja, irgendwie schon, schließlich habe ich es sieben Jahre in der Schule gelernt. Aber ich kann mich nicht so unterhalten, wie ich mich jetzt mit euch in Dari unterhalte. Ich kann politische Texte übersetzen und fragen, wo die nächste Bushaltestelle ist, aber das nützt mir hier wenig, oder?«

»Sag bloß keinem, dass du Russisch kannst«, stellt Ali fest und holt ein kleines silbernes Döschen aus seiner Jackentasche. Er schüttet sich etwas grünes Pulver auf den Handballen und schiebt sich eine Prise *Naswar* hinter die Unterlippe. Das Zeug ist ganz klein gehackter Tabak gemischt mit Holzasche und ein bisschen *Tscharas*, dem afghanischen Haschisch, oder Opium und von wirklich umwerfender Wirkung. Es benebelt ordentlich das Gehirn und verursacht schlimme Kopfschmerzen, wenn man es nicht von »klein« auf gewöhnt ist. Außerdem macht es Zähne und Mundschleimhaut kaputt. Man kann es in Kabul in jedem Laden kaufen, wenn man diskret danach fragt.

Beschwingt von seinem *Dope*, eilt Ali nun auf dem steinigen Weg voraus, dem nahen Bergmassiv entgegen. Wie eine braunschwarze Wand liegt er vor uns, der Hindukusch, der westliche Ausläufer des Himalaja, der das geographische Profil halb Afghanistans bestimmt und unendlich viele Täler, Schluchten, Felsüberhänge, Passübergänge und Höhlen zu bieten hat. Von oben, aus dem Flugzeug betrachtet, sieht Afghanistan wie ein zusammengeschobenes Handtuch aus.

Auf dem ansteigenden Gelände nähern wir uns einem Durchlass im Berg, der von weitem für mein ungeübtes Auge gar nicht zu erkennen war. Ich bin gespannt, was dahinter liegt. Der Anblick ist gleichermaßen faszinierend wie erschreckend. Kahle Bergkämme so weit das Auge reicht. Keine Siedlung, keine Straße, kein Baum, nur hier und da ein vertrockneter Strauch, sonst nichts als felsige Berge.

Ali breitet die Arme aus und sagt pathetisch: »Das ist Afghanistan. Jetzt bist du im freien Afghanistan. Du musst deinen Schleier hochklappen, damit du es besser sehen kannst.«

»Woher wisst ihr, wo wir lang müssen?«, frage ich Rulam, der stets neben mir und dem Pferd läuft.

»Das ist unser Land, wir kennen jeden Berg, jeden Weg. Die russische Armee hat keine Chance, uns zu besiegen!«, antwortet er.

Atta beschleunigt unser Tempo noch ein wenig und sagt: »Trotzdem müssen wir aufpassen. Ab und zu gibt es russische Militärposten auf den Bergen, die werden aus der Luft versorgt. Wenn Hubschrauber oder Kampfjets zu hören sind, verstecken wir uns sofort irgendwo!«

Ich schaue mich um. »Irgendwo« ist gut. Es gibt nur Felsen. Wo soll man sich da verstecken?

»Warum gehen wir dann nicht nachts? Da sieht uns niemand«, frage ich ihn.

»Das ist noch gefährlicher. Außerdem siehst du dann nichts von unserem schönen Land«, lautet Alis Erklärung.

Ich will gerade fragen, warum es gefährlicher sei, überlege mir dann aber, dass es vielleicht besser ist, manches nicht zu wissen. Wenn die Gefahr nicht ausgesprochen ist, ist sie auch nur ein Phantom, das man verscheuchen kann aus seinen Gedanken. Ich konnte ja nicht wissen, dass wir auf dem ganzen Weg bis zur pakistanischen Grenze von afghanischen Informanten der *CIA* beobachtet werden würden.

Ich lasse mich oben auf dem Pferd hin und her schaukeln und schaue nach vorn auf den immer schmaler werdenden Weg. Das Pferd muss ab und zu mit einem Klaps auf sein Hinterteil angetrieben werden. Es hat offenkundig keine Lust, über diesen holprigen, steinigen Weg zu gehen, wo es nicht einmal am Wegesrand was zum Fressen gibt. Madschied, ein großer junger, ziemlich hellhäutiger Mann Mitte 20, spricht dem Pferd erst gut zu, wird dann aber doch etwas strenger in der Wortwahl.

»*Beroh* – Lauf, du Pferd ohne Vater«, schimpft er und steigert sich bis zu einem Schimpfwort, das ihm passend für die gemütliche Pferdedame scheint.

»Lass mich doch absteigen, ich laufe wirklich lieber«, biete ich Madschied an.

Aber auch Madschied lässt sich nicht erweichen. »Nein, nein«, sagt er, »du bleibst sitzen. Später kannst du noch laufen.«

Mir bleibt nichts anderes übrig, als mich meinem Schicksal und dem Pferd zu ergeben und einfach durchzuhalten.

Nach zwei Stunden Weg fängt es an zu regnen. Auch wird es merklich kühler, und ich beschließe, meinen Schleier wieder herunterzuklappen, um darunter die Wärme zu halten. ›Noch ein Vorteil dieses Schleiers‹, denke ich, ›er gibt auch noch einen guten Regenschirm und eine prima Zudecke ab.‹ Durch das Gitterfensterchen vor meinem Gesicht betrachte ich die Bekleidung meiner vier Weggefährten. Sie haben die typisch afghanische Männertracht an: Über einer weiten olivgrünen oder grauen pyjamaartigen Hose, *Schalwar* genannt, die am Bund mit einer Schnur zusammengehalten wird, tragen sie ein knielanges gleichfarbiges Hemd, *Kamis* genannt, das wie ein Herrenoberhemd eine Knopfleiste bis zum Bauch hat. Darüber ziehen sie eine Anzugweste oder einen Pullover. Im Winter kommt darüber noch eine Anzugjacke oder ein Anorak, eine Fliegerjacke, ein Parka. Sommer wie Winter tragen sie die gleichen Sachen, lassen bei über 40 Grad höchstens die Jacke weg. Strümpfe sind eher Luxus, weder Atta noch Ali haben welche an ihren Füßen. Auf dem Kopf tragen sie alle vier diesen hellbraunen Filzhut, den *Pakol*, dessen Krempe nach außen hochgerollt ist. Diese Kopfbedeckung stammt eigentlich aus dem Nordosten Afghanistans, von der Volksgruppe der Nuristani. Sie sehen sich – wie die Paschtunen auch – als Arier und behaupten zudem, dass in ihren Adern noch das Blut Alexanders des Großen fließe. Im Laufe der letzten Jahrzehnte hatten die Stadtbewohner, die ihre alten Stammeswurzeln langsam verloren haben, die Mütze als sehr praktisch für sich entdeckt, und viele Männer wie auch Mudschahedin aus Kabul und dem Norden haben sie als einen Bestandteil ihrer Kleidung angenommen. Der Filzhut hat genau wie mein Schleier auch seine Vorteile, er hält den Kopf der Männer warm, wenn im Frühjahr alle Haare von ihm abgeschoren werden.

Traditionen entstehen eben aus praktischen Erfahrungen. Das gilt nicht nur für die Haare, auch die afghanische Bekleidung ist dem Land und den zur Verfügung stehenden Rohstoffen angepasst. In Afghanistan ist es vorwiegend Schaf-, Ziegen- oder Kamelhaar, das zu Wolle und Filz für Decken, Mützen, Zelte und Teppiche verarbeitet wird. Auch die Farben stehen im Einklang mit der Natur, wir tragen alle fünf grünliche und bräunliche Kleidung.

Wichtigstes Zubehör eines Afghanen ist jedoch seine aus feinem Zwirn gewebte Decke, der *Patu*, den es in allen Varianten von Grün, Grau und Braun gibt. Darin kann sich sein Besitzer bis über den Kopf einhüllen, wenn ihm kalt ist, er kann ihn um die Schultern oder zusammengelegt über nur einer Schulter tragen, er wird als Handtuch, Zudecke, Unterlage, Kopfkissen benutzt und sieht trotzdem immer gepflegt und ordentlich aus. Der *Patu* ist nicht irgendeine Decke, er ist ein Statussymbol für jeden afghanischen Mann.

Das Erstaunlichste jedoch ist das Schuhwerk. Ali hat schwarze Plastikslipper an seinen nackten Füßen, Atta trägt Sandalen, die aus alten Autoreifen gefertigt worden sind, Rulam hat knöchelhohe Winterschuhe mit dreimal zusammengeknoteten Schnürsenkeln an, und Madschied eilt in ausgetretenen braunen Lederschuhen durchs Land.

»Deine Füße sind es nicht gewohnt, so viel zu laufen«, nimmt Madschied den Gesprächsfaden wieder auf. »Wir Afghanen könnten sogar barfuß bis nach Pakistan laufen, wenn wir wollten.«

»Ihr seid wirklich harte Männer«, pflichte ich ihm in ernstem Ton bei. »Stell dir vor, in Deutschland ziehen sich die Männer und Frauen spezielle Stiefel an, nur um auf den Hügel hinterm Haus zu klettern!«

»Wie sind die Männer so in Deutschland? Können die kämpfen wie wir oder haben die Angst? Können sie laufen und reiten oder fahren sie den ganzen Tag im Auto rum?«, fragt mich Rulam.

»Na ja«, sage ich, »es gibt schon ein paar ordentliche, aber die musst du mit der Lupe suchen. Und welche, die reiten, laufen und kämpfen können? Um die zu finden, brauchst du ein Mikroskop.«

»Stimmt es, dass man in Deutschland Frauen im Supermarkt kaufen kann? Das hat mir mein Onkel erzählt, der war schon mal in Deutschland«, will Ali wissen.

»Meinst du so wie ein paar Gurken und Tomaten? – Nein«, lache ich. »Im Supermarkt kann man keine Frau kaufen, aber es gibt Frauen, die man für Geld für ein paar Stunden mieten kann. Und du brauchst gar nicht so erstaunt zu gucken. Ich weiß, dass man das in Kabul auch kann. Nur ist es hier nicht so öffentlich wie in Deutschland.«

Der *ChAD* wird aktiv

DDR-Botschaft Kabul, 14.3.1984, 14.00 h

»Lassen Sie alle Ausfahrtstraßen sperren und kontrollieren Sie jedes Auto, das aus Kabul herausfährt!« Genosse Yakubi, der afghanische Kollege vom Geheimdienst *ChAD*, und sein

Stellvertreter, der Genosse Najib, besprechen mit dem Sicherheitsbeauftragten und dem Botschafter der DDR die weiteren Maßnahmen. »Jemand muss das Haus dieses westdeutschen Diplomaten beobachten, ob sich da etwas tut. Zu wem hat sie hier in Kabul Kontakt gehabt? Wir können jeden verhaften, auch den Zigarettenverkäufer an der Ecke, egal wen. Dann werden wir sie auf *unsere* Art befragen.« Er kneift die Lippen zusammen. Jeder weiß, dass diese Rebellen, diese Konterrevolutionäre, auch in Kabul aktiv sind, gefälschte Ausweise und Papiere haben, sich immer wieder den Zwangsrekrutierungen entziehen, aus der Armee desertieren, um wieder in Kabul aufzutauchen.

»Sie können doch nicht den halben Basar verhaften!« Botschafter Kurt Krüger ahnt, was ihm da bevorsteht. Die nächsten Wochen würden keine gute Zeit für ihn sein. Viel Arbeit und Berichteschreiben warteten da auf ihn.

»Haben die Mädchen vor ihrem Abflug noch aufgeschrieben, zu wem sie alles Kontakt hatten? Ich möchte eine Liste der Leute, die sie in dem halben Jahr hier in Kabul getroffen haben. Bei welchem Bäcker, Fleischer, Obsthändler haben sie eingekauft. Wo haben sie gegessen, wo waren sie tagsüber, am Abend, in der Nacht. Wen haben sie an der Universität getroffen?« Yakubi hatte genaue Vorstellungen von seiner Geheimdienstaufgabe und wie er sie durchführen würde. »Entweder ist sie noch in Kabul oder …«, er vollendet den Satz nicht. Sollte sie tatsächlich mit den Rebellen unterwegs nach Pakistan sein?

Als hätte er Yakubis Gedanken gelesen, sagt der Sicherheitsbeauftragte: »Zuerst einmal gehen wir davon aus, dass sie noch in Kabul ist. Wir werden alle Krankenhäuser der Stadt überprüfen, vielleicht hatte sie ja einen Unfall und konnte sich noch nicht bei der Botschaft melden. Dass sie sich bei irgendjemandem versteckt hält und nicht zurück will in die DDR, fassen wir als zweite Möglichkeit ins Auge. Dass sie gekidnappt wurde, ist zwar möglich, aber eher unwahrscheinlich. Und zu einer Flucht über die Berge wäre sie gar nicht fähig. So etwas traue ich ihr nun doch nicht zu.« Er blättert in den Unterlagen über die Studentin, während Yakubi herumtelefoniert und Anweisungen für Straßensperren durchgibt.

Genosse Bauer, der Kulturattaché, legt den beiden Herren vom Geheimdienst die Abschrift einer Auflistung möglicher Kontaktpersonen vor. Es war ihm noch gelungen, in dem Durcheinander auf dem Flughafen eine Befragung der Studentin Katrin Branke durchzuführen.

»Das sind im Wesentlichen die Leute, zu denen die Studentinnen häufig Kontakt hatten und zu denen sie auch einmal alleine gegangen sind, obwohl es ihnen verboten war: der Bäcker in *Wasir Akbar Chan* hinter der Moschee, der Verkäufer vom kleinen Laden an der Ecke da bei denen, der Obsthändler gegenüber auf der Straße, der Besitzer von der Pizzeria in *Schahre Nau*, der Mann vom Stromhäuschen vorne an der Kreuzung, dem haben sie was gegeben, damit er ihnen für eine Stunde länger den Strom anschaltet, von dort aus haben sie wohl auch immer telefoniert, Fräulein Beck in den letzten Tagen auffallend häufig, außerdem ist sie immer alleine zur Uni gefahren, zu einem Professor von der archäologischen Fakultät«, erklärt Genosse Bauer die einzelnen Posten auf der Liste.

»Wir werden den Strom-Mann überprüfen lassen, vielleicht hat er mitbekommen, über was gesprochen wurde.« Genosse Yakubi sieht die Liste durch und schüttelt mit dem Kopf, einige Namen kommen ihm durchaus bekannt vor.

Annäherungsversuche

Logartal, 15.3.1984

Inzwischen hat sich das Gelände verändert. Es liegt nicht mehr so viel Geröll herum, wir befinden uns jetzt auf einem Hochplateau, das irgendwo am dunklen Horizont endet. Weit in der Ferne lässt das Licht der untergehenden Sonne die Bergkämme noch einmal für kurze Zeit in einem warmen Orange erstrahlen, dann bricht jäh die Dämmerung herein.

»Du kannst jetzt mal absteigen. Ich werde mit dem Pferd vorausreiten und im Dorf unsere Ankunft ankündigen«, sagt Atta.

»Es ist ungefähr noch eine Stunde zu laufen«, gibt er auf meine Wie-lange-noch?-Frage zur Antwort. Nach zwei Tagen fällt mir dann auf, dass es seine Standard-Auskunft zu meinen Zeitfragen ist. Meistens waren wir dann mindestens noch drei Stunden unterwegs. Auch wenn ich die meiste Zeit davon auf dem Pferd verbringe, so ist es doch ziemlich anstrengend, sich da oben zu halten. Das Gepäck verrutscht nach jeder Wegbiegung, das Pferd stolpert mehr über den steinigen Weg, als dass es läuft, und muss noch dazu ständig angetrieben werden.

»Oh, das tut gut, wieder zu laufen«, seufze ich erleichtert. »Nur sind diese Schuhe hier viel zu klein. Ich werde mal lieber meine Boots anziehen.«

Atta gibt mir noch mein Bündel vom Pferd und reitet dann wie der Wind im Galopp davon.

»Wow, wie schnell das Pferd auf einmal rennen kann!«, rufe ich aus.

»Tja, es kommt eben darauf an, wer oben sitzt«, klärt Madschied mich auf. »Ein richtiger Reiter oder ...«

»Ein Kartoffelsack – danke sehr. Oder wolltest du etwa was anderes sagen?«, empöre ich mich scherzhaft.

»Schöne Stiefel hast du da«, sagt Ali zu mir.

»Ich schenke sie dir, wenn wir in Pakistan angekommen sind!«, sage ich nicht nur großzügig, sondern auch wissend, dass dies sein Anliegen war, als er meine braunen Salamander-Leder-Boots bewunderte.

Da die Mudschahedin ja ganz offensichtlich kein Geld von mir wollen, will ich mich wenigstens so erkenntlich zeigen. Und da Ali gegen meine Offerte nicht protestiert, ist er wohl sehr erfreut darüber, dass ich darauf eingegangen bin.

Atta ist bald im Gelände verschwunden, und so laufen wir ohne seine väterliche Aufsicht weiter in Richtung Süden über die Hochebene, bis wir nach über einer Stunde in der Dunkelheit unser Tagesziel, ein Dorf mit wenigen Lehmhäusern, erreichen. Es liegt in einem breiten Tal mit einem kleinen Flusslauf, ein paar Pappeln, noch kahlen Obstbäumen und kleinen, durch ein System von Gräben miteinander verbundenen Feldern.

Gleich im ersten Haus erwartet man uns schon. Nach einer kurzen Begrüßung steigen wir über eine Holztreppe in den ersten Stock des kleinen Gehöftes. Wir lassen uns, nachdem wir an der Tür unsere Schuhe ausgezogen haben und ich meinen Schleier an einen Haken gehängt habe, auf dem mit alten Teppichen ausgelegten Holzfußboden nieder. Es ist angenehm warm in dem Raum, riecht nur etwas streng darin.

»Der Stall für die Tiere ist genau unter uns, darum riecht es hier so, aber es macht auch schön warm«, flüstert Rulam mir zu. Er hatte tatsächlich bemerkt, dass ich unbewusst meine Nase ein wenig gerümpft hatte. Er beobachtet mich ganz genau und lässt mich keine Sekunde aus den Augen. Was er wohl im Schilde führt?

Eine kleine Tochter des Bauern, die er uns stolz als seine Malalai vorstellt, kommt mit einer Schüssel, einem Krug warmem Wasser, Seife und einem Handtuch herein. Wir waschen reihum unsere Hände, wobei das Mädchen uns aus der Kanne

Wasser über die Hände gießt, erst um sie anzufeuchten, dann um die Seife abzuspülen. Kein Tropfen wird dabei verschwendet.

Kaum sind wir damit fertig, breitet sie eine Plastiktischdecke in der Mitte auf dem Boden aus, geht kurz hinaus und kommt mit frischem Fladenbrot, dem *Nan*, das in ein Tuch eingewickelt ist, zurück. Die Fladen werden in der Mitte durchgerissen und rundherum verteilt. Malalai eilt wieder hinaus, bringt noch Wasser zum Trinken, und dann kommt ihr Vater mit einer großen Schüssel voll Soße, in der Kartoffeln, Karotten, Zwiebeln und Tomatenstückchen schwimmen, herein. Alle bedenken ihn mit »Ahs« und »Ohs«, und wir freuen uns auf dieses abendliche Mahl. Wir wünschen uns gegenseitig einen »Guten Appetit«, und jeder geht nun mit einem Stückchen Fladenbrot, das zwischen Daumen, Zeige- und Mittelfinger der rechten Hand geklemmt wird, in der Soße »fischen«.

Das Essen ist wunderbar gewürzt mit Knoblauch, Salz, Pfeffer, Kreuzkümmel, Koriander und Petersilie. Es ist auch ein sehr sättigendes Mahl, wozu das Fladenbrot hauptsächlich beiträgt. Der Teig wird aus feinem Vollkornmehl, Wasser, Salz und Sauerteig geknetet, zu Fladen geformt und an der Wand eines Lehmofens, dem *Tanur*, ausgebacken. In der Stadt gibt es Bäckereien, die nur Fladen herstellen und verkaufen. Dort sitzen vier Männer auf einem erhöhten Podest, auf dem Ofen nämlich, der eine knetet den Teig und macht daraus runde Bälle, der zweite formt sie zu Fladen, der dritte zieht die Fladen über ein mit Zacken versehenes Brett, damit der Teig beim Backen nicht so aufbläht, und klatscht dann mit Schwung den auf einem Stoffpolster liegenden Teig durch ein Loch im Boden an die Wand des Ofens. Mit einer langen Hakenstange werden sie dann vom vierten Mann, kurz bevor sie herunterfallen, wieder aus dem Ofen geholt und heiß an die Wartenden verkauft. Auf dem Dorf hat jede Familie ihren eigenen kleinen *Tanur* zum Fladenbacken. Die Fladen werden mit der Hand wieder aus dem Ofen geangelt, es ist höllisch heiß darin. Bei meinem einzigen Versuch, einen solchen Fladen da rauszuholen, habe ich mir sämtliche Haare am Arm abgesengt.

Nach dem Essen bedanken sich alle bei Allah und dem Bauern für Speis und Trank, und es gibt zum Abschluss und Ausspannen noch einen grünen *Tschai*, einen Tee, mit Kardamom und viel Zucker.

Wir unterhalten uns mit dem Hausherrn über das Wetter, die Lage in Kabul und im Logartal, durch das wir morgen gehen werden.

»Gab es Tiefflüge in den letzten Tagen?«, fragt Atta.

»Ja, jeden Tag kommen sie über unser Dorf geflogen. Und man hört immer wieder Hubschrauber und Jets in großer Höhe fliegen. Aber jetzt beginnt die Regenzeit, die Wolken hängen ziemlich tief, und es wird zu gefährlich für die Russen, durch die Täler zu fliegen. Letztes Jahr ist doch einer gegen den Berg geknallt. Wir dachten schon, sie wollten uns bombardieren, aber der war wohl nur zu tief unterwegs.« Fragend schaut der Bauer dann in meine Richtung: »Ist sie eigentlich Muslima?«

»Nein, Christin, aber sie will Muslima werden. Die Kalima kann sie schon. Jetzt müssen wir ihr noch das Beten beibringen«, antwortet Ali ihm.

»Und einen afghanischen Namen hat sie auch schon, stimmt's Sainab?«, ergänzt Rulam noch.

»*Ballee* – ja«, sage ich.

»Und *Dari* spricht sie auch!«, erstaunt sich der Hausherr plötzlich.

»Sie war sechs Monate in Kabul an der Universität und hat Dari und Paschtu gelernt«, berichtet ihm Atta.

»Und jetzt willst du Muslima werden? Gut, gut ist das. Der Islam ist die Krönung aller Religionen. Er hat das Judentum und das Christentum abgelöst. Allah hat Mohammad als seinen letzten Gesandten auf der Erde ausersehen, um den Islam über die ganze Welt zu verbreiten«, erklärt er mir.

»Jetzt sag schon die *Kalima* auf!«, fordert mich Ali auf und ich bete leise die drei Sprüche herunter.

Da wir am nächsten Morgen sehr früh weitermüssen und den ganzen Tag unterwegs sein werden, beschließen die Männer, nun endlich schlafen zu gehen. Ein paar dünne Schlafmatten werden auf dem Fußboden ausgebreitet. Ich bekomme noch eine große gewebte Decke in den Arm gedrückt und soll mich an die Wand legen. Für meine vier Begleiter ist es nicht gerade die normalste Sache von der Welt, mit einer fremden Frau im gleichen Raum zu schlafen. Daher legt Ali, der sich neben mir niedergelassen hat, demonstrativ seine Kalaschnikow zwischen uns.

»Damit niemand Grund zum Gerede hat, *tamam* – o. k.?«, sagt er so laut, dass es alle hören.

»Ja, klar, wenn du meinst«, sage ich. »Hauptsache, das Ding schießt heute Nacht nicht von alleine los.« Halb belustigt, halb zweifelnd schaue ich erst ihn und dann seine Kalaschnikow an. Denkt er vielleicht, dass ich heute Nacht zu ihm rüberrollen könnte und meinen und seinen Ruf ruinieren würde? Oder wollte er sich damit selbst eine Barriere setzen? Warum hat er sich dann nicht gleich woanders hingelegt?

»*Schab be chair*«, wünschen wir uns gegenseitig eine »Gute Nacht« und legen uns mit unseren vom Regen noch immer ein wenig feuchten Sachen schlafen. Bald ist auch schon das erste Schnarchen zu hören. Von unten dringen die Geräusche der Tiere durch die Zimmerdecke. Ich denke noch lange über den vergangenen Tag nach und schlafe bei den Vorstellungen über die Zukunft ein. Hoffentlich sagt jemand meinen Eltern Bescheid, dass sie nicht zum Flughafen zu kommen brauchen.

Es ist ein unruhiger, leichter Schlaf. Bei jedem ungewohnten Geräusch bin ich sofort wach und habe Mühe, wieder einzuschlafen. Mitten in der Nacht werde ich von einer Berührung geweckt. Ich zweifle an meiner Wahrnehmung, aber nein, eine

Hand, zweifellos Alis, schiebt sich ganz langsam unter meine Decke und erreicht meinen Arm.

›Aha‹, denke ich, ›erst großes Theater mit der Kalaschnikow machen und nun so was! Der spinnt wohl! Das ist also der Trick an der Sache. Man muss schon ziemlich um die Ecke denken, um einen Ali zu verstehen.‹

Aufsehen will ich nicht erregen, er würde sowieso alles abstreiten und mir die Schuld geben, also tue ich lieber so, als ob ich mich im Schlaf umdrehe. Ich wickle mich fest in meine Decke ein und rolle bis ganz an die Wand. Ali zieht seine Hand geräuschlos zurück und tut seinerseits so, als wäre sie aus Versehen über die Kalaschnikow unter meine Decke gewandert. Den Rest der Nacht lässt er mich in Ruhe.

Erklärungsversuch

Malang Logartal, 15.3.1984, 5.30 h

Mit »*Sainab Chanum, bechees* – Frau Sainab, aufstehen!« werde ich von Atta geweckt. Draußen ist es noch stockdunkel.

»Hast du gut geschlafen?«, fragt er mich höflich.

»Danke, gut, na ja, es ging«, sage ich und werfe einen messerscharfen Blick zu Ali. Aber der weicht meinen Augen aus, und nun bin ich mir sicher, dass er wusste, was er tat.

Seelenruhig nimmt er seine Kalaschnikow, baut sie auseinander und fängt an, sie zu putzen. Alle 60 Patronen lässt er aus den zwei Magazinen schnipsen, legt sie auf einen Haufen, schaut einmal ins Magazin hinein und steckt gleich darauf die Patronen wieder zurück. Klack, klack, klack, es ist wie ein Spiel für ihn. Bei jeder Rast bauen er und Rulam die Kalaschnikows auseinander, entleeren das doppelte, mit Klebeband verbundene Magazin und basteln dann alles wieder zusammen.

Ich beschließe, ihn zu ignorieren, und mache Anstalten, aus dem Zimmer zu gehen, um irgendwo einen Krug Wasser und ein Loch im Fußboden zu finden.

»Wo willst du hin?«, fragt mich Rulam wachsam. Ich schaue ihn an und denke: ›Er sieht süß aus mit seinen verschlafenen Augen.‹

»Mich irgendwo waschen, wenn es geht«, antworte ich ihm.

»Geh nach unten und frag eine der Frauen in der Küche«, lautet sein Rat.

»Gute Idee von dir«, gebe ich ihm grinsend zurück.

Unten angekommen schaue ich in die von einer Petroleumlampe erleuchtete Küche. Hier wird schon eifrig für unser Frühstück und unseren Proviant dünnes Fladenbrot auf einem über ein offenes Feuer gelegten Blech gebacken. Ein Topf voll heißer Milch dampft auf einem kleinen Lehmofen vor sich hin.

»*Sub be chair* – Guten Morgen«, sage ich zu der älteren, am Boden hockenden Frau, die gerade einen Fladen zwischen ihren Händen hin und her wendet, bis der Teig ganz dünn ist. »Entschuldigung, ich suche die *Taschnab* – die Toilette.«

Zu der neben ihr hockenden Malalai sagt sie, dass sie mich in den Waschraum führen soll. Das Mädchen nimmt einen an der Wand stehenden Wasserkrug, sagt: »Komm mit!«, und führt mich in den Waschraum. Der hat ein winziges Fensterchen in der Wand und ein noch winzigeres Loch darunter. Es ist der Abfluss eines großen ebenerdigen viereckigen Beckens. Der Boden besteht aus steinhart gestampftem Lehm. An der einen Wand liegt Feuerholz aufgestapelt, an der anderen Seite stehen ein paar Aluminiumtöpfe und Schüsseln herum.

So viel wie nötig wasche ich mich und erleichtere mich durch das winzige Loch. Alle anderen erledigen ihre Morgentoilette draußen hinterm Gebüsch oder am Bach.

Als ich von meiner Katzenwäsche zurückkomme, liegt das Frühstück schon auf der Tischdecke am Boden bereit. Es gibt das gerade gebackene dünne Fladenbrot und heiße Milch von der Kuh unter uns. Wir süßen die Milch ordentlich mit Zucker. Das ist unser Energievorrat bis zur nächsten Rast irgendwann.

Hastig schlingen wir unser Frühstück hinunter. Atta treibt uns zur Eile an.

»Kommt jetzt, wir müssen los!«, sagt er und zu mir gewandt: »Sainab, zieh deine Boots an und deinen Schleier, wir müssen weiter.«

Draußen begrüße ich das Pferd mit einem Klaps an den Hals, aber es wendet nur mürrisch seinen Kopf weg. Diesmal steige ich auf einen großen Felsbrocken, der vor dem Haus liegt, und bleibe gleich beim ersten Versuch oben auf dem Pferd.

»Na siehst du, es geht doch«, freut sich Madschied und haut dem Pferd aufs Hinterteil, dass es einen Satz nach vorn macht.

»Hey«, schreie ich erschreckt, »du willst wohl, dass ich wieder runterfliege und du dich kaputtlachen kannst?« Schadenfreude ist wohl auch hier die schönste Freude.

In der Morgendämmerung nehmen wir einen schmalen Weg zwischen den noch brachliegenden Feldern in Richtung der nächsten hohen Berge, die an diesem Morgen wolkenverhangen und nur schemenhaft zu erkennen sind. Lange sagt keiner ein Wort, jeder döst im Gehen – beziehungsweise ich im Sitzen – vor sich hin.

»Weiß deine Familie eigentlich, dass du nach Pakistan gehst?«, fragt Rulam mich unvermittelt.

»Nein, niemand weiß etwas davon.« Ich klappe meinen Schleier hoch, damit er mich besser versteht. »Und die werden sich auch ziemlich wundern. Alle werden sich wundern. Zum Glück konnte keiner von der Botschaft, keiner meiner Kommilitonen und Professoren Gedanken lesen. Nicht in der

DDR und erst recht nicht in Kabul. Ich habe mich vor ein paar Jahren verschlossen und durch zwei geteilt, verstehst du?«

»*Na* – nein!«, sagt Rulam trocken.

»Pass auf, natürlich siehst du mich nur einmal, aber innerlich habe ich zwei Kerstins, eine DDR-Kerstin und eine *Azadi*-Kerstin, die frei sein wollte. Die DDR-Kerstin hat möglichst unauffällig das Studium und das DDR-Leben gelebt, denn wenn du auffällst, widersprichst, deine Gedanken aussprichst, kommst du schließlich ins Gefängnis. Die *Azadi*-Kerstin hat überlegt, intrigiert, geplant, falsche Fährten gelegt, damit keiner merkt, dass ich aus der DDR wegwollte. Ach, du kannst es nicht verstehen, aber in ein paar Jahren, wenn ihr hier den Kommunismus habt, dann wirst du an mich denken.« Ich mache eine abwinkende Geste, und Rulam zuckt mit den Schultern.

»Kann man denn nicht in Deutschland über die Grenze gehen?«, fragt er weiter.

»Nein, man kann nicht einfach von Ostdeutschland nach Westdeutschland. Auf der ostdeutschen Seite ist alles voll Stacheldraht und Minen, und man wird erschossen, wenn man auch nur in die Nähe kommt«, erkläre ich ihm drastisch die absurden Verhältnisse an der deutsch-deutschen Grenze. »Und bei euch will man das auch so machen, dann kannst du nicht mehr einfach so nach Pakistan.« Rulam guckt mich an und seine Augen verraten mir, was er denkt: ›Die spinnt!‹

Nach einer Weile ergänze ich: »Ich kannte einen Mann von der westdeutschen Botschaft in Kabul, den habe ich mal gefragt, ob er mir nicht irgendwie helfen könne …«

»Aber?«, fragt er dazwischen.

»… er hat mir nicht geglaubt, oder er wollte mir nicht helfen, ach, ich weiß es nicht«, sage ich schulterzuckend. Mir fällt wieder das Lied ein, das er bei einem meiner Besuche in seinem Haus sinnigerweise aufgelegt hatte: *Honesty* von Billy Joel. Für ein paar Sekunden mache ich die Augen zu und lasse mich von meinen Erinnerungen mitreißen. Doch das stolpernde Pferd bringt mich mit einem Ruck wieder in die Gegenwart. Ich muss mich festhalten, damit ich nicht runterfalle.

»Siehst du, das ist der Unterschied. Wir Mudschahedin, wir glauben dir, wir vertrauen dir und wir werden dich nach Pakistan bringen. Mach dir keine Sorgen. Alles ist gut organisiert. Jeden Tag überqueren viele Leute, Familien, Kinder, Alte, Kranke, Schwangere und wir Mudschahedin die Grenze. Wir kommen und gehen, wann wir wollen. Es gibt keine Kontrolle, keinen Zaun, nichts. Man geht einfach weiter, und schon ist man in Pakistan.«

Ich bin Rulam dankbar für die Aufmunterung, seinen Optimismus und sein Vertrauen zu mir. Gedankenverloren schaue ich in die Ferne. »Sind das etwa die Berge da hinten, über die wir heute müssen?«

»Ja, ja, und dahinter gibt es noch höhere Berge. Das ist kein Spaziergang wie in Kabul im Park!« Rulam schnalzt mit der Zunge, um seine Worte zu unterstreichen.

»Kennst du den *Spin-Rar* – den Weißen Berg?«, fragt Atta mich.

»Ja, ich habe schon mal darüber gelesen. Und da müssen wir drüber?«, staune ich mit immer größer und wacher werdenden Augen. So langsam dämmern mir die Dimensionen unserer Reise und was die vier alles auf sich nehmen, um mich nach Pakistan zu bringen.

Sachstand Fahndung

DDR-Botschaft Kabul, 15.3.1984

Telegramm

Absender: kabul Dringlichkeit: blitz
Geheimhaltungsgrad u. Regist.-Nr.: vd 27/84
Empfänger: gen. burkert, sch
gen. lindner, ssoa
gen. sieber, zk-iv

sachstand fahndung nach beck, kerstin - stand 15.3., 09.00 uhr
ueberpruefung krankenhaeuser in kabul durch sicherheitsorgane der dra (im weiteren text lso) und durch mitarbeiter botschaft war erfolglos.

die im ergebnis der durchsicht der persoenlichen unterlagen erarbeiteten erkenntnisse und hinweise zu verbindungen der b. zu afghanen und anderen auslaendern in kabul sowie ein paszbild mit personenbeschreibung wurden den lso zur auswertung uebergeben.
durch lso wurde fahndung in kabul und jalalabad-provinz wardak (uebergang nach pakistan) eingeleitet.

vernehmungen von drei afghanen durch lso, die kontakt zur b. hatten, brachten keine erkenntnisse zum verbleib der b.

durch lso und osk wird flughafenausreise ueberwacht, wenn flugzeuge in nsw-region fliegen.

krueger
15.3.

Dschinns

Tesin, 15.3.1984

Nachdem wir bei leichtem Nieselregen seit Stunden ständig bergauf unterwegs waren und ich ab und zu auch laufen durfte, beschließt Atta eine Pause einzulegen. Den Ort hat er gut gewählt, denn wir machen vor einem Felsüberhang halt, der im hinteren Teil wie eine Höhle aussieht. Madschied lässt das Pferd die spärlichen Grashalme am Eingang abfressen, während wir uns einen flachen Platz zum Hinsetzen suchen. Ich klappe meinen Schleier hoch und blicke in die Dunkelheit der Höhle.

»Sieht ziemlich gruselig aus«, sage ich zu den anderen. »Was ist denn da hinten?«

»Da wohnen die *Dschinns*, die Geister. Da solltest du lieber nicht hingehen. Alle, die je dort hineingegangen sind, kamen nie wieder heraus und irren seitdem in den Höhlen herum. Wir werden jetzt beten, um die Geister zu beschwichtigen«, sagt Ali ernst.

Sie beratschlagen, in welcher Richtung die Kaaba, die heiligste aller Stätten des Islam, sein könnte, denn in diese Richtung müssen sie sich während des Gebetes verbeugen. Sie breiten ihre Decken auf dem Boden aus, ziehen ihre Schuhe aus und stellen sich mit den Armen vor dem Bauch verschränkt nebeneinander auf. Dabei murmeln sie arabische Sprüche, von denen ich nur »Gott ist größer« verstehe. Dann heben sie ihre Hände an die Wangen, berühren mit den Daumen ihre Ohrläppchen und rezitieren die 1. Sure des Koran, die *Fatiha*. Anschließend verbeugen sie sich. Sie sagen dazu dreimal »Preis sei meinem Herrn dem Mächtigen« und richten sich alle wieder auf. Rulam ist ein bisschen langsamer als die anderen, aber das stört niemanden. Jeder kann so schnell oder langsam, sprechen wie er will. Aufgerichtet sagen sie: »Gott hört den, der ihn lobt.« Dann knien sich alle auf die Decken herunter und beugen sich mit dem Gesicht bis zum Boden. Dreimal sagen sie nun »Preis sei meinem Herrn, dem Allerhöchsten«. Sie setzen sich nacheinander wieder auf, legen auch ihre Füße wieder nach hinten um und murmeln: »Allah ist größer.«

Rulam guckt mal eben kurz zu mir herüber und macht dann wieder mit, als sich alle vier noch einmal auf den Boden werfen und dreimal sagen: »Preis sei meinem Herrn, dem Allerhöchsten.« Sie stehen auf und machen das Gleiche noch einmal von vorne. Als sie damit fertig sind, bleiben sie dieses Mal auf ihren eingeknickten Beinen sitzen und sprechen ein längeres Gebet, das *taschahud*.

Alle Köpfe wenden sich im Folgenden erst nach rechts und dann nach links, wobei sie beides Mal »Der Friede sei über euch und Gottes Erbarmen« sagen. So sprechen sie mit den Schutzengeln, die auf ihren Schultern sitzen. Ihr Gebet beenden sie, indem sie wieder nach vorne sehen und dabei ihre Arme anwinkeln, als ob sie ein Buch, nämlich den Koran, in den Händen halten würden. Als sie fertig sind, fragt Ali mich: »Willst du nicht auch beten?«

»Ich habe schon gebetet«, antworte ich ihm.

»Lass sie«, sagt Atta, »sie betet eben anders als wir.«

»Aber ob sie damit die *Dschinns* beschwichtigen kann?«, fragt er skeptisch.

»Bis jetzt ist noch keiner gekommen, oder siehst du irgendwo einen?« Unbeeindruckt von ihren Befürchtungen, fahre ich fort: »Ich würde so gerne weiter hineingehen und nachsehen, was so alles auf dem Boden rumliegt. Vielleicht altes Zeug von vor tausend Jahren oder uralte Wandmalereien. Wer weiß?«

»Du gehst auf keinen Fall da hinein. Denn die *Dschinns*, die da wohnen, die kann man nicht sehen, die fühlt man nur, oder sie machen Geräusche, dass man Angst kriegt«, will er mich erschrecken. »Wenn du die ärgerst, werden sie sich bei uns rächen.«

»Warum haben wir uns dann ausgerechnet hier hingesetzt, wo die wohnen?«, versuche ich Ali in die Enge zu treiben.

»Es ist egal, wo wir uns hinsetzen, sie sind überall, im Haus, auf dem Baum, im Wasser, in der Luft. Und man kann sie nur mit einem richtigen Gebet besänftigen. Du solltest es auch lernen, es wäre besser für dich und für uns«, sagt er nachdrücklich.

»Gibt es viele solcher Höhlen?«, frage ich weiter.

»Natürlich, es gibt ja auch viele *Dschinns*, und es werden immer mehr«, sagt Ali daraufhin.

»Sie sind aber auch sehr praktisch«, sage ich zu ihm. »Kein russisches Kampfflugzeug würde uns hier entdecken können, und mit einem Auto kann man auch nicht bis hierher kommen.«

»Verrate es niemandem, denn dies sind die Orte, an denen sich die Bauern und wir Mudschahedin uns verstecken, wenn die Dörfer bombardiert werden«, erklärt mir Atta nun. Er steht auf, macht eine schwungvolle Handbewegung und sagt: »Wir müssen weiter.« Wir packen alles wieder zusammen und verlassen die Geisterhöhle.

Nach einer guten Stunde erreichen wir einen sehr steilen, felsigen Bergrücken mit einem Passübergang, der eigentlich eher etwas für Bergziegen als für ein Pferd ist. Atta beratschlagt sich mit Madschied, ob ich auf dem Pferd sitzen bleiben soll oder selber drüberklettern kann.

»Am besten, sie bleibt auf dem Pferd sitzen«, sagt er. »Sie würde es nicht schaffen, bis nach oben und auf der anderen Seite wieder runterzuklettern. Sieh zu, dass das Pferd nicht stehen bleibt, sonst überlegt es sich die Sache noch und kehrt wieder um.«

Ich weiß nicht, was weniger anstrengend ist. Selbst zu klettern oder geklettert zu werden. Mich auf dem wackligen, unsicheren Pferd an zwei Gepäckriemen festzuhalten bringt mich an den Rand meiner Kräfte. Meine Armmuskeln sind seit einer halben Stunde bis zum Äußersten angespannt. Ich drücke meine Beine an die festgeschnallten Deckenrollen und Bündel. Meine Hände umklammern die Riemen so fest, dass meine Knöchel weiß hervortreten. Mein ganzer Körper ist so verkrampft, dass ich wie erstarrt auf dem Pferd liege. Das Pferd steht zum Teil senkrecht auf den Felsbrocken und schafft es nur mit gutem Zureden von Madschied und heftigem Ziehen am Halfter, von einem Stein zum nächsten zu stolpern.

›Nur nicht loslassen‹, denke ich. ›Irgendwann müssen wir ja mal oben angekommen sein. Liebes Pferd, bitte bring mich heil nach oben, ich werde dir auch die Hälfte von meinem Fladenbrot abgeben.‹ Als letzte Anstrengung mache ich meine Augen zu und konzentrierte mich nur noch auf meine Arme und Hände.

Das Pferd müht sich unendlich, doch schließlich haben wir es geschafft und sind oben angekommen. Erleichtert will ich die Riemen loslassen, muss mich jedoch gleich wieder festhalten, weil auf der anderen Seite der Weg auch nur ein schmaler, felsiger Grat ist. Mit zittrigen Beinen sucht das Pferd Halt zwischen den Felsbrocken. Ich bitte Atta, mich endlich absteigen zu lassen. Aber er schnalzt nur mit der Zunge und hebt kurz sein Kinn dabei. Das heißt eindeutig »Nein«. Als wir endlich auf sicherem Untergrund sind, danken wir einstimmig Allah für die Hilfe bei der Passüberquerung, und ich klopfe auch dem Pferd lobend an den verschwitzten Hals.

»Das Pferd ist ziemlich erschöpft und etwas wackelig auf den Beinen, macht es dir etwas aus, jetzt zu laufen?«, fragt Atta mich höflich.

Heilfroh, endlich absteigen zu können, versichere ich ihm: »Nein, überhaupt nicht.« Und schon bin ich vom Pferd heruntergerutscht. Ich klappe meinen Schleier hoch und atme einmal tief durch. Dann schüttle ich meine Arme und Beine aus, um die verkrampften Muskeln zu entspannen.

Rulam findet das komisch und fragt lachend: »Machst du hier Gymnastik?«

»Es geht jetzt erst mal bergab. Wir werden später in einem Dorf Rast machen und dann weiterlaufen bis zum Abend«, sagt Atta zu mir, als ich fertig bin.

Wir marschieren im Gänsemarsch schweigend und konzentriert den schmalen Pfad auf der anderen Seite des Bergkammes hinunter. Ein Fehltritt hätte fatale Folgen. An den scharfkantigen Felsen konnte man sich tiefe Schürfwunden zuziehen, sämtliche Knochen brechen oder stolpern und dann mit einer Geröllawine in die Schlucht abstürzen.

Ali legt sich nach all der Anstrengung eine neue Prise *Naswar* hinter die Unterlippe und eilt so beflügelt der Gruppe voran.

Keiner sagt ein Wort. Rundherum ist es so still, dass mir die Ohren summen. Plötzlich höre ich hinter mir Steine wegrollen. Ich drehe mich um und sehe, wie das Pferd heftig durch die Nüstern schnaubt und große erschreckte Augen macht. Es war mit der rechten Hinterhand vom Weg abgerutscht und ins Straucheln gekommen. Vor Schreck bleibt mir fast das Herz stehen, und ich bin froh, nicht mehr darauf gesessen zu haben.

»*Hoh batscha* – ruhig, Junge«, spricht Madschied dem Pferd gut zu und zieht an der Leine, bis es wieder festen Halt unter den Hufen hat.

»Hab' ich mich erschreckt«, sage ich zu Rulam, der jetzt neben mir steht.

»Ach ja«, sagt er unbeeindruckt, »Pferde sind etwas tollpatschig, sie können gar nicht gut klettern und passen auch nicht richtig auf, wo sie hintreten.«

»Gut, dass du mir das jetzt erst sagst, sonst hätte ich mich im Leben nicht von dem Pferd über den Pass bringen lassen. Ab jetzt werde ich nur noch laufen!«, verkünde ich allen.

»Wenn du meinst«, sagt Ali, »dann kann ich mich ja jetzt immer draufsetzen. Mir tun sowieso alle Knochen weh. Besonders mein rechtes Knie.«

Obwohl mir klar ist, dass es bei ihm mindestens Rheuma

oder Arthrose sein muss, biete ich ihm an: »Willst du eine Schmerztablette von mir haben?«

»Meinst du, das hilft? Sind die Tabletten aus Deutschland oder aus Afghanistan?«, fragt er mich erst einmal, denn Tabletten aus Deutschland helfen nämlich doppelt so gut wie welche aus Afghanistan, auch wenn das Gleiche drin ist.

»Aus einer Apotheke in Kabul«, antworte ich ihm.

»Dann kannst du sie behalten. Außerdem habe ich hier mein grünes Spezialschmerzmittel. Das hilft immer«, lacht er mich mit seinen braunen Zähnen an und spuckt eine kleine grüne Pfütze auf die Seite des Weges.

Angewidert rümpfe ich die Nase und verdrehe die Augen.

»Kommt ihr jetzt endlich oder wollt ihr da Wurzeln schlagen?«, ruft Atta von weitem.

Sofort setzen wir uns alle wieder in Bewegung und folgen Atta auf dem immer breiter werdenden Weg. Die kahlen Felshänge ragen nicht mehr ganz so steil und bedrohlich neben uns auf, die Landschaft wird irgendwie runder. Auch gibt es hier und da ein paar Sträucher, an denen aber noch kein Laub gesprossen ist.

Rulam läuft seit dem Ausrutscher des Pferdes neben mir. Lange Zeit reden wir nichts miteinander, doch ich fühle, dass er mich beschützen, mir irgendetwas sagen will.

»Mach dir nichts daraus, was Ali sagt oder macht, er ist immer benebelt von dem Zeug. Das ist nicht gut und macht das Gehirn kaputt.«

»Ist schon okay«, antworte ich großzügig, »ich muss ihn ja nicht heiraten.«

»Er hat viel Schlimmes erlebt. Sein einziger Sohn ist bei der afghanischen Armee ums Leben gekommen. Ich werde ab jetzt aufpassen, dass er dich in Ruhe lässt.« Während er das sagt, hebt er einen Stein auf und wirft ihn gedankenverloren in die Gegend. Natürlich erschreckt sich das Pferd, das gerade halb schlafend hinter uns hergetrottet war, und läuft bis nach vorn zu Atta. Madschied lässt einen kurzen Pfiff los. Atta fängt es wieder ein und setzt sich kurzerhand obendrauf.

»Woher kennst du eigentlich Ali und die anderen?«, frage ich Rulam.

»Atta ist mein Onkel väterlicherseits, wir wohnen im selben Haus. Er fragte mich, ob ich mitkommen wolle. Da habe ich ja gesagt. Ali ist der Cousin meines Onkels mütterlicherseits, und Madschied ist ein Cousin väterlicherseits.«

»Und woher kennt ihr den Kommandanten Assad-Ullah?«, frage ich weiter.

»Der ist ein Cousin meines Vaters«, versucht mir Rulam die komplizierten Zugehörigkeitsverhältnisse zu erklären.

»Ich glaube, das ganze Land ist irgendwie miteinander verwandt«, kommentiere ich belustigt seine Erklärungen.

»Bei euch nicht?«, fragt er zurück.

»Nein, auf dem Lande noch ein bisschen, aber in der Stadt, wo Millionen Leute leben, kennt keiner mehr den anderen.«

»Warum willst du dorthin, wo keiner dich kennt. Bleib doch lieber in Afghanistan, hier ist es viel schöner«, sagt er leise zu mir und schaut mich mit seinen großen, dunklen Augen an.

»Ich werde es mir überlegen«, sage ich, um ihn nicht zu enttäuschen.

(K)ein Zufall

Taru Kheel, 15.3.1984

Am Horizont tauchen vor dem nächsten Bergmassiv endlich die Umrisse von ein paar Häusern und Bäumen auf. Sonst ist aber weit und breit nichts zu sehen, das auf Menschen schließen lassen würde: keine Straße, kein Abfall, keine bestellten

Felder. Aus dem Nichts kommen plötzlich zwei riesige, furchteinflößende Hunde bellend auf uns zugerannt und wollen uns Eindringlinge verjagen. Atta muss das scheuende Pferd fest am Zügel halten, damit es nicht wegrennt. Die anderen drei bücken sich, um faustgroße Steine in die Hand zu nehmen. Allein diese Bewegung reicht schon, um die vierbeinigen Wachposten immerhin zum Stehen zu bringen. Je näher wir kommen, desto verrückter wird ihr Gebell. Ich habe richtig Angst und verstecke mich hinter Rulam. »Die machen nichts«, beruhigt er mich, »die haben nur eine große Klappe.«

Madschied wirft als Erster einen gut gezielten Stein in Richtung des Leithundes und ruft dazu: »*Beroh, gum schu* – Hau ab, verschwinde!« Der Stein schlägt genau einen halben Meter vor dem Hund auf, der erschreckt den Schwanz einzieht und ein Stück zurückweicht. Rulam tut nur so, als ob er nun seinen Stein werfen wollte. Das reicht aber schon, um die Hunde zum völligen Rückzug zu bewegen. Unter bellendem Protest räumen sie das Feld und trotten zu einem der Häuser zurück.

Endlich erreichen wir das Dorf und werden von einem kleinen alten Mann mit weißem Bart und Turban begrüßt. Er führt uns zur Moschee, wo wir Rast machen und uns von unserer »Reise« erholen sollen. Die Moschee unterscheidet sich äußerlich in nichts von einem der anderen Lehmgebäude. Es ist ein einfaches, rechteckiges braunes Lehmziegelhaus mit zwei Fenstern an der Seite, einer Tür an der Stirnseite und der Gebetsnische, die nach Südwesten, also nach Mekka, zeigt, an der anderen Stirnseite. Einziger Schmuck im Inneren ist eine dunkle, runde Holzplatte mit dem eingravierten und vergoldeten Namen Mohammads. Das Gebetshaus bietet jedem Vorbeikommenden Wärme und Schutz und einen ruhigen Ort zum Beten. Auf dem Boden liegen wunderschöne rot und schwarz gemusterte, alte, antik anmutende Teppiche, auf denen wir unsere müden Beine erst einmal lang machen, bevor wir sie wieder in den Schneidersitz einknicken.

»Hör mal, Sainab«, sagt Atta vertraulich zu mir, »wenn du das nächste Mal eine Moschee betrittst oder ein Haus, geh mit dem rechten Fuß zuerst rein, sonst bringt das Unglück.«

»Ja, natürlich, ich will kein Unglück heraufbeschwören, weil ich mit dem falschen Fuß eintrete. Ich habe es nicht gewusst und bisher nie darauf geachtet«, entschuldige ich mich.

Der alte Mann, der uns vorhin begrüßt hat, kommt zurück mit einer Kanne voll heißem Tee. Ich passe genau auf, mit welchem Fuß er die Moschee betritt. Natürlich ist es der rechte! In der Hand balanciert er ein Tablett mit sechs Teegläschen und einigen getrockneten Maulbeeren auf einem Glasschälchen. Von weit oben schenkt er den grünen Tee in die Gläser ein. Schaum bildet sich auf der Oberfläche. Mit zwei Fingern fasse ich den Rand des Gläschens, um mich nicht zu verbrennen. Jeder nimmt eine getrocknete Maulbeere in den Mund und schlürft den Tee dazu. Die Maulbeeren schmecken ganz hervorragend und haben noch dazu den Vorteil, dass sie im Gegensatz zu dem sonst üblichen weißen Zucker einige Vitamine, besonders Vitamin C, enthalten. Nahrhaft sind sie auch und eine willkommene Abwechslung.

»Die Maulbeeren schmecken wirklich gut«, lobe ich den alten Mann. »Wo sind die her?«

»Von meinem Hof, da stehen vier Maulbeerbäume, drei weiße und ein blauer. Ich habe sie letzten Sommer geerntet und getrocknet. Mein Bruder ist im Herbst nach Kabul gegangen und wollte dort fünf Säcke voll auf dem Basar verkaufen. Bis jetzt ist er noch nicht wiedergekommen, obwohl der Schnee schon weggeschmolzen ist auf unserem Pass. Ich weiß nicht, was ihm passiert ist. Meine Familie habe ich sowieso schon nach Pakistan geschickt. Jeden Tag kommen sie mit ihren Hubschraubern durch unser Tal geflogen und schießen manchmal wild in der Gegend rum. Ich kann mich noch in einer Höhle verstecken, aber die Frauen und Kinder sind viel zu langsam. Bis die in der Höhle angekommen sind, sind sie tot. Wir leben in ständiger Angst. Das ist doch kein Leben!«, beklagt er sich bei mir.

»Ja«, pflichte ich ihm bei, »es ist absolut sinnlos, was sie machen, die können doch nicht alle Menschen aus ihren Dörfern vertreiben. Wer soll dann die Felder bestellen und diese wunderbaren *Tut* ernten.« Was sollte ich ihm sonst sagen? Sollte ich ihm von der russischen Taktik der verbrannten Erde und der Vertreibung der Bevölkerung aus ihren uralten Stammesgebieten und -verbänden erzählen? Wenn die Sowjets diese aufbrechen konnten, würde das ganze, jahrhundertealte System von Landumverteilung, Pacht, Besitz und Eigentum, Schuld, Abgaben, Heiratsversprechen, Ansehen und Ehre zerbrechen. Wenn Stammesfürsten nicht bestochen werden können, werden sie eben umgebracht, ebenso wie ihre Schutzbefohlenen.

Da ich seine Maulbeeren so lobe, legt er mir ein paar in die Hand und sagt: »Nimm sie mit nach Pakistan als Erinnerung an mich und an Afghanistan.«

»*Taschakor besiar siad* – vielen, vielen Dank«, sage ich zu ihm und stecke sie in meine Handtasche.

»Wir müssen weiter, aber erst wollen wir noch beten«, beendet Atta unsere Pause. Stöhnend richten sie sich auf und verrichten zusammen mit dem *Baba* ihr Gebet. Dann verabschieden wir uns von dem Alten und verlassen sein kleines Dorf. Kein Hundegebell hindert uns am Weggehen. Nach einer Weile lässt Atta mich auf dem halbwegs ausgeruhten Pferd aufsitzen.

»Sonst schaffst du es nicht bis heute Abend«, sagt er vieldeutig.

Immer tiefer dringen wir in die Bergwelt des Hindukusch vor, folgen zwischen Geröllbrocken aus hellem Granit einem ausgetrockneten Flussbett, das in wenigen Tagen, nach der Schneeschmelze in den Bergen, ein reißender Strom sein wird. Hinter einem verdorrten Busch entdeckt Ali einen Vogel, der sich durch sein Piepsen verraten hat. Schnell nimmt er seine Kalaschnikow von der Schulter, stellt sie auf Einzelschuss, entsichert sie und zielt. »Der arme Vogel«, sage ich entrüstet, doch da fällt schon sein Schuss. Eine kleine Staubfahne steigt neben dem Gebüsch auf, aber zum Glück hat er den Vogel nicht getroffen. Der flattert ein Stück weiter hinter einen Felsen und erholt sich erst mal von dem Schreck.

»Hör auf hier rumzuschießen, das hört man doch bis sonst wohin«, ermahnt Atta ihn. »Außerdem sollst du nicht die Patronen sinnlos vergeuden!«

Nach Hubschraubergeräuschen lauschend gehen wir schweigend weiter bis zu einer Gabelung des Flussbettes. Wir nehmen den leicht ansteigenden, rechten Weg entlang eines trockenen Seitenarmes des Flusses. Plötzlich hebt Atta die Hand und bleibt stehen. In der Ferne ist das Brummen von einem Flugzeug zu hören. Aber es kommt nicht näher, sondern entfernt sich wieder von uns. Erleichtert steigen wir weiter über die Geröllbrocken den Berg hinauf.

Nach ungefähr einer dreiviertel Stunde kommt uns ein alter Mann mit seinem Esel, auf dem seine ältere Frau sitzt, entgegen. Er hat ein Kofferradio in der Hand und hört irgendeinen knarrenden Sender mit traditioneller Musik. Es ist das erste Mal, dass uns jemand begegnet in dieser einsamen, stillen, afghanischen Bergwelt.

»*Manda nabaschied* – Werdet nicht müde«, lautet unsere freudige Begrüßung für den Alten.

»*Sinda baschied* – lang sollt ihr leben«, ist seine Antwort.

»*Steraj mascheh* – werdet nicht müde«, sagt Atta in Paschtu zu dem Alten und reicht ihm kurz die halbe Hand zur Begrüßung. »Wo kommst du her und wo gehst du hin, *Baba?*«, fragt er weiter.

»Ich gehe wieder zurück in mein Dorf. Wir kommen gerade aus Pakistan aus einem Flüchtlingscamp. Aber dort ist es nicht gut für uns. Wir sind alt, wir gehen lieber wieder zurück auf unser Stück Erde. Dort wollen wir sterben, nicht irgendwo in Pakistan«, erklärt er uns.

»Sag mal, *Baba*, ist dies hier nun der bessere Weg nach *Ali Cheel* oder zum Spin-Rar-Pass?«, setzt Atta seine Befragung fort.

»Hier geht's nach *Ali Cheel* und zur Pistenstraße nach Pakistan, aber nicht zum Spin Rar. Da wären wir mit dem Esel nicht drüber gekommen«, antwortet er Atta.

»Also kommen wir hier nicht zum Pass?«, hakt Ali noch einmal nach.

»Nein, nein, hier könnt ihr nicht lang, glaube ich.«

»Gibt es russische Posten unterwegs?«, fragt Atta nun wieder.

»*Ballee-ho*, jaja, ihr müsst gut aufpassen. Aber was sollen die mit einem alten Opa auf einem Esel schon anfangen. Sie haben uns in Ruhe gelassen.«

»Ist der hier kürzer als der andere Weg über den Pass?« Ali scheint zu überlegen, ob wir nicht die Route ändern sollten, und mir wird klar, dass hier etwas nicht stimmt. Sollten wir uns wirklich verlaufen haben? Kaum vorstellbar, sie kennen doch ihre Berge und würden doch nicht links mit rechts verwechseln. Ich werde aus der Unterhaltung, die sie noch dazu in tiefstem Paschtuslang führen, nicht schlau.

»Ich weiß nicht«, sagt der *Baba* im Weitergehen. »Vielleicht ist er ein bisschen kürzer.«

»Danke für die Auskunft«, sagt Atta und verabschiedet sich mit »*Chodaj pe aman* – Gott beschütze dich« von dem Alten.

Ali und Atta beratschlagen anschließend, was sie nun machen sollen.

»Wir sind vorhin an der Gabelung falsch gelaufen«, wirft einer dem anderen vor.

»Wir können doch trotzdem hier langgehen; der *Baba* meinte doch, der Weg sei einigermaßen in Ordnung und außerdem kürzer«, schlägt Ali vor.

»Nein. Dieser Weg hier ist nicht sicher. Wir werden wieder umkehren und den anderen Weg nehmen.« Atta hatte die Entscheidung getroffen. Ich schaue auf meine Uhr, es ist halb drei nachmittags. Er sieht meine Geste und sagt: »Wir haben eineinhalb Stunden verloren, wenn wir wieder unten sind. Und wir müssen noch über diese Bergkette da hinten, und zwar heute. Also müssen wir uns jetzt ein bisschen beeilen, um die Zeit wieder aufzuholen.«

»Bloß gut, dass der alte Mann des Weges gekommen ist. Was für ein Zufall, dass ausgerechnet hier uns jemand begegnet, wo man sonst keine Menschenseele trifft«, sage ich erstaunt und erleichtert zu Atta.

In seiner ruhigen Art erklärt er mir die Zusammenhänge aus seiner Sicht: »Das was kein *tasaduff* – kein Zufall. Das war Allahs Wille, verstehst du. Er hat uns den Alten geschickt, damit wir auf den richtigen Weg zurückkehren, um dich nach Pakistan zu bringen.«

»Dann ist also Allah der Zufall, und die Frau hat er meinetwegen dem Alten mit auf den Esel gesetzt?«, philosophiere ich zurück.

»Nein, Allah ist nicht der Zufall. Allah macht den Zufall. Und dann ist es kein Zufall mehr, sondern eine Tatsache, die es absichtlich gibt, weil Allah sie herbeigeführt hat.« Atta lässt sich nicht erschüttern von meinen Äußerungen.

»Ich verstehe«, antworte ich nachdenklich und sage dann: »Danke, Allah.«

»Gut so«, sagt Ali. »Kann dein Gott so was auch?«

»Ja, ich glaube schon. Aber er wusste ja nicht, dass ich mich verlaufen habe. Diesmal hat Allah uns geholfen. Ein anderes Mal hilft uns dann mein Gott«, sage ich, wohl wissend, dass sie darauf nicht viel geben. Noch dazu, da mein Gott nicht mal ein christlicher ist, sondern ganz allein mein eigener, innerer, den ich nur anrufe, um mein Selbstvertrauen zu stärken. Er ist meine Energie, und er ist noch größer als Allah. Aber das konnte ich ihnen nicht erzählen, ich wäre eine *Kafiri*, ein Ungläubige, in ihren Augen und nichts wert. Eine Christin über die Berge zu geleiten war gerade noch so machbar. Und vielleicht konnten sie mich ja schließlich zum Islam bekehren, hofften sie.

Nachdem wir wieder im Tal angekommen sind, überqueren wir alle das Geröll, um auf der anderen Seite des Flussbettes einen erneuten Anstieg zu beginnen.

Ich frage mal wieder: »Wie lange dauert es, bis wir die Berge überquert haben?«, und Atta gibt mir seine Standard-Antwort: »Noch eine Stunde ungefähr.«

»Ah, ja«, grinse ich ihn an, »und wie lange dauert deine Stunde?«

»So lange, bis wir oben angekommen sind. Und jetzt hör auf zu fragen, davon geht es auch nicht schneller«, fällt missmutig Ali dazwischen. Er ist ziemlich sauer, dass wir so viel Zeit verloren haben.

»Gib mir mal das Pferd, ich werde ein bisschen reiten«, sagt er zu Madschied und schiebt sich eine neue Ladung *Naswar* hinter die Unterlippe.

Ich schaue zu Rulam, der gerade als Kommentar seine Augen zum Himmel verdreht und tief durchatmet. Es ist ihm anzusehen, dass er Ali nicht besonders mag.

Vorschlag

DDR-Botschaft, 15.3.1984

Telegramm

Absender: kabul Dringlichkeit: normal
Geheimhaltungsgrad u. Regist.-Nr.: vd 28/84
Empfänger: gen. eiteljoerge, mhf

die studentin der hub – kerstin beck – geboren 11.2.60 in gera – ist am 14.3. nicht wie vorgesehen aus kabul in ddr ausgereist. einzelheiten sind bei abteilung schutz und sicherheit des mfaa zu erfragen.

krueger
15.3.

Telegramm

Absender: kabul Dringlichkeit: blitz
Geheimhaltungsgrad u. Regist.-Nr.: vd 29/84
Empfänger: gen. burkert, sch

im zusammenhang mit der fahndung nach kerstin beck wird vorgeschlagen, eine ausfuehrliche befragung der studentin katrin branke, ..., durchzufuehren.
katrin branke war mit kerstin beck eng befreundet. sie haben hier in kabul gemeinsam kontakte zu afghanen und anderen auslaendern unterhalten. unsererseits konnte diese masznahme nur partiell realisiert werden, da von der meldung der abwesenheit der kerstin beck bis zur abreise katrin branke nur minuten zur verfuegung standen.

krueger
15.3.

Flussüberquerung

Tesin, 15.3.1984

Unser Weg führt uns vorbei an drei länglichen Steinhaufen. Darin stecken lange Holzstangen, an denen bunte Stofffetzen befestigt sind. Es sind Gräber. Nach islamischem Glauben muss man die Verstorbenen innerhalb eines Tages bestatten. Wenn man kein Grab ausheben kann, so häuft man eine Menge Steine über die Toten und gibt ihnen damit ihre letzte Ruhestätte. Obwohl wir es eilig haben, halten wir an. Denn wie in allen Kulturen und Ländern ehren auch die Afghanen ihre Toten und ganz besonders die Gefallenen des *Dschihad,* die *Schahied.* Die vier sprechen im Stehen mit erhobenen Händen ein Gebet für die darunter bestatteten Märtyrer des heiligen Krieges, damit ihre Seelen Ruhe finden mögen.

»Betest du wieder nicht?«, fragt mich Ali.

»Doch«, sage ich unter meinem Schleier hervor. »Du kannst es nur nicht sehen.« Natürlich lässt auch mich der in einem Krieg allgegenwärtige Tod nicht kalt, und ich konzentriere meine Gedanken auf die unter den Steinen liegenden Gefallenen, die keine Chance hatten, im Kampf gegen eine bis an die Zähne bewaffnete Supermacht zu überleben. Ich konnte nur hoffen, dass wir nicht Ziel eines Angriffes sein würden.

Jeder der Männer nimmt einen Stein und legt ihn zu einem der Haufen dazu. Ich tue es ihnen gleich und hoffe, damit Ali und die Toten versöhnt zu haben.

Ali nickt, als er sieht, was ich mache. Dann eilen wir weiter auf dem Weg.

Mitten am steilen, felsigen Gebirgshang kommen wir auf einmal nicht mehr weiter. Ein reißender, rotbraun gefärbter Gebirgsbach versperrt uns den Weg auf die andere Seite.

»Vor zwei Tagen war das noch ein winziges Rinnsal. Jetzt müssen wir uns einen anderen Übergang suchen. Wir gehen ein Stück höher, da ist der Bach weniger breit. Madschied, du musst mit dem Pferd hier irgendwo durch, weiter oben ist es zu steil für das Tier«, sagt Atta zu uns. Nach ein paar Metern finden wir auch eine passende Stelle mit einem großen flachen Felsen in der Mitte.

»Kannst du da rüberspringen?«, fragt Atta mich.

»Ja«, sage ich, »ich denke, das schaffe ich noch.«

»Warte«, sagt Rulam, »lass mich erst rüberspringen, dann kann ich dich abfangen, damit du nicht ins Wasser fällst.« Mit seiner Kalaschnikow auf dem Rücken macht er aus dem Stand einen Riesensatz auf den Felsen hinüber.

»Du gehörst in den Zirkus«, schreie ich ihm über das tosende Wasser hinweg zu.

Er lacht nur und ruft: »Spring jetzt!«

Ich nehme ordentlich Schwung und schaffe es gerade so bis an den Rand des Felsens. Rulam packt mich am Arm und zieht mich hoch. Schnaufend vor Anstrengung lachen wir uns an. In einem Abenteuercamp sonstwo auf der Welt wäre es die normalste Sache der Welt, dass ein Mann einer Frau über den Fluss hilft. Aber hier waren wir in einem Land, wo kein Mann in der Öffentlichkeit eine Frau anfasst, wo nur Männer Hand in Hand durch die Straßen gehen oder sich beim Erzählen Händchen halten. Und nun bietet er mir auch noch an, mich auf der anderen Seite durch den Fluss zu tragen! Der Abstand bis zum anderen Ufer ist beinahe doppelt so breit wie das eben übersprungene Stück. Es ist klar, dass ich es nicht bis rüber schaffen würde.

»Nimm die *Kalaschinkow* auf deinen Rücken. Ich trage dich huckepack durch den Bach«, sagt er, während er das MG abschultert. »Dann kriegst du keine nassen Füße.«

»Aber du kriegst welche!«, versuche ich ihn von seinem Vorhaben abzuhalten.

»Das macht mir nichts aus. Wir Afghanen sind harte Männer, wir laufen sogar barfuß durch den Schnee.« Damit drückt er mir sein Maschinengewehr in den Arm, das mir fast aus der Hand fällt.

»Sag mal, wie viel wiegt das Ding, das ist ja schwer«, frage ich und ziehe mir dabei den Tragegurt über den Kopf auf die Schulter.

»5 Kilo vielleicht«, antwortet er, während er mir mit dem Gurt hilft.

»Dann musst du jetzt über 60 Kilo tragen, bist du sicher, dass du das schaffst?«, frage ich noch einmal.

»Ja! Und jetzt spring schon auf meinen Rücken!«

Er bückt sich etwas, und ich hüpfe auf seinen Rücken. Ali steht schon auf der anderen Seite und grinst uns an. Wahrscheinlich malt er sich gerade aus, wie er anstelle Rulams mich tragen würde.

Mit Allahs *und* Rulams Hilfe schaffe ich auch diese Hürde auf dem langen Weg durch den Hindukusch.

»Danke, Rulam«, sage ich so nett wie möglich auf der anderen Seite und gebe ihm die Kalaschnikow zurück.

»Jetzt kannst du in Deutschland allen erzählen, wie stark und mutig afghanische Männer sind«, kommentiert er mit stolzgeschwellter Brust. ›Er hört sich zwar wie ein Macho an, aber wo er Recht hat, hat er Recht‹, denke ich mir im Stillen.

Weiter unten treffen wir Madschied mit dem Pferd, das bis zum Bauch nass ist, wieder.

»Du kannst dich jetzt wieder draufsetzen, da ist ein großer Stein zum Hochklettern«, sagt er zu mir. »Wir werden noch eine Weile unterwegs sein. Da hinten, wo jetzt die Wolken sind, müssen wir über den nächsten Pass.«

Ich schaue in die Richtung, auf die er deutet, und erkenne vage die Umrisse der nächsten Bergkette, die für mich mindestens drei Tagesreisen entfernt scheint. »Und da sollen wir heute noch drüber?«, frage ich erstaunt.

»Glaub mir, in einer Stunde sind wir ungefähr dort«, sagt er ernst zu mir, doch aus seinen Augen spricht der Schalk.

»Du veräppelst mich, Madschied. Und ich will auch gar nicht wissen, wie lange es noch dauert!«, sage ich zu ihm.

Alle grinsen sich an, und wir setzen uns in Marsch.

Nach einer Weile beginnt es leicht zu tröpfeln, und je näher wir dem Bergmassiv kommen, desto dichter werden die Wolken. Es fängt heftig an zu regnen und zu schneien. Ich breite meinen Schleier um mich herum aus, um nicht gleich völlig durchnässt zu werden. Doch lange hält der dünne Stoff den Regen nicht ab, und meine Strumpfhose, die afghanische Pluderhose und die Wattejacke sind bald durchgeweicht.

Ich reibe an meinen taub werdenden Beinen, um sie zu wärmen, und Atta fragt: »Hast du nicht noch eine Hose dabei?«

»Doch«, sage ich, »aber die werde ich nicht über all das nasse Zeug kriegen.«

»Versuch es trotzdem, denn es wird noch kälter werden.«

Ich krame mit steifen Fingern meine Jeans aus dem Bündel hervor und versuche auf dem schwankenden Pferd in die Hosenbeine zu gelangen. Bei all dem Gestrampel wird mir wieder richtig warm, und ich ziehe die Hose irgendwie bis zur Hüfte hoch. Weiter komme ich nicht. Und zumachen kann ich sie gleich gar nicht. Aber unter dem Kleid und dem Schleier ist das sowieso egal, Hauptsache, mir ist ein bisschen wärmer.

Die vier Männer hüllen sich fester in ihre braunen und olivgrünen Decken. Sie ziehen sie sich bis über den Kopf und die Mütze, deren Krempe sie sich nun bis zu den Ohrläppchen heruntergerollt haben, und schwingen dann ein Ende um die linke Schulter. Ich bedaure Atta und Ali, der eine in Gummischuhen, der andere in Sandalen ohne Strümpfe, die noch kältere Füße haben müssen als ich in meinen Lederboots. Ohne Unterhaltung, jeder auf seine Art den Naturgewalten Widerstand leistend, laufen wir Stunde um Stunde bergauf.

Naturgewalten

Kotal Rodschan, 15.3.1984, 17.00 h

Endlich, fast schon bei Einbruch der Dämmerung, gelangen wir zu einem sehr hoch gelegenen Plateau, auf dem ein verfallenes, kleines Gehöft mit ein paar Steinmäuerchen rundherum und einem einsamen, blattlosen Baum steht. Tief hängende graue Regenwolken jagen über den Himmel, werden von den Bergspitzen zerrissen und ergießen sich gnadenlos über uns.

Wir kämpfen uns gegen den Sturm bis zum Haus vor, dessen Doppeltür mit einem Vorhängeschloss verriegelt ist. Ali tritt einfach die Tür ein, und wir drängen nach ihm ins Innere, um endlich dem Regen zu entkommen. Das Haus besteht aus zwei Räumen, einem kleinen und einem relativ großen mit zwei Stützpfeilern in der Mitte. Der Fußboden ist übersät mit Schafskötteln. Die Schichten sind mindestens einen halben Meter hoch. Man läuft wie auf einer Gummimatte. Der Geruch ist zwar etwas streng, aber das stört uns nicht im Geringsten. Hauptsache, wir sind erst einmal im Trockenen.

»Was ist das für ein Haus?«, frage ich.

»Das ist der Schafstall eines Hirten. Hier oben sind seine Sommerweiden. Im Frühling kommt er herauf, im Herbst treibt er die Tiere wieder hinunter ins Tal zu den Besitzern. Jetzt ist alles noch braun und grau draußen, aber in ein, zwei Monaten sieht die Landschaft herrlich grün aus. Du würdest sie nicht wiedererkennen«, erklärt mir Atta.

»Wird er nicht ärgerlich sein, dass ihr ihm seine schöne dicke Holztür kaputtgemacht habt?«, frage ich, während Ali gerade mit einem Flügel ebendieser Tür, einem Haufen Schafskötteln und einem einzigen Streichholz ein Feuer entfacht. Der zuckt nur mit den Schultern und sagt: »Wir werden sie ihm später bezahlen, wenn wir im Dorf sind.«

»Wie?«, frage ich und schaue ungläubig zu Atta. »Bleiben wir nicht hier? Müssen wir etwa heute noch weiter?« Wir sind alle patschnass und erschöpft und wären lieber in diesem Schafstall geblieben, als wieder da hinauszugehen.

»Nein. Wir müssen noch bis ins Dorf hinunter auf der anderen Seite des Passes.«

Die Enttäuschung muss mir im Gesicht geschrieben stehen, denn Rulam sagt aufmunternd zu mir: »Das schaffst du schon. Es ist nicht mehr weit. Ungefähr noch eine Stunde.« Ich muss unwillkürlich lachen und sage nur: »Eine Stunde, hä?! Ihr seid schlimm, wisst ihr das?«

Dicker Qualm steht nun im Raum, und wir hocken uns unterhalb der Rauchwolke um das Feuer. Atta, Ali und Madschied wärmen ihre nassen Füße am Feuer, Rulam trocknet seine Socken. Ich tue es ihnen nach, nur kann ich leider meine Strumpfhose nicht ausziehen. Ich halte immer abwechselnd die Füße ans Feuer und drehe mich dann auch um, um meinen Rücken ein bisschen zu trocknen und zu wärmen. Der Schleier hängt an einem eingeschlagenen Nagel am Mittelpfosten. Er sieht durch den Qualm aus wie ein grünes Gespenst. Aus einem Tuch holt Ali einen Rest Fladenbrot hervor und verteilt es. Wir knabbern alle schweigend an unseren Stückchen herum, während wir die orangen Flammen beobachten, wie sie das Holz auffressen. Nach nicht mal einer halben Stunde steige ich wieder in meine kalten, durchgeweichten, schlammverkrusteten Stiefel und nehme das eiskalte Gespenst vom Haken.

»Warum muss ich eigentlich dieses Ding anziehen? Es sieht uns doch sowieso keiner?«, frage ich Atta.

»*Tschaderi-ra bepusch* – zieh den Schleier an!«, gibt er sehr bestimmt zur Antwort, die keine weitere Diskussion zulässt.

Ich stülpe mir resignierend das nasse Kopfteil über, der Rest des Stoffes fällt rundherum herunter wie ein schwerer Vorhang. Ein Schauer durchläuft mich, und ich fange an zu zittern. Ich kann mir nichts Ungemütlicheres vorstellen als diesen Moment jetzt: kalt, nass, klamm, frierend, übermüdet, orientierungslos, mitten auf der Flucht. ›Schlimmer geht's eigentlich nicht‹, denke ich. Das Einzige, was mir Mut macht, ist die Entschlossenheit meiner vier Begleiter. Sie tun so, als würde ihnen das alles nichts ausmachen, als wäre alles normal, nur leider ein bisschen nass. Ich glaube, das einzige Wesen weit und breit, das mir nachfühlen kann, ist das Pferd.

Als wir aus dem verqualmten Haus vor die Tür treten, empfängt uns die ungemütliche Natur mit peitschendem Schneeregen und eiskaltem Wind und macht mir damit klar, es geht doch noch schlimmer. Wir stapfen quer durch die Landschaft, für mich ist kein Weg zu erkennen. Doch Atta weiß anscheinend, welche Richtung er gehen muss. Je näher wir dem Pass kommen, desto heftiger fängt es an zu schneien. Um uns herum ist alles weiß. Der Schnee rutscht mir oben in die Stiefel rein, meine halbwegs vom Laufen angewärmten Füße sind wieder eiskalt und pitschnass. Bei heftigem Schneetreiben erreichen wir den Passübergang. Ich muss meinen nassen Schleier fest um mich wickeln, da er wie ein Segel im Wind rumflattert, an mir zieht und zerrt und mit mir kämpft.

»O Allah, du machst es mir wirklich nicht leicht!«

Das Pferd versinkt immer wieder in dem mittlerweile hohen Schnee, und Madschied hat große Mühe, es zum Weitergehen zu überreden. Gegen die Kälte und den Schneesturm hängt Atta mir eine unserer Schlafdecken um und sagt: »Tritt immer in meine Fußstapfen, dann kommst du besser voran und versinkst nicht so tief im Schnee.«

›Wie hält er das bloß aus mit seinen Gummischuhen?‹, frage ich mich und konzentriere mich nur noch auf seine Fußabdrücke. Ich denke maximal zwei Schritte voraus, wie unser Pferd. Der Rest der Umgebung, der Welt interessiert mich nicht mehr, nur Attas Fußspuren.

Nach der Passhöhe bahnen wir uns einen Weg durch frisch gefallenen Schnee in einem lichten Kiefernwald. Auf den

Zweigen liegt eine dicke Schneeschicht. Man kann gerade noch erkennen, dass der Baumbestand bis ins Tal hinunterreicht.

Plötzlich feuert Ali aus seinem MG zwei einzelne, für meine Ohren extrem laute Schüsse in die Luft. Abrupt bleibe ich stehen, spüre einen Stich im Herzen und blicke hoch. Atta hebt die Hand und bedeutet damit: »Ruhe! Warten!«. Mein von dem plötzlichen Adrenalinstoß aufgeschreckter Körper beruhigt sich wieder.

Von weit, weit unten her kommt nach schier endlosen zwei Minuten als Antwort ein einzelner leiser Schuss.

»Sie erwarten uns, es gibt keine Gefahr«, erklärt Atta mir in der kurzen Verschnaufpause. »Ali wird mit Rulam vorauseilen und uns im Dorf ankündigen.«

Vorauseilen! Woher nehmen sie bloß diese Energie, nur von Fladenbrot und grünem Tee? Es ist einfach unglaublich. Inzwischen ist es stockfinster. Durch das Gitter kann ich kaum erkennen, wo ich hintrete, und klappe daher meinen Schleier vorne hoch. Doch nun peitscht mir der Wind unablässig kleine Schneeflocken ins Gesicht, die wie Nadeln stechen. Atta treibt mich immer wieder zur Eile an, ich solle schneller laufen, doch ich bin inzwischen absolut erschöpft und am Ende meiner Kräfte. Mir tut zwar nichts weh, nicht mal meine eiskalten Füße, aber ich habe einfach überhaupt keine Kraft mehr, meine Beine aus dem Schnee zu ziehen und wieder einen Schritt weiter zu gehen. Mit steifen Fingern umklammere ich die Decke, deren Zipfel hinter mir durch den Schnee schleifen, als wollten sie meine Spuren verwischen. Der nasse Schleier stört mich beim Laufen und verrutscht mir ständig unter der Decke. Ich fange langsam an, ihn zu hassen. Gestern fand ich ihn ja noch ganz praktisch und lustig, aber heute: zum Wegschmeißen!

Wo soll ich noch Kraft hernehmen? Das bisschen Energie, das ich noch habe, verbraucht mein Gehirn mit Ärgern und dem Befehl: »Weiterlaufen!« Wir sind seit halb sechs Uhr morgens unterwegs, haben nur wenig gegessen und getrunken, uns verlaufen und selten Rast gemacht. Ich bin nicht unsportlich, aber das verlangt wirklich das Allerallerletzte von mir. Vielleicht sollte ich aufhören, mich über den Schleier zu ärgern? Doch da geschieht es: Ich trete auf einen Zipfel meiner Decke und falle, da ich mich nicht abstützen kann, der Länge nach mit der Nase in den Schnee. Ich liege ernüchtert von allen Gedanken auf dem verschneiten Boden der Tatsachen. Und am liebsten würde ich einfach so liegen bleiben und nie mehr wieder aufstehen. Ich bin so fertig und müde, dass ich auf der Stelle einschlafen könnte. Allah! Ich bin doch kein Polarforscher, ich will nur nach Pakistan! Also, hier liegen bleiben kann ich nicht. Ich hoffe auf ein Wunder, doch es geschieht keins. Atta hat noch nicht einmal bemerkt, dass ich nicht mehr hinter ihm bin, und Madschied hat uns längst überholt. Ich biete meinen ganzen Willen auf und setze mich hin. Bin ich nicht selbst der Grund, warum wir alle hier sind und warum wir diese Strapazen auf uns nehmen? Sie tun es für mich, ich kann doch nicht einfach schlappmachen und aufgeben. Ich *muss* wieder aufstehen und weitergehen. *Ich* muss diesen Weg bis zu Ende bringen, aus eigener Kraft. Zwar kommt keiner mit einer warmen, trockenen Sänfte vorbei und nimmt mich mit, aber ich raffe mich endlich auf und rufe Atta hinterher, bevor er ganz aus meinen Augen verschwindet:

»Atta! Atta! Warte, ich bin hingefallen, ich komme nicht mehr hoch!«

Er dreht sich um und ruft zurück: »Wenn du noch *so* laut schreien kannst, hast du auch noch genug Kraft zum Aufstehen.« Er macht ein paar Schritte zurück in meine Richtung und sagte aufmunternd: »Komm, du wirst sonst ganz nass!«

»Bin ich sowieso schon!«, sage ich vor Wut und Erschöpfung heulend. Dabei versuche ich, wieder auf die Füße zu kommen. Ich mühe mich mit der schneenassen Decke ab und hänge mir das schwere Ding wieder über den verschleierten Kopf. Schniefend und tränend stapfe ich wieder hinter Atta her. Es geht nun so steil bergab, dass wir höllisch aufpassen müssen, nicht den Berg hinunterzurutschen. Der Schnee weicht langsam einem matschigen Pfad, und endlich, endlich kommt ein langgestrecktes Haus in Sicht, vor dem jemand eine Petroleumlampe hin und her schwenkt, um uns den rechten Weg zu leuchten. Wie heißt noch dieser Spruch? »Und wenn du denkst, es geht nicht mehr, kommt von irgendwo ein Lichtlein her.«

Mit brüderlicher Umarmung begrüßen sich Atta und der Lampenschwenker. Ich werde ignoriert.

Wir treten in sein Haus ein, wo im Vorraum drei Ziegen und eine Kuh stehen, die neugierig ihre Köpfe zu uns drehen. Geräuschvoll verschließt der Bauer die dicke Holztür mit einem großen Riegel. Fertig, Passüberquerung geschafft. Ende der heutigen Odyssee.

Im Stall ist es dunkel, es riecht nach Stroh, Dung, Holz und feuchtem Lehm. Es sind die Urgerüche der Menschheit, die mich aufnehmen, in meine Sinne eindringen und mit mir eine Zeitreise ins Mittelalter machen. Große, grob behauene Balken stützen das Haus. Durch eine niedrige Holztür aus zwei dunklen, dicken Brettern treten Atta und ich über eine sehr hohe Holzschwelle in den dunklen Wohnraum ein. Dort hat sich die ganze Familie, Groß und Klein, um den Lehmherd in der Mitte versammelt. Er ist, bis auf die sparsam verwendete Petroleumlampe, die einzige Licht- und Wärmequelle für das ganze Haus. Rulam, Madschied und Ali begrüßen uns mit einem freudigen: »*Salam, manda na baschied,* habt ihr es auch endlich geschafft!«

Rulam winkt mich zu sich ans Feuer: »*Bia* – Komm! Du siehst ganz schön müde aus, zieh erst mal deine Stiefel aus, damit die ein bisschen trocknen können. *Bia, bia* – Komm, komm! Ich helfe dir.« Widerstandslos lasse ich mir von Rulam die Stiefel von meinen Eisbeinen ziehen. Bis zu den Knien hoch ist alles pitschnass und voll Schlamm. Erleichtert setze ich mich auf den Boden und lehne meinen Rücken an eine an der Wand stehende Holztruhe.

›Endlich, endlich ausruhen können!‹, denke ich und schließe meine Augen. Meine Ohren hören, wie Atta leise von unserem Abstieg berichtet, und als ich wieder die Augen öffne, schauen mich alle mitleidig an. Nun erst sehe ich die kleine alte Frau in ihrem schwarzen weiten Kleid, die mich jetzt freundlich anlächelt, während sie kleine Stöcke ins Feuer des Lehmöfchens schiebt, um den darauf stehenden Teekessel zum Kochen zu bringen. »Ruh dich aus, Tochter«, sagt sie in Paschtu zu mir. »Mach ruhig deine Beine lang, wärme deine Füße am Feuer.« Ein Zugeständnis an eine erschöpfte Ausländerin, denke ich und danke ihr mit einem kleinen Lächeln dafür. Denn jemandem die Füße entgegenzustrecken, gilt als sehr unhöflich und respektlos.

Als der Tee fertig ist, reicht Rulam mir mein Abendbrot: ein Stück Fladen und ein Glas grünen Tee. Er setzt sich wieder neben mich, und wir essen schweigend das Brot. Ich bin so froh, dass er da ist, mir seine Aufmerksamkeit und Zuwendung schenkt und sich um mich sorgt.

Atta erzählt den Leuten am Feuer, dass ich Journalistin sei und die Mudschahedin begleite, um einen Bericht über sie und den Krieg zu schreiben. Ich schaue mich im Raum um. Der Fußboden ist aus betonhartem, festgetretenem Lehm, das einzige Fenster ist mit Brettern verschlossen, um die Behausung vor Sturm, Regen und Schnee zu schützen. Außer der großen Truhe hinter mir gibt es noch eine weitere Holztruhe mit geschnitzten geometrischen Mustern und einem großen altertümlichen Vorhängeschloss vor dem Holzriegel. Zwei große Bettgestelle aus Holz mit geflochtener Matte stehen entlang der einen Seite hintereinander. Auf dem einen Bettgestell stapeln sich in der Ecke die zusammengelegten Decken und Matten, die später für die Nacht verteilt werden. Hier schlafen die drei Kinder mit der Oma, das andere ist für Mutter und Vater.

Rundherum an der Wand hängen an großen Haken, die auf Holzbrettern befestigt sind, diverse Kleidungsstücke, Arbeitsgeräte für das Feld, Riemen, Seile, Ledertaschen und gewebte Säcke mit und ohne Inhalt, getrocknete Zwiebeln, alte Fellstücke. Neben der Feuerstelle in der Asche steht ein Kupferkessel, der außen ganz verrußt ist. Hinter dem Schornstein entdecke ich noch einen Lehmtopf, der mit etwas schmierigem, fettigem Zeug gefüllt ist. Es sieht aus wie ranzige Butter. Das ganze Haus gleicht einem anthropologischen Museum, man kann ständig irgendetwas Neues aus der Vergangenheit entdecken.

»Geht es dir wieder besser?«, fragt mich Rulam leise. Ich nicke und frage ihn: »Werden wir hier schlafen?«

»Nein, das geht doch nicht, es ist viel zu eng hier. Im Dorf gibt es eine Moschee, da werden wir übernachten.«

»Ist es noch weit?«, frage ich stirnrunzelnd.

»Vielleicht noch eine Stunde Weg«, antwortet er ernst. Ich schnaufe einmal tief durch die Nase und lasse meine Schultern hängen. Lachend fährt er dann fort: »Nein, nein, ich habe nur Spaß gemacht, es ist gerade um die Ecke! Wir müssen nur einen kleinen Pfad entlanggehen, und schon sind wir da.«

Ich schwöre ihm ewige Rache für diesen Witz und kneife ihn kräftig in den Oberarm. Aber er lässt sich keinen Schmerz anmerken und bewegt sich überhaupt nicht.

Am Ofen erheben sich nun alle, und ich bedanke und verabschiede mich in Paschtu von den zwei Frauen. Die lachen nur über meine Aussprache, scheinen mich aber trotzdem verstanden zu haben, denn sie wünschen mir auch eine gute Nacht, und ich solle aufpassen, wo ich mich hinlege. Dabei kichern sie vielsagend in ihre vor den Mund gehaltenen Kopftücher.

Draußen sage ich zu Atta: »Ich muss aber noch mal wohin, bevor ich schlafen gehe.«

»Dann geh jetzt schnell in die Ruine da rein, ich warte hier«, antwortet er mir.

Während ich zwischen heruntergestürzten Balken und

Lehmziegeln hocke, frage ich mich, wann und wo die vier immer ihre Geschäfte erledigen. Von Waschen und Zähneputzen ist auch heute nicht die Rede, aber da wir sowieso alle gut durchgeräuchert sind, riechen wir auch alle gleich. Die Nase hat sich an den Geruch gewöhnt und empfindet ihn als neutral.

Gleich hinter der Ruine ist – *Chudara schokr* – Gott sei Dank – schon die Moschee. Ein paar Steinstufen an der Stirnseite führen in das rechteckige, an den steilen Hang gebaute und gut verputzte Lehmhaus. Drei kleine, schmale, blinde Fenster an der Längsseite zeigen zum Tal hin. Beim Eintreten achte ich nun darauf, dass ich den rechten Fuß zuerst in den Raum setze, um kein Unglück heraufzubeschwören. Eine wohlige Wärme empfängt uns. Wir lassen unser Schuhwerk links vom Eingang in einer Lehmmulde stehen und treten auf die ausgelegten Schilfmatten. Sie sind so warm, als gäbe es eine Fußbodenheizung.

»Wie kommt es, dass der Fußboden so schön warm ist?«, frage ich Atta.

»Die Moschee ist von unten beheizt wie ein Backofen. Sie ist nicht nur zum Beten da, sondern hier versammeln sich auch die Männer zum Beraten, Ausruhen, Erzählen, Teetrinken, Besucher empfangen und einquartieren, so wie wir jetzt«, erklärt er mir.

»Es ist wirklich gemütlich hier!«, sage ich noch einmal voll Freude über die Wärme und die Großzügigkeit des Raumes.

»Du kannst hier schlafen«, sagt Atta, gibt mir eine Decke von einem Stapel in der Ecke und zeigt auf eine Stelle an der Wand. Da genug Platz in der Moschee ist, haben sich Madschied, Ali, Atta und auch Rulam in der anderen Ecke weit weg von mir eingerichtet, und ich habe in der Nacht niemanden neben mir. Nach einer Weile löscht Atta die Petroleumlampe, und es ist stockdunkel im Raum. Ich ziehe meine nasse Pyjamahose aus, lasse aber die nasse Strumpfhose an. Irgendwie wird sie schon trocken werden. Erschöpft schlafe ich ein. Mitten in der Nacht werde ich aber schon wieder geweckt. An meinen Beinen unter der Strumpfhose kribbelt und juckt es ganz fürchterlich. Erst denke ich, es kommt von den langsam trocknenden Fasern oder es sind vielleicht auch die nachwachsenden Haarstoppeln. Dann überlege ich mir, dass es auch der Dreck sein könnte, weil ich mich seit drei Tagen nicht gewaschen oder ausgezogen habe. Aber der Dreck bewegte sich irgendwie! Das können nur Wanzen oder Flöhe sein. Ich versuche, diese Plagegeister im Dunkeln irgendwie zu erwischen und in der Strumpfhose zu zerquetschen. Ich kratze minutenlang meine Beine, bis ich sicher bin, alle vernichtet zu haben. Doch sowie ich mich wieder hinlege und schlafen will, fängt das Gekrabbel von vorne an. Schließlich ziehe ich unter der Decke auch noch meine Strumpfhose aus und kratze, bis mir die Haut wehtut und nichts mehr juckt. Dann ziehe ich die halbwegs trockene afghanische Hose wieder an, decke mich mit der alten Decke zu und schlafe auch wieder ein.

Unterhaltung

Dorf Rodschan, 16.3.1984, 7.00 h

Am nächsten Morgen besehe ich mir beim Hellerwerden das Resultat der nächtlichen Ungeziefer-Attacke. Die Biester hatten ganze Arbeit geleistet. Meine Beine sind übersät mit kleinen, roten, geschwollenen Beulen. An meinem Bauch, da wo der zugebundene Hosenbund ist, juckt es auch, und auf meinen Handrücken gibt es kleine Pusteln. Wahrscheinlich hatten sie schon lange niemand mehr so Leckeres über Nacht in der Moschee gehabt.

»*Sub be chair* – Guten Morgen!«, wünscht mir Atta, der gleich nach mir aufgewacht ist. »Wie hast du geschlafen? Wie geht es dir?«

»Miserabel!«, antworte ich ihm halb verzweifelt und kratze an meinen Beinen herum.

»Das sagt man aber nicht, wenn man gefragt wird, wie es einem geht. Auch wenn es dir schlecht geht, musst du antworten, dass es dir gut geht«, erteilt mir Ali nun eine Lektion in Etikette. »Später kannst du dich vielleicht beschweren über deine Leiden.«

»Ich weiß!«, gebe ich gereizt zurück. »Aber ich bin total verbissen von irgendwelchen Tierchen. Habt ihr nichts?«

»Nein«, sagen sie beide, maßlos erstaunt darüber, dass es solche Tiere überhaupt gibt.

»Hier, guckt euch meine Beine an!«, sage ich und ziehe ein Hosenbein hoch.

»Mach das wieder runter«, schimpft Ali. »Wir sind hier in einer Moschee.«

»Ich weiß das, aber die Wanzen wissen das wohl nicht. Warum haben die mich nicht in Ruhe schlafen lassen?«

»Weil Allah dich prüfen will. Uns hat er keine Wanzen geschickt, nur dir. Wir sind gute Moslems, aber du bist eine schwache Frau und brauchst noch viele Prüfungen!«, triumphierend hebt er die Hände gen Himmel.

»Vielen Dank, Ali!«, sage ich wütend und fange an zu weinen, nicht nur wegen seiner Arroganz und offensichtlichen Antipathie mir gegenüber, sondern auch, weil ich mich so übermüdet und kraftlos fühle und mit Grausen an den heutigen Tagesmarsch denke. Ich schaue hilfesuchend zu Rulam rüber, der sich aus allen Diskussionen mit Ali raushält. Er ist mein stiller Verbündeter und schickt mir einen aufmunternden Blick zurück.

»*Gierija na ku* – Hör auf zu heulen!«, sagt Atta ruhig. »Sonst denken die Leute noch, wir hätten dir was angetan. Gleich kommt jemand und bringt uns Frühstück. Außerdem kannst du dich heute den ganzen Tag ausruhen. Es ist Freitag. Wir werden heute nicht weitergehen. Es regnet auch zu stark.«

Ich sehe zum Fenster hinaus und sage mit einem bösen Blick zu Ali: »Danke für den Regen, Allah!« Doch der hört meine Worte gar nicht, denn er schiebt sich gerade mit höchster Konzentration seine Frühstücksladung *Naswar* ein. Rulam verzieht seinen Mund zu einem Grinsen, und auch Madschied, von dem nie eine Gemütsregung kommt, muss ein bisschen lächeln. Missmutig bleibe ich auf meiner Schilfmatte sitzen und zähle mit gesenktem Kopf die geflochtenen Reihen.

Ein Junge bringt uns eine Kanne voll grünen Tee und Gläser. Dazu gibt es frische Fladen, und Atta holt aus einem Bündel ein paar Stücke Würfelzucker heraus.

»Komm her, *Sainabdschan*, lass uns zusammen frühstücken. Es war nicht so gemeint. Bestimmt hast du einfach nur anderes Blut als wir, das schmeckt den Wanzen eben besser«, sagt Atta freundlich zu mir.

Ich überwinde meinen Anflug von Selbstmitleid und hocke mich immer noch schmollend zu den vieren. Rulam reißt ein Stück von seinem Fladenbrot ab und reicht es mir. »Hier, iss! Damit du groß und stark wirst!«, sagt er augenzwinkernd zu mir.

Auf einmal rumpelt es unter uns. Jemand legt riesige Holzscheite von den alten knorrigen Bäumen Paschtunistans nach, damit es wieder warm wird in der Moschee.

Am Vormittag kommen nacheinander alle zehn männlichen Dorfbewohner herein, um gemeinsam mit den Durchreisenden das Freitagsgebet zu sprechen. Einige bringen ihren kleinen Gebetsteppich mit und breiten ihn sorgfältig auf dem Boden aus. Ein älterer, weißbärtiger Mann, den sie Hadschi nennen, weil er schon einmal bis nach Mekka gepilgert ist, lässt sich ganz vorne vor der kleinen Gebetsnische nieder. Er hat einen besonders schönen Teppich, den er sich von seiner

Pilgerreise mitgebracht haben muss, denn in der Mitte ist die *Kaaba* als Muster eingewebt.

Hier im Dorf, in der Moschee muss ich nicht meinen afghanischen Moskitoschleier tragen. Es genügt das einfache, dünne, weiße Tuch auf meinem Kopf. Ich sitze in der hinteren Ecke neben dem Stapel mit den Decken, an den ich mich anlehne, während ich Hadschis Anrufungen und Lobpreisungen Allahs zuhöre. Er rezitiert so hingebungsvoll mit eintöniger, tiefer Stimme eine Sure aus dem Koran, dass mir ein Schauer der Entspannung über den Rücken bis unter die Kopfhaut läuft. Ich schließe die Augen und versinke tief in ein schwarzes Loch ohne Gedanken. Es ist ein so angenehmer Singsang, dass er mir erholsamer scheint als jeder Schlaf. Ich bin seit langem zum ersten Mal vollkommen entspannt.

Nachdem sie ihr Gebet mit vielen Verbeugungen und Kopfnicken beendet haben, setzen sich alle auf, halten noch einmal die Hände vor die Brust, als würden sie das imaginäre Buch des Korans halten, streifen dann einmal mit der Hand über ihre Bärte oder Wangen und das Kinn und fangen an, sich in lockerer Runde miteinander zu unterhalten. Sie sprechen über alles Mögliche, doch irgendwann müssen sie auch auf mich gekommen sein, denn Hadschi dreht sich zu mir und fragt: »Hast du schon mal vom Paradies gehört?«

»Ja«, antworte ich ihm, »alle guten Menschen kommen ins Paradies, die Bösen müssen in der Hölle schmoren, das ist bei den Christen genauso wie im Islam.«

»Aber muss man denn nicht vorher eine Prüfung machen?«, fragt er weiter.

»Nein, denn Gott weiß, wer Gutes und wer Schlechtes geleistet hat, das Leben ist die Prüfung«, sage ich und wundere mich über mich selbst. Es muss wohl an der Moschee liegen, dass mir solche Worte kommen.

»Aber nach unserem Glauben kommt man ins Paradies nur über eine Brücke. Ist man ein guter Mensch, hält die Brücke.

Ist man ein schlechter, stürzt sie ein, und man landet in der Hölle. Würdest du mich über die Brücke hinübertragen?«, fragt er schlau.

Ich überlege kurz, um nicht die Ernsthaftigkeit seines Testes in Frage zu stellen, und antworte dann erst: »Ja. Denn ich glaube, dann werden wir beide gut dort ankommen.«

Hadschi nickt zufrieden mit dem Kopf, anscheinend war es das, was er hören wollte.

In die Stille hinein fragt mich doch nun tatsächlich Ali: »Würdest du mich auch hinübertragen, Sainab?«

›Bestimmt nicht‹ denke ich, kann es mir aber nicht erlauben, das zu sagen. So antworte ich nach reiflichem Nachdenken: »Weißt du, Ali, ich bin eine schwache Frau, ich habe ja schon Hadschi auf dem Rücken, wie soll ich dich da auch noch tragen?!«

Außer Ali lachen alle über meine listige Antwort. Ich war aus der Klemme, lügen zu müssen, und Ali musste sich jemand anderen suchen, der ihn über die Brücke ins Paradies tragen würde.

Als die Männer die Moschee verlassen, versprechen sie mir, am Nachmittag ein paar Frauen vorbeizuschicken, damit ich auch ein wenig Unterhaltung hätte. Ich bedanke mich und erhalte zum Abschied von Hadschi noch ein paar Pinienkerne in die Hand gedrückt, die er aus seiner Westentasche herausgekratzt hat. Pinienkerne aus der schwarzen Schale oder Kürbiskerne oder auch geröstete Kichererbsen zu knabbern ist in Afghanistan eine Art Ganztagsbeschäftigung. Wo sie stehen oder sitzen, liegen rundherum die Schalen verteilt. Es erfordert einige Geschicklichkeit und jahrelange Übung, bis man die Schale des Pinienkerns am stumpfen Ende aufbeißen kann, ohne dabei den Kern zu zerdrücken. Das kleine abgebissene Stück wird weggespuckt, und dann zieht man vorsichtig mit den Schneidezähnen den Kern aus dem restlichen, zugespitzten Schalenteil heraus, um ihn zu essen.

»Wollt ihr auch welche?«, biete ich den vieren meine Pinienkerne an.

»Nein, nein, iss du nur dein Geschenk alleine auf«, lehnt Atta mein Angebot ab.

»Aber geteilte Geschenke machen doppelte Freude«, insistiere ich, wissend, wie gern sie knabbern, und drücke dem stets ruhig bleibenden Madschied einfach ein paar in die Hand. Der macht auch keine Anstalten, sie mir zurückzugeben, und beginnt sofort, wie von einem Reflex getrieben, an den Kernen herumzukauen.

Zurück auf meiner Matte, überfällt mich derart die Müdigkeit, dass ich verkünde: »Ich schlafe jetzt ein bisschen, o. k.?«

»*Tamam* – einverstanden«, kommt die Antwort von Rulam, »ich werde aufpassen, dass dich die Wanzen nicht wieder auffressen!«

»Wenigstens einer, der mich hier ernst nimmt!«, murmele ich halblaut vor mich hin und verstecke mich unter meiner Decke.

Ich muss ziemlich tief geschlafen haben, denn als ich aufwache, riecht es in der Moschee gut nach Mittagessen. Jemand hatte Fladen und einen großen Topf gebracht. Darin schwimmen in einer rötlichen Soße große Möhrenstücke, Zwiebeln, Kartoffeln und Teile eines Huhnes.

»Komm, Sainab, es gibt was zu essen«, fordert Atta mich auf. »Hier ist sogar ein Löffel für dich.«

Erholt vom Schlaf, sage ich gutgelaunt: »Ich komme! Es riecht herrlich. Ich liebe afghanische Speisen. Wisst ihr, ich habe in Kabul von dem guten Essen mindestens zehn Kilogramm zugenommen, und es schmeckt am besten ohne Löffel.«

Rulam reicht mir wieder die Hälfte seines Fladenbrotes, und langsam wird mir klar, dass er es nicht zufällig macht. ›Er ist wirklich ein lieber Kerl‹, denke ich, während ich ihn aus den Augenwinkeln beobachte, ›noch nicht so abgehärtet vom Leben wie die anderen. Ich kann mich mit ihm auch ohne Worte austauschen. Ein Blick, eine kleine Geste, die nur wir beide bemerken und verstehen. Wir sind einfach auf der gleichen Wellenlänge mit unseren Gedanken und Ansichten.‹ Dies ist umso erstaunlicher, da wir aus zwei fremden Kulturen kommen. Es muss ein tieferes Bewusstsein, vielleicht einen Urinstinkt geben, der uns zusammenbringt. Ich kann die Energie förmlich spüren, die von ihm ausgeht und die er mir schickt.

Ali dagegen hat einen völlig anderen Sender eingestellt, der mich nur nervt. Atta ist wie ein besorgter Vater zu allen, und Madschied lebt und kämpft sich durch die Welt um seiner selbst willen. Er achtet darauf, alles richtig zu machen und vor allem das Pferd anzutreiben, ohne es zu überfordern. Schließlich soll er es gesund wieder nach Kabul zurückbringen.

»Das Huhn hat nur ein Bein!«, beschwert Atta sich, während er im Topf auf der Suche nach dem zweiten Schenkel mit dem Löffel herumrührt. »Ich habe ein ganzes bestellt und auch für ein ganzes bezahlt.«

»Hast du noch nie was von den Hanghühnern gehört?«, frage ich ihn.

Alle gucken mich gespannt an.

»Die haben ein ganz kurzes und ein langes Bein, damit sie nicht am Berg abstürzen. Die gibt es auch in deutschen Kochtöpfen«, kläre ich sie über das kulinarische Phänomen auf.

»Wie?«, fragt Ali. »In Deutschland gibt es Hühner mit einem langen und einem kurzen Bein?«

»Nein, natürlich nicht«, erkläre ich ihm die Sache. »Das sagt man nur so, wenn auf einmal beim Essen ein Stück vom Huhn fehlt, weil es schon jemand vorher heimlich aus dem Topf gemopst hat.«

Nun muss auch er lachen, und alle freuen sich, dass Ali den Witz auch endlich verstanden hat.

»Apropos Huhn. Da fällt mir noch was ein, ich kann einen Kinderreim in Paschtu. *Ruag wunisej!* – Hört mal zu!«, sage ich in Paschtu.

»Uri baran uri, de tschirgej lakej schuri,
muschak pe tiega naast dej, de masto badili waii.
Es regnet, es regnet, der Schwanz vom Huhn wackelt,
die Maus sitzt auf einem Stein und singt das Lied vom Joghurt.«

Die vier halten sich die Stirn fest und stöhnen vor sich hin.

»Wo hast du denn diesen Quatsch gelernt?«, fragt Ali.

»Ich weiß nicht mehr, vielleicht in Berlin an der Uni von meinem Paschtu-Lehrer. Der war ein lustiger Lehrer. Und ich merke mir gerne solchen Unsinn.«

»Wie hießt der denn, dieser Lehrer?«, will Atta wissen.

»Wasir Taniwal. Kennst du ihn?«

»Nein.«

»Schade. Aber kommt nicht der Stamm der Tani aus dieser Gegend?«, frage ich Atta.

»Nein, die sind aus der Gegend um Khost, weiter südlich.«

Nach dem Mittagessen hellt sich der Himmel auf, und Atta beschließt, nach draußen zu gehen, um den Zustand des Weges aus dem Dorf heraus zu erkunden.

»Gehen wir heute noch los?«, frage ich kleinlaut.

»Nein, ich will nur sehen, wie der Weg aussieht.«

»Kann ich mit rauskommen?« Erwartungsvoll schaue ich Atta an, denn so langsam fällt mir die Decke der Moschee auf den Kopf. »Ich würde mir gerne mal da unten am Bach die Zähne putzen und meine Wanzenbisse kühlen.«

»Ja, kannst du machen, aber zieh dir eine Jacke über, es ist kalt draußen«, antwortet er zu meiner Freude. Bevor Atta es sich noch anders überlegt, streife ich schnell meine afghanische Steppjacke über das Kleid und schlüpfe der Einfachheit halber in Alis Gummischuhe. »Darf ich?«, frage ich Ali, der es sich auf einer Matte am Boden bequem gemacht hat.

»Ja, nimm sie, du kannst sie haben«, ist seine müde Antwort.

»Wartet, ich komme auch mit!«, sagt Rulam in einem plötzlichen Entschluss.

Ich freue mich, dass er mitkommen will, lasse mir aber nichts anmerken. Im Gänsemarsch gehen wir hinter Atta den schmalen Pfad entlang bis zum Bach. Hohe, schnell wachsende Pappeln, die es überall in den Dörfern Afghanistans gibt, weil sie traditionell zur Geburt eines Sohnes gepflanzt werden, säumen unseren Weg und das Ufer des Baches. Sie liefern später das Holz für das Haus, das sich der Sohn einmal bauen will. Während Atta weitergeht, suchen Rulam und ich einen seichten Platz an dem von der Schneeschmelze schnell fließenden und rötlich gefärbten Gewässer. Wir hocken uns hin und tauchen unsere Hände in das eiskalte Wasser. Ich wasche mein Gesicht immer wieder und wieder, bis ich eine ganz kalte rote Nase habe. Entgeistert schaut Rulam mich an und reicht mir seine grünbraune Allzweckdecke zum Abtrocknen. Zwischen Staub und Holzfeuerrauch nehme ich seinen Geruch wahr. Es ist ein sehr angenehmer Geruch für meine Nase und meine Sinne. Von Alis Decke hätte ich wahrscheinlich sofort Pickel bekommen. Ich gebe ihm dankend seinen *Patu* wieder zurück und hole nun meine Zahnbürste hervor. Als ich mir gerade dick die Zahnpasta darauf drücke, zieht Rulam doch tatsächlich aus seiner Jacke eine uralte Zahnbürste.

»*Meechi* – Willst du?«, frage ich ihn und reiche ihm die Tube. Als er sie nimmt, umschließt er auch meine Hand und hält sie für ein paar Sekunden fest. Seine Hand ist ganz warm, und ein Strom von Gefühlen fließt zu mir. Wir schauen uns in die Augen, und ich spüre eine tiefe Sympathie und absolutes Vertrauen, das er mir entgegenbringt. Ganz langsam ziehe ich meine Hand zurück, als es plötzlich hinter uns knackt. Sämtliche Kinder des Dorfes waren uns heimlich gefolgt und rennen nun kichernd und lachend in alle Richtungen auseinander. Die ganze Romantik fließt mit der Strömung den Bach hinunter. Wir müssen beide lachen, und Rulam sagt: »Man kann an der einsamsten Stelle in ganz Afghanistan sein und wird doch immer von irgendwem beobachtet.«

Wir putzen uns endlich die Zähne und gehen danach wieder zurück zur Moschee. Dort will Ali gerade nach draußen und fragt mich, ob er mal eben meine Stiefel anziehen könne.

»Ja, natürlich«, sage ich zu ihm, »sie gehören dir sowieso schon. Ich borge sie mir nur aus, bis wir in Pakistan sind.« Er nickt mit dem Kopf und ist sichtlich zufrieden darüber, dass ich mein Versprechen, ihm die Stiefel zu schenken, nicht vergessen habe.

Ich setze mich wieder auf meine Matte und will mir die Haare kämmen, als die Tür schon wieder aufgeht. Eine ältere Frau mit einem einfachen braunen Schleier über dem Kopf betritt mit dem rechten Fuß zuerst die Moschee. Ihr folgen eine jüngere Frau, die aussieht wie ihre Schwester, und drei kichernde Mädchen.

»*Salam aleikum, sterai maschei* – Gott zum Gruße, werdet nicht müde, wir kommen, um die *Farangi-Chanum* – die Frau Ausländerin zu besuchen!«, sagt sie in Paschtu zu Rulam, der sich in der Ecke ausgestreckt hat, und setzt sich einfach zu mir auf die Matte. Die anderen tun es ihr nach und schauen mich erst mal von oben bis unten an.

»*Paschtu poheschi* – Verstehst du Paschtu?«, fragt sie mich.

»*Ho, Paschtu poheschem* – ja, ich verstehe Paschtu«, antworte ich ihr, und schon bedenkt sie mich mit einem Schwall von Fragen nach meinem Befinden. Ich bemühe mich, die richtigen Antworten zu finden und sie gleichzeitig auch tiefgründig über ihre Gesundheit auszufragen, doch sie lässt mich gar nicht weiter zu Wort kommen. Sie interessiert sich nun dafür, ob ich Geschwister, Eltern, einen Mann und Kinder habe. Als ich Letzteres verneine, überlegt sie kurz und fragt dann: »Warum trägst du dann deine Haare mit einem Mittelscheitel ohne Pony wie eine verheiratete alte Frau?«

»Bei uns hat es keine Bedeutung, ob man seine Haare mit

oder ohne Pony, mit Seiten- oder Mittelscheitel trägt. Wenn man heiratet, steckt man sich gegenseitig einen Ring an den Ringfinger der rechten oder linken Hand.« Sie sieht auf meine Hände und bemerkt den Ring mit dem Chrysopras.

»Ist das so ein Ring?«, überlegt sie.

»Nein, ich bin doch nicht verheiratet.«

»Aber der Ring ist schön. Schenkst du ihn mir?«, fragt sie mich direkt.

Ich zögere, denn ich weiß, dass ich ihn ihr eigentlich schenken müsste. »Das ist ein Geschenk von meiner Mutter, den kann ich nicht hergeben. Willst du nicht lieber den anderen?«, frage ich sie und reiche ihr einen schmalen Goldring von meinem kleinen Finger. Aber der passt ihr nicht. »Schau dir meine Hände an, vom vielen Arbeiten sind meine Finger so dick, dass mir nicht mal dein Ring passt. Hier, nimm ihn wieder zurück und behalte ihn.« Sie lacht mich zwar an, aber ein bisschen Enttäuschung höre ich in ihrer Stimme. Ich krame in meiner Handtasche und lege ihr eine Dose Nivea-Creme in die Hände. »Nimm die Creme, die ist gut für deine Hände. Behalte sie, ich schenke sie dir.« Sie öffnet die Dose und riecht daran. »Riecht gut«, sagt sie und lässt die Dose im Hüftbund ihres weiten Rockes verschwinden.

»Wo hast du eigentlich Paschtu gelernt? Du sprichst ein bisschen anders als wir«, erkundigt sich nun die jüngere Frau.

»In Kabul«, sage ich. »Der Lehrer, den ich da hatte, war aus Kandahar, er hieß Atzak. Darum spreche ich seinen südlichen Dialekt. Aber er ist irgendwann nicht mehr zum Unterricht gekommen. Vielleicht ist er schon längst in Pakistan, oder sie haben ihn in die Armee gesteckt«, erkläre ich ihr.

»Ja, ja, viele gehen nach Pakistan in ein Flüchtlingslager. Vor einiger Zeit, es lag noch Schnee, wurde unser Dorf bombardiert, und wir haben uns in den Bergen versteckt. Aber wir sind wieder zurückgekommen, wir müssen doch unsere Tiere versorgen, die Felder bestellen, das Haus sauber halten. Was soll daraus werden, wenn wir weggehen. Wir wollen nicht in so einem Flüchtlingszelt wohnen und nichts tun. Dort wohnen alle durcheinander, es ist schlimm für die Frauen in so einem Lager. Jeder kann dem anderen ins Zelt gucken. Wann ist bloß endlich dieser Krieg vorbei?«

»*Inschallah* – so Gott will, bald. Die Mudschahedin kontrollieren schon fast das ganze Land. Sie werden diesen Krieg bald gewinnen. Vielleicht müsst ihr noch fünf Jahre aushalten, aber dann könnt ihr wieder in Ruhe in eurem Dorf leben«, versuche ich ein wenig Optimismus zu verbreiten. Natürlich konnte ich damals nicht ahnen, dass es noch 20 Jahre so weitergehen würde und nur die Gegner ausgetauscht werden würden. »*Inschallah*, hoffentlich hast du Recht. Hast du vielleicht ein bisschen Medizin dabei?«, fragt mich wieder die ältere Frau.

»Wogegen soll sie denn helfen? Ich habe nur Kopfschmerztabletten dabei«, sage ich ihr.

»Ja, gib mir ein paar davon, manchmal habe ich Kopfschmerzen«, sagt sie und greift sich dabei an die Stirn. Da ich weiß, wie gern Afghanen Medizin und Tabletten haben, reiße ich ihr vier eingeschweißte Aspirin von meiner 10er-Packung ab. »Aber nur eine am Tag nehmen, sonst kriegst noch mehr Kopfschmerzen«, rate ich ihr und lege die Tabletten in ihre aufgehaltene Hand.

»Hast du auch noch Medizin für meine Tochter? Sie hat sich an einem Holzbalken im Gesicht verletzt, als sie in der Ruine abgerutscht ist«, fragt sie weiter. Zu ihrer Tochter gewandt sagt sie: »Zeig es ihr mal!« Schüchtern nimmt das Mädchen den Schleier von der linken Gesichtshälfte und enthüllt eine lange, verkrustete Wunde auf ihrer Wange, die bis zum Unterlid reicht. Ich taste vorsichtig am Rand entlang und frage sie, wie sie heißt. »Nasrien«, sagt sie leise.

»Tut es weh, Nasrien?«, frage ich.

»Nein, nicht sehr«, antwortet sie.

»Es sieht nicht entzündet aus, und es kommt auch kein Eiter

heraus. Wenn du nicht daran kratzt, wird es gut verheilen und keine tiefe Narbe geben. Und bis du heiratest, ist alles wieder gut.« Ich streichele ihr über den Kopf und zwinkere ihr freundlich zu. Die Mutter klopft ihr auf den Rücken und lacht.

»Na, dann kriegst du ja doch noch einen Mann. Wir haben auch schon einen ausgesucht«, sagt sie laut. Das Mädchen versteckt ihr Gesicht unter dem Schleier und zieht den Kopf zwischen die Schultern. Sie will nichts davon hören. Sie hat ja auch keine Ahnung, was bei der Hochzeit auf sie zukommt. Aufgeklärt wird sie erst am Tage der Hochzeit, und ihren Mann sieht sie da auch zum ersten Mal.

»Ist sie nicht noch ein bisschen jung?«, versuche ich zu trösten.

»Nein, in zwei, drei Jahren kann sie heiraten«, antwortet mir die Mutter.

»Wie alt ist sie denn?«, frage ich weiter.

»Zwölf – Dreizehn.«

»Und wen wird sie heiraten? Darf sie sich denjenigen aussuchen?«, frage ich provokant.

»Einen ihrer Cousins väterlicherseits wird sie heiraten, so ist das bei uns.«

»Sehr praktisch, da bleibt alles in der Familie«, überlege ich laut. »Ich könnte gar keinen Cousin väterlicherseits heiraten, ich habe keinen.«

»Dann können wir dir ja einen aussuchen!«, lacht sie mich an.

»Oh, danke für das Angebot, aber ich suche ihn mir lieber selbst aus«, winke ich ab.

»Wir müssen jetzt wieder gehen«, sagt die Mutter, und wir erheben uns alle. »Wir wünschen dir noch eine gute Reise, und möge Allah dich beschützen.«

»Danke, und möge Allah über euch wachen«, erwidere ich.

Sie reicht mir ihre Hand, die ich küsse und an meine Stirn führe. Die Kinder eilen »*Chodai pe aman* – Auf Wiedersehen«

sagend aus der Moschee. Die jüngere Frau umarmt mich zurückhaltend und verlässt zusammen mit der älteren Frau, der sie den Vortritt lässt, den Raum.

Den Rest des Nachmittags verdösen wir. Atta kommt zwischendurch von seinem Erkundungsgang zurück und berichtet über den Zustand des Weges. Der Fluss sei durch den Regen ziemlich angeschwollen und führe viel Wasser. Wir müssten morgen teilweise die schmalen Fußpfade am Berghang entlang nehmen. Außerdem hat er im Dorf eine Räucherspirale aufgetrieben, die wird gegen die Wanzen helfen, meint er. Dazu reicht er mir eine Schachtel Streichhölzer aus seiner Weste. Er setzt sich zu den anderen und massiert seine Knie. Ich biete ihm die restlichen sechs Aspirin an, damit er wenigstens den Schmerz nicht mehr verspürt und besser schlafen kann. Er nimmt sie, Alis abwinkenden Gesten zum Trotz, und steckt sie in seine Weste.

»Ich werde später eine davon essen«, sagt er zu mir. So wissen weder Ali noch ich, wie er sich entscheidet.

Maßnahmen

DDR-Botschaft Kabul, 16.3.1984, 20.00 h

```
                 Telegramm

Absender: kabul               Dringlichkeit: blitz
Geheimhaltungsgrad u. Regist.-Nr.: vd 30/84
Empfänger: gen. burkert, sch

aufstellung der getroffenen masznahmen im rahmen
der fahndung nach kerstin beck: stand 16.3. 20.00
uhr
```

1.
su vertretung wurde informiert.
2.
lso wurde informiert-fahndung wurde eingeleitet. dem lso wurde ein paszbild und personenbeschreibung der beck uebergeben.
von seiten lso ist gen yakubi, stellvertreter gen. najip, verantwortlich fuer fahndung.
3.
persoenliche unterlagen der beck wurden sichergestellt und eine intensive kontrolle nach personenhinweisen, kontakten und anderen anhaltspunkten durchgefuehrt.
4.
gewonnene erkenntnisse wurden lso zur weiteren bearbeitung uebergeben.
drei hinweise-namen und telefonnummer afghanischen landesbuergern sowie eine einzelne telefonnummer. ein hinweis auf einen vertreter der plo-vertretung in kabul – …
5.
seit 14.3. werden durch lso und mitarbeiter der botschaft die passagiere fuer fluege ins nsw ueberprueft.
6.
fahndung in kabuler krankenhaeuser durch lso und mitarbeiter botschaft brachte keine ergebnisse.
7.
durch osk und katrin branke wurden die wohnhaeuser der brd-diplomaten ueberprueft …
beide sind zur zeit im urlaub.
8.
botschafter ddr sprach mit geschaeftstraeger brd-botschaft. dieser versicherte beck sei nicht bei

ihm und er werde sich an so einer sache nicht beteiligen.

9.

bekanntgewordene verbindungen der beck zu cssr-botschafts-mitarbeitern werden ueber botschaft und gen. reum geklaert.

...

10.

nacht vom 14.3. zum 15.3. wurde unterkunft der studentinnen durch einen osk bewacht. schloesser des hauses wurden gewechselt.

krueger
17.3.

Pferdegedanken

Dorf Rodschan, 17.3.1984, 3.00 h

Als es in der Nacht wieder zu krabbeln anfängt, zünde ich auch gleich das stinkende, rauchende Ding an, stelle es mir zwischen die angezogenen Beine, lege meine Decke darüber und ziehe sie mir bis zum Kinn. Ich will alle Besucher unter meiner Decke ausräuchern, damit ich wenigstens einmal diese eine Nacht in Ruhe schlafen kann. Wenig später zünde ich ein weiteres Streichholz an, um nachzusehen, ob schon alle hinüber sind. Etliche Wanzen zucken noch mit den Beinen, und eine Unmenge winziger Sandfliegen liegt leblos auf dem Rücken. Ich beschließe, noch ein paar Minuten zu warten, ehe ich die Räucherspirale unter der Decke hervorhole. Erst dann stelle ich sie an mein Fußende und lege mich endlich schlafen.

Von einem leichten Schaukeln werde ich wach und meine zu träumen, aber auch die anderen setzen sich auf. Ich höre das Wort *Silsila,* Erdbeben, das einer von ihnen sagt. Doch da ist es auch schon vorüber. In Afghanistan bebt die Erde ständig. Das letzte große Beben liegt noch gar nicht so lange zurück. Es war am Silvestermorgen 1983 um 4.22 Uhr und hatte die gewaltige Stärke von 7, 2 auf der Richter-Skala. Ich war damals, völlig unerfahren mit Erdbeben, in Kabul aus meinem Bett gesprungen und hatte, anstatt ins Freie zu rennen wie jeder normale Mensch und unsere afghanischen Nachbarn, lieber den Kleiderschrank in meinem Zimmer festgehalten, der wie verrückt hin und her wackelte und auseinander zu brechen drohte. Das Erdbeben hatte beträchtlichen Schaden an vielen Häusern und besonders an den einfachen Lehmziegelhäusern in Kabul angerichtet, obwohl das Epizentrum 200 Kilometer weiter im Nordosten lag. Es war in der gesamten mittelasiatischen Region zu spüren gewesen und eines der stärksten der vergangenen Jahre.

Da kein weiteres Schwanken mehr zu spüren ist, legen wir uns wieder hin und schlafen bis zum Morgengrauen.

Dorf Rodschan, 17.3.1984, 5.30 h

Als ich aufwache und die Leichen der Nacht zählen will, kann ich nicht eine tote Wanze als Beweis der nächtlichen Überfälle vorzeigen. Selbst die Sandfliegen haben sich irgendwann von diesem Giftgasangriff erholt und sind alle wieder verschwunden.

»Es ist unglaublich, wie zäh diese Dinger sind, so was können nur afghanische Insekten überleben«, sage ich erstaunt in die verschlafene Runde, aber niemand von den vieren interessiert sich für meine Forschungsergebnisse.

Wir machen uns bereit, ohne Frühstück oder Tee die Moschee zu verlassen. Sicherheitshalber frage ich, ob ich meine Strumpfhose wieder anziehen soll.

»Ja, auf jeden Fall«, rät mir Atta. »Wir werden heute ziemlich hoch steigen und einen Pass überqueren. Da liegt auch noch viel Schnee. Aber jetzt beeil dich, wir wollen los.« Ich verkrieche mich noch einmal unter meiner Decke, um mich umzuziehen.

Nach Verlassen der Moschee verschwinde ich auch noch kurz in der Ruine nebenan. Madschied hat inzwischen das Pferd aus dem Stall des Bauern geholt. Bei meinem Anblick schnaubt es heftig durch seine Nüstern.

»Soll das ›Guten Morgen‹ heißen, oder was?«, frage ich das Pferd auf Deutsch. »Ich hoffe du freust dich auf den heutigen Tag und passt gut auf, wo du hintrittst. Ich will nämlich nicht in den tiefen Abgründen der Berge enden, sondern unbeschadet in Pakistan ankommen, weißt du. Eigentlich würde es mir ja reichen, wenn du mein Bündel trägst, aber die wollen unbedingt, dass ich auf dir reite.« Vorsichtig klopfe ich das Pferd am Hals.

»Was erzählst du da mit dem Pferd?«, fragt Madschied mich. »Du sollst aufsteigen. Hier ist ein großer Stein. Klettere da rauf, dann kommst du leichter aufs Pferd.«

»Siehst du«, spreche ich weiter mit dem Pferd, »der Madschied will das so. Du musst mich also noch eine Weile rumtragen.«

Bei leichtem Nieselregen verlassen wir auf einem schmalen Pfad, der parallel zum Bach verläuft, das Dorf. Einige Male führt der Weg den Berghang entlang, dann wiederum bis hinunter zum langsam breiter werdenden Bach, der sich bald zu einem Flüsschen entwickelt. Bis jetzt hatte das Pferd noch gerade so Platz auf dem Weg, doch an einer Stelle ist der Pfad so eng an den steilen Hang getreten, dass ein Pferd nicht darauf hätte gehen können.

»Du bleibst auf dem Pferd sitzen, und es geht mit dir durch den Fluss. Es weiß schon, wo es hinsoll«, sagt Atta zu mir.

»Und was mache ich, wenn es losrennt?«, frage ich zweifelnd Madschied.

»Es rennt nicht los, dazu ist es viel zu faul«, beruhigt er mich.

»Und wenn es einfach stehen bleibt?«, überlege ich die wahrscheinlichere Variante.

»Dann trittst du ihm ordentlich in die Seiten. So läuft es weiter«, lautet sein Rat.

»Warum reitest du nicht mit dem Pferd durch den Fluss und ich laufe?«, versuche ich noch einmal, mich vor diesem Unternehmen zu drücken. Mir scheint die Sache von vornherein zum Scheitern verurteilt, weil das Pferd nie auf mich hören wird. Aus welchen Gründen auch immer, ich muss auf dem Pferd sitzen bleiben und mich mit ihm in die Fluten und auf den unsicheren Untergrund begeben. Das Wasser reicht dem Pferd zwar nur bis zum Knie, aber worauf es herumstolpert und hin und her rutscht sind Unmengen heruntergefallener Geröllbrocken von den Berghängen rechts und links. Eine Weile macht das Pferd auch, was es soll, aber plötzlich bleibt es wie beschworen einfach stehen. Und weder Madschieds Zurufe noch meine zaghaften Tritte in die Flanken bewegen es auch nur einen Schritt vorwärts.

»*Beroh* – Geh!«, sage ich in Dari und probiere es schließlich auch noch mit deutschem »Hüh« und Zungenschnalzen. Aber das ist wahrscheinlich das Letzte, worauf ein afghanisches Pferd hören würde. Stur bleibt es auf der Stelle stehen und bewegt sich überhaupt nicht mehr. ›Was denkt wohl so ein Pferd?‹, frage ich mich. Ich habe keine Ahnung von Pferden. Ich weiß nicht, dass sie spüren, wenn jemand Angst hat, dass sie einen entschlossenen Reiter brauchen, einen, der ihnen was ins Ohr flüstert. Madschied versucht es nun mit einem gezielten Steinwurf hinter das Pferd in den Fluss. Es macht auch erschreckt ein, zwei Schritte vorwärts, aber zu mehr ist es nicht zu bewegen. So bleibt dem armen Madschied nichts anderes übrig, als in den eiskalten Fluss zu steigen und das Pferd samt Reiterin am Zügel bis hinüber ans Ufer zu ziehen.

»Darf ich jetzt bitte wieder laufen?«, frage ich Atta.

Der winkt nur resigniert mit der Hand ab, was ich als Zustimmung interpretiere. Schnell rutsche ich von oben herunter.

»Dann werde ich mich jetzt mal aufs Pferd setzen«, überlegt Madschied laut. »Da kann ich meine Füße trocknen und das Pferd durch den Fluss treiben.«

»Tut mir leid«, entschuldige ich mich bei ihm. »Meinetwegen kannst du immer auf dem Pferd sitzen.«

»*Parwa niest* – Das macht nichts, meine Füße sind das gewohnt. Trotzdem musst du dann aber wieder aufsteigen, wenn der Weg wieder besser ist«, gibt er mir zur Antwort.

»Sagt mal, hat euch jemand den Befehl gegeben, dass ich immer auf dem Pferd sitzen muss und nicht laufen darf, oder was?«, frage ich im Weitergehen.

»Nein, wir dachten nur, du bist eine europäische Frau und kannst nicht so viel laufen wie wir Afghanen. Ihr fahrt doch überallhin mit dem Auto oder dem Taxi«, erklärt mir Atta.

»Ich habe doch zwei Beine, klar kann ich laufen!«, empöre ich mich ein bisschen.

»Ach, und warum hast du dann vorgestern wie eine Katze gejammert, als du im Schnee lagst?«, fragt er mich nun mit einem kleinen Grinsen im Gesicht.

Als Antwort verdrehe ich meine Augen zum Himmel und sage: »Danke, dass du mich daran erinnerst!«

»Schon gut«, erwidert er lachend und gibt ein ordentliches Tempo für den Fußmarsch vor. Ali schiebt sich zur Stärkung wieder eine Prise *Naswar* hinter die Unterlippe und läuft zielstrebig hinter Atta her. Ich finde zwar Alis Rücken nicht besonders anziehend, raffe aber meinen Schleier und meinen Elan zusammen und eile hinter ihm her. Den Schluss bildet Rulam, der, froh darüber, fast neben mir laufen zu können, leise ein Liedchen vor sich hin summt. Er singt ein Liebeslied, in dem es wie in allen Liebesliedern der Welt um Sehnsucht, Herzschmerz, den Duft der Rosen und helle Mondnächte geht. Als er mit den mindestens 18 Strophen fertig ist, bittet er mich: »*Sainabdschan* – liebe Sainab, sing doch auch mal ein Lied!«

Ich überlege kurz und singe der Umgebung und nassen Witterung entsprechend »Im Frühtau zu Berge«. »Übersetz mal, was du gesungen hast«, sagt er von hinten.

Ich drehe mich zu ihm um und laufe rückwärts weiter, während ich erkläre, dass das Liedchen von den Bergen und den Wäldern handelt, durch die wir morgens ziehen und den Sonnenschein fangen wollen. »Es ist einfach ein Wanderlied, nicht so ein schmalziges Liebeslied wie deins«, sage ich grinsend. Er lacht mich an und pustet mir ins Gesicht. »Danke für die frische Luft«, versuche ich die Spannung zu entladen und laufe schnell los, um Ali und Atta einzuholen.

»Was trödelt ihr da hinten so rum? Rulam, wir müssen vor Sonnenuntergang die Waldhütte erreichen!«, mahnt Atta uns zur Eile.

»Ich habe gerade ein Lied von Bergen und Wäldern gesungen«, erkläre ich Atta und frage ihn: »Wo sind eigentlich eure Wälder alle hin?«

»Alle abgeholzt und verbrannt. So eine große Stadt wie Kabul braucht viel Holz im Winter, außerdem kann man in Pakistan gute Geschäfte mit Holz machen. Je näher wir der Grenze kommen, desto mehr Bäume wirst du noch sehen. In Paschtunistan und vor allem in Paktia gibt es noch genug Holz. Hier in den Dörfern nehmen sie lieber getrockneten Kamel- oder Esels- oder Ziegendung, das brennt besser in ihren Kochstellen; nur um den *Sandali* zu heizen, braucht man Holzkohle«, erklärt mir Atta die Zusammenhänge der Wärmegewinnung seines Landes. »Weißt du was das ist, ein *Sandali*?«

»Ja, da saß ich einmal drunter. Das ist sehr gemütlich mit der großen Decke über einem Hocker, unter dem die Holzkohlenglut glimmt. Ihr seid wirklich sehr erfinderisch und nutzt alles aus, was sich so bietet. In Kabul haben die Kinder immer unsere Mülltonne durchwühlt auf der Suche nach Verwertbarem und vor allem Brennbarem. Sie haben sogar die trockenen Blätter in den Parks aufgesammelt, die wurden auch verheizt. Aber unsere Mülltonne war ziemlich begehrt, weil wir immer so viel Zeug weggeschmissen haben. Zum Dank wollten die Kinder uns einmal eine angebundene Libelle schenken. Der armen hatten sie um den Hinterleib eine Schnur gebunden und sie wie einen Hubschrauber rumfliegen lassen«, erzähle ich leicht empört.

»Ach, das sind doch nur große Fliegen. Die Kinder spielen gerne damit. Macht ihr so was nicht in Deutschland?«, fragt Ali verständnislos dazwischen.

»Nein, auf die Idee ist noch keiner gekommen. Außerdem muss man ja nicht die Tiere und auch nicht die Libellen ärgern und quälen«, versuche ich ihm den Tierschutz nahe zu bringen. »Meinst du, der *Chudawand* – der Herrgott, hat die zum Quälen in die Welt gesetzt, noch dazu vor dem Menschen? Im Koran steht bestimmt nicht, dass man Tiere quälen darf, oder Ali?« ›Vielleicht kriege ich ihn ja in der religiösen Ecke‹, denke ich mir.

Aber er kontert gleich ohne weiter auf die Tiere einzugehen: »Was verstehst *du* schon vom Koran?«

»Mehr, als du denkst!«, gebe ich gereizt zurück.

»Ach ja, und wie viele Suren hat denn der Koran?«, will er mich prüfen.

»112«, antworte ich ein wenig unsicher.

»Ha, glaubst du! Wissen musst du. 114 Suren hat der Koran, du Ahnungslose!« Triumphierend hebt er seine Arme zum Himmel. Da hatte ich mir wohl selber eine Grube gegraben.

»Aber ich kann die 1. Sure fast auswendig«, lenke ich ein und beginne sie aufzusagen:

»*Bismillah her-rahman ner-rahim.*
Alhamdulilahi rab al-allamin,
Ar-rahman ar-rahim,
Malik yaum ud-din. –
Im Namen Allahs, des Gnädigen, des Barmherzigen.
Aller Preis gebührt Allah, dem Herrn der Welten,
dem Gnädigen, dem Barmherzigen,
dem Meister des Gerichtstages.«

»Und weiter?«, fragt Ali. »Du kannst es nicht weiter. Du musst noch viel lernen!«

»Hast *du* überhaupt schon mal in die Bibel oder die Thora geguckt?«, provoziere ich ihn. »Die werden immerhin im Koran auch erwähnt.«

»Das ist nicht nötig, weil der Koran die Krönung der Schriften, ja der Religionen ist. Wenn du je ins Paradies kommen willst, musst du Muslima werden. Ich helfe dir dabei, wenn du willst.«

Alis Angebot hört sich eher wie eine Drohung an, und die Lösung für mein Problem in seinen Augen liefert er auch gleich nach: »Am besten wäre es, wenn du einen Moslem oder noch besser einen Mudschahed heiraten würdest. Dann kannst du alles über den Islam lernen.«

›Und ich kann mir auch schon vorstellen, wen du da im Auge hast‹, denke ich bei mir und antworte ihm dann: »Wenn wir in Pakistan sind, werde ich darüber nachdenken. Jetzt muss ich auf den Weg aufpassen. Ali, du weißt doch, ich bin nur eine schwache Frau, ich kann nur eins von beidem.« Wie zur Bestätigung rutscht mir etwas Geröll unter dem Fuß weg und poltert hinunter ins Flussbett. Ich schaue nach, ob ich nicht Madschied und das Pferd getroffen habe, aber die sind schon weit vorne wieder auf dem Weg und nicht mehr im Fluss.

Mahnmale des Krieges

Ein namenloses Dorf, 17.3.1984, 9.00 h

Stetig laufen wir nun wieder bergan und sind vollkommen in die tiefhängenden Regen- und Schneewolken eingehüllt. Ich brauche meine ganze Puste zum Klettern und kann nun mit Ali leider nicht mehr weiterdiskutieren. Lange bevor ich irgendetwas hören oder sehen kann, sagt Atta zu mir: »Klapp deinen Schleier runter, da kommt jemand.«

Auf dem Pfad kommen uns zwei Männer mit einem Esel entgegen. Sie sehen aus wie ein wandelndes Munitionslager. Zwei runde Rohre sind zu beiden Seiten und eine große Holzkiste oben auf dem Esel festgebunden. Jeder der zwei Mudschahedin hat eine Kalaschnikow und zwei volle Patronengürtel umhängen. Während sich Atta und Ali mit den Männern kurz über das Woher und Wohin austauschen, frage ich leise Rulam:

»Was haben die für Dinger auf ihrem Esel?«

»Granatwerfer«, antwortet er geheimnisvoll.

»Was macht man damit?«, will ich wissen.

»Panzer und Hubschrauber abschießen!«, lautet seine knappe Antwort.

»Braucht man da nicht eine Kanone dafür?« Meine Kenntnisse von Waffen sind ziemlich dürftig.

»Nein«, sagt er, »bei diesen Granatwerfern legt man sich das Rohr einfach auf die Schulter und schießt die Granate ab. Wir bekommen sie aus Pakistan geliefert.«

»Oh«, flüstere ich erstaunt, »was es alles gibt, um Leute totzumachen. Verrückt, oder?«

»Na ja, das ist unsere einzige Chance gegen die russischen Kampfhubschrauber. Mit *Kalaschinkows* kann man die nicht vom Himmel schießen. Sie fliegen zu weit oben und haben eine gepanzerte Außenhaut.«

»Weißt du eigentlich, dass *Kalaschinkow*, eigentlich heißt der ja Kalasch-*ni*-kow, ein Russe ist?«, sage ich abschließend zu Rulam. Er zuckt nur mit den Schultern und bleibt mir eine Antwort schuldig. Wahrscheinlich weiß er es, aber es ist ihm egal, von welcher Seite er seine Waffen hat. Hauptsache, sie schießen ordentlich und sind robust. Er wendet sich den zwei Mudschahedin zu, die sich gerade verabschieden und uns zur Vorsicht gemahnen.

»Was ist los?«, frage ich Atta, der die Augenbrauen hebt.

»Das Dorf, in dem wir jetzt Rast machen wollen, ist gestern bombardiert worden. Es ist keiner mehr da«, sagt er.

»O Gott«, sage ich erschreckt. »So nah waren wir dem Krieg und sind ihm gestern entkommen, nur weil es geregnet hat. Allah sei noch einmal Dank!«

»Wir müssen trotzdem da durch. Pass auf, wo du hintrittst, und heb nichts auf. Es gibt so kleine Minibomben, die sehen aus wie Kugelschreiber oder Schmetterlinge. Die reißen dir die Hand ab, wenn du sie anfasst«, warnt er mich.

Im Gänsemarsch nähern wir uns vorsichtig dem Dorf. Dieses Mal kommt uns kein Hund entgegengerannt. Eine unheimliche Stille liegt in der Luft. Kein Geräusch ist zu hören, kein Hundegebell, kein Ziegengemeckere, kein Vogelgezwitscher. Nichts. Es qualmt zwar nirgends mehr, aber viele der einfachen Lehmhäuser liegen in Schutt und Asche. Die Stützbalken der Dächer ragen wie anklagende Mahnmale in den Himmel.

»Was für ein Wahnsinn, einfach das Dorf kaputtzuschießen!«, sage ich zu Atta.

»Das ist ihre Taktik. Wenn keiner mehr da ist, kann auch keiner mehr Widerstand leisten«, bestätigt er meinen schon längst gehegten Verdacht. Das Propagandafernsehen in Kabul zeigt immer nur Bilder von lachenden Bauern mit einem Papier in der Hand bei einer »friedlichen« Landenteignung und Landneuverteilung. Dass dabei uralte Stammesstrukturen und -grenzen des Vielvölkerstaates Afghanistan ignoriert werden, kam natürlich nicht zur Sprache. Man stempelt die Mudschahedin als Räuber und Konterrevolutionäre ab und nennt den Einmarsch sowjetischer Truppen eine Hilfe bei der sozialistischen Revolution. Was wirklich in diesem Land geschieht, erkenne ich erst jetzt, da ich es auf eigenen Füßen durchschreite und mit eigenen Augen sehe. Es gibt keine Revolution und schon gar keine sozialistische. Die Menschen in den Bergen oder in den Wüsten kämpfen jeden Tag um ihr Überleben, sie wollen säen und ernten, ihre Tiere hüten, heiraten, Kinder bekommen und schließlich in Frieden sterben. Es ist ein jahrtausendealtes Versorgungs- und Sozialnetz, das sich bewährt hat für dieses Land der Extreme. Hier kann man keine großflächigen Kolchosen, Traktorenparks und Viehställe nach sowjetischem Vorbild anlegen. Das geht weder geographisch noch soziologisch. Es würde einfach *nie* funktionieren. Natürlich hört auch inzwischen der Bauer im letzten Tal des *Badachschan* Radio und weiß, dass es seit zehn Jahren keinen König mehr gibt, aber er kann trotzdem noch mit dem Geld von damals auf dem Basar im nächsten Dorf einkaufen gehen. Sie lehnen den sogenannten Fortschritt nicht grundsätzlich ab, aber sie können auch erkennen, ob ein Import-Sozialismus für ihr Land taugt oder nicht.

»Aber die Leute sind doch arme Bauern«, sage ich zu Atta und zeige auf ein Stück Acker, auf dem neben winzigen grünen Hälmchen die Einschusslöcher von MG-Salven zu sehen sind. »Die haben gerade erst ihr Feld bestellt und kämpfen um das Gedeihen eines jeden Halmes. Und die Russen kommen mit ihren Kampfhubschraubern und bomben und schießen alles kaputt, egal ob da noch Leute oder sogar Kinder rumrennen. Was für ein Hohn, diese Ansprachen von Karmal im Fernsehen, dass die Flüchtlinge in ihre Dörfer zurückkehren könnten und dort Land erhalten würden. Alles gelogen. Das ist so gemein und hinterhältig«, rege ich mich über diese himmelschreiende Ungerechtigkeit auf.

»Erzähle das mal alles den Leuten vom Fernsehen, wenn du in Deutschland bist«, sagt er zu mir. »Uns glaubt das keiner, aber dir vielleicht.« Ich nehme Attas Satz als Anerkennung meiner Urteilskraft, obwohl ich ja »nur« eine Frau bin. Irgendetwas ist an Atta anders, ich habe das Gefühl, dass er mehr weiß, als er sagt. Er ist immer ernst und angespannt. Während wir anderen meist nur vor uns hin trotten, ist er ständig aufmerksam, wachsam. Ich habe auch immer noch nicht herausgekriegt, was er früher gemacht hat, bevor er zu den Mudschahedin gegangen ist.

»Das werde ich, darauf kannst du dich verlassen!«, verspreche ich ihm. Wir passieren die Dorfstraße, die eigentlich nur ein festgetretener Fußweg ist, und wollen unsere geplante Mittagsrast auf einer Wiese an einem Bach einlegen. Doch selbst das ist uns nicht ohne Gefahr gegönnt. Die Russen haben uns ein explosives Souvenir dagelassen. Mitten auf der Wiese liegt eine Riesenbombe. Wir schauen uns das Ding näher an, und Ali sagt zu mir: »Das ist eine *Nifal*-Bombe. Hier, schau her, da sind russische Buchstaben.«

»Ich habe zwar überhaupt keine Ahnung von Bomben und will sie auch nicht haben, aber ich schätze, wenn die hochgeht, ist von der Wiese und von uns nichts mehr übrig«, sage ich zu ihm.

»Kommt hierher!«, ruft Atta uns zu. In respektvollem Abstand von diesem Ungetüm machen wir trotzdem unser Picknick. Es gibt nur Fladenbrot und keinen Tee. Atta will keinen Rauch aufsteigen lassen. Ab und zu schielen wir zu der Bombe rüber, aber sie hat sich nicht bewegt und tickt auch nicht. Wir nutzen die Gelegenheit, um uns mit Bachwasser zu erfrischen, und Rulam, Madschied und ich kramen auch unsere Zahnbürsten heraus.

Ich bin heilfroh, als wir wieder alle aufbrechen, und das, obwohl ich mich wieder auf das Pferd setzen muss. Den Blindgänger im Genick, führt uns der Weg den Berg hinauf. Was sollen die vielleicht heimkehrenden Dorfbewohner damit machen? Bis hier her mal ein Bombenentschärfungsexperte kommt, ist das Ding schon längst zerfallen. Während ich noch über diese todbringende Hinterlassenschaft nachdenke, wartet auf der nächsten Bergkuppe schon der nächste Schock. Wir sind noch keine einhundert Meter gelaufen, als uns der aufgedunsene Kadaver eines Esels mitten im Weg liegt. Ein Stück weiter liegen noch zwei. Nun wird auch klar, warum kein Hund an uns interessiert war. Sie haben schon ganze Arbeit an den toten Eseln geleistet und sind so voll gefressen, dass sie nicht mal ihre Köpfe heben, als wir an ihnen vorbeigehen. Einzig das Pferd leistet Widerstand und muss von Madschied mit Gewalt den ganzen Weg bis zum steil abfallenden Berghang gezogen werden. Dort waren in mühsamer Arbeit Terrassenfelder anlegt worden, die von oben wie kleine hellgrüne und braune Mosaiksteinchen aussehen.

Koordinierung

DDR-Botschaft Kabul, 17.3.1984, 14.00 h

Telegramm

Absender: kabul Dringlichkeit: blitz -n-
Geheimhaltungsgrad u. Regist.-Nr.: vd 31/84
Empfänger: gen. burkert, sch

sachstand fahndung kerstin beck 17.3.-14.00 uhr ortszeit

am 17.3. 11.00 uhr fand zwischen hsb und gen. yakubi-lso leiter fahndung eine absprache mit dem ziel koordinierung weiterer masznahmen statt.

ergebnisse:
1.
seit dem 14.3. wird besitzer der pizzaria-tasa gul- sowie personal vernommen. ...
am 13.3. zwischen 10.00 und 12.00 uhr waren beck und branke in der pizzaria. saszen mit tasa gul und einem rais an einem tisch und tranken – wodka – alle vier verlieszen gemeinsam das restaurant.
lso bitten sehr, ob durch befragung von branke diese bestaetigt werden koennen und benoetigen dringend genaue angaben zu genannten rais.
beck soll am fruehen nachmittag 14.00 uhr am 13.3. noch einmal kurz bei tasa gul aufgetaucht sein. tasa gul behauptet, ..., zu beck haette er keine naeheren beziehungen gehabt.
2.
durch lso wurde ein gewisser ... – beamter – als verbindung von beck ermittelt. lso bitten ebenfalls befragung der branke zu genannten.
3.
da bisher von cssr-botschaft keine beantwortung unserer frage erfolgte wird lso zu hsb cssr-botschaft verbindung aufnehmen und sachverhalt ermitteln. Von besonderem interesse ist der name des sohnes eines afghanischen radiohaendlers der waehrend silvesterfeier mit studenten bei cssr diplomaten anwesend war.
4.
lso werden die afghanischen haushaelter der brd-diplomaten triller und sarach vernehmen. geklaert werden soll, ob und wann sie beck und branke gesehen haben. fahndungsfotos liegen vor. seit wann die diplomaten im urlaub (nach aussagen des brd geschaeftsfuehrers seit mehreren wochen) sind.

diese ueberpruefung erfolgt auch in protokoll-abteilung des dra mfaa [Ministerium für Auswärtige Angelegenheiten der Demokratischen Republik Afghanistan].

5.

die lso werden die nachbarn des wohnhauses der ddr studentinnen vernehmen. durch osk werden die lso gen. am 17.3.–15.00 uhr an ort und stelle eingewiesen.

6.

in zusammenarbeit lso und osk wird ein hinweis des gen. breuer aufgearbeitet. gen. breuer wurde am 15.3. in einem laden von einem afghanen angesprochen der sagte „von euch ist ein maedchen verschwunden"

lso will afghanen nach herkunft information befragen.

7.

lso teilten mit, dasz ermittlungen in unversitaet kabul erfolglos waren.

8.

im ergebnis einer nochmaligen intensiven untersuchung konnten aus den persoenlichen unterlagen der beck noch die personenhinweise:

... – room 1029 universitaet kabul

... – 25171-nationalgalerie

erarbeitet werden. den lso zur weiterbearbeitung uebergeben.

9.

nach wie vor wird durch ausgewaehlte genossen botschaft die ausreise flughafen kabul ueberwacht bei abflug von flugzeugen ins nsw – bisher keine ergebnisse. festgestellt wurde starke fahndungstaetigkeit der lso.

10.
erste zwischeneinschaetzung durch lso zu branke [wohl Schreibfehler für beck]: ermittlungsergebnisse bestaetigen sehr unsoliden umgang inclusive entsprechendes eigen[v]erhalten.

krueger
17.3.

Alpträume

Dorf Asra, 17.3.1984, 14.00 h

Auf einem schmalen Pfad, der mitunter nur einen Fuß breit ist, folgen wir dem Bergkamm, überqueren öde, zerklüftete, schneebedeckte Berghöhen und den Pass *Kotal Ragisa,* bis wir am späten Nachmittag, noch immer bei Regen, eine spärlich bewaldete Senke erreichen. Mittendrin steht eine große Holzhütte. Die Fenster sind matt erleuchtet. Vor dem Haus stehen und hocken Männer unter einem Vordach, an der Seite der Hütte steigt Rauch aus einem Rohr auf. Wir Ankommenden werden freudig aufgenommen. Ich bin mir unsicher, was ich machen soll: wortlos und unter dem Schleier versteckt meinen Begleitern folgen oder auch die Männer begrüßen. Aber wie? Mit Kopfnicken, mit »*Salam aleikum*« oder Handschlag oder alle drei Sachen auf einmal? Die Entscheidung wird mir abgenommen von einem großen kräftigen Mann, indem er mir nach kurzem Wortwechsel mit Atta einfach seine riesige Hand entgegenstreckt. »*Salam aleikum, chusch amadi, welcome, bon jour!*«, ruft er dazu.

»*Wa aleikum salam*«, gebe ich die arabische Grußformel zurück, und er fragt freudig: »Ah, kannst du etwa Dari?«

»Ja, kann ich«, antworte ich ihm, froh darüber, dass ich gleich ganz anders eingeordnet werde und nicht wie unser Pferd dumm daneben stehen muss.

»Kommt rein, wärmt und trocknet euch am Ofen. Es gibt auch was zu essen!«, fordert er uns auf.

Während Madschied das Pferd in den Unterstand hinterm Haus bringt, betreten Atta, Ali, Rulam und ich mit dem rechten Fuß zuerst das Haus. Durch einen Vorraum, der einer Hexenküche gleicht und in dem es brodelt und brutzelt und kocht, gelangen wir in den eigentlichen Hauptraum der Holzhütte. Er wird von ein paar an der Wand und der Decke hängenden Petroleumlampen erleuchtet und sieht aus wie eine Räuberhöhle. Dunkle, verräucherte Wände und Deckenbalken lassen mich unwillkürlich den Kopf einziehen, Kleidungsstücke und Gewehre hängen an in die Wand eingeschlagenen Nägeln. Meine Nase filtert sofort den feinen, würzig-süßen Duft von Haschisch aus den Gerüchen des Raumes. In der Mitte steht das wichtigste Objekt, ein Kanonenofen, der aus einem alten Ölfaß zusammengebastelt wurde und in den von einem Burschen ständig Holz nachgelegt werden muss, um ihn am Glühen zu halten. Das Ofenrohr hängt quer durch den Raum und führt durch ein Loch in der Wand hinaus ins Freie. Rund um den Ofen steht Schuhwerk aller Art zum Trocknen, auf einer Leine hängen Jacken, Socken, Tücher und Hosen. Männer hocken auf Decken am Boden in Grüppchen zusammen. Es sind junge wie alte Männer, mit und ohne Turban, mit und ohne Bart, manche dösen einfach vor sich hin, andere essen etwas oder trinken Tee, wieder andere putzen ihre Maschinengewehre und unterhalten sich dabei mit ihrem Gegenüber. Wir werden neugierig betrachtet und mit »*manda nabaschied* oder *steraj maschej* – werdet nicht müde« in Dari und Paschtu begrüßt.

»Häng deine nasse *Tschadri* da über die Leine und stell dich an den Ofen«, sagt der große Bärtige zu mir. Ich schaue Atta fragend an, ob ich das machen könne? Der nickt kurz und dreht sich dann einfach weg. Wahrscheinlich sind nun alle gespannt, was da unter dem Schleier zum Vorschein kommt. Aber ich kann ihnen nur ziemlich strubbelige Haare und ein müdes Gesicht bieten. Meine Wattejacke ist ebenfalls durchgeweicht bis aufs Futter, und ich hänge sie gleich mit über die Leine neben dem Ofenrohr.

»Setzt euch da drüben in die Ecke. Das Essen kommt sofort. Macht mal Platz für die Reisenden!«, kommandiert der Gasthausbesitzer geschäftstüchtig herum. Wir lassen unsere Schuhe am Ofen zurück und steuern die zugewiesene Ecke an. Stöhnend und erleichtert lassen wir uns auf den ausgelegten Matten im Schneidersitz nieder und lehnen uns an die braune, von vielen müden Rücken abgewetzte Wand. Leider kann ich hier meine Strumpfhose nicht ausziehen, und so knete ich mit den Händen meine nassen Füße durch, um sie aufzuwärmen.

»Geh ruhig an den Ofen und trockne deine Sachen, bis das Essen kommt«, schlägt Atta mir vor. Mindestens 15 Paar Augen beobachten mich, während ich zum Ofen gehe und meine nassen, nicht mehr ganz weißen Pyjama-Hosenbeine und den Rock meines Kleides vor dem Ofen hin- und herwedle. Neben mir hockt ein älterer Mann mit dem glänzenden Blick eines regelmäßigen Konsumenten von »Schwarzem Afghanen« und ziemlich schlechten Zähnen. Das hindert ihn aber nicht daran, mich die ganze Zeit anzugrinsen, nach dem Saum meines Kleides zu greifen und damit herumzuwedeln.

»Ich mach das schon alleine, vielen Dank«, sage ich zu ihm und rücke ein Stück weg. Er grinst einfach weiter, und es steht zu befürchten, dass er gleich in den Ofen hineinkippt. Ich werfe einen hilfesuchenden Blick zu Rulam, aber der ist mit dem Reinigen der Kalaschnikow beschäftigt. So muss ich wohl selbst mit diesem alten Kauz fertig werden. Als ich von vorne einigermaßen aufgewärmt und getrocknet bin, drehe ich mich um, um auch mein Kleid und die Pyjama-Hose von hinten zu trocknen. Da fühle ich, wie eine Hand nach meiner Wade greift. »Ist noch feucht«, sagt er durch seine Zahnlücken zu mir und lacht vor sich hin.

»Ich weiß, und wenn *du* da anfasst, wird es auch nicht schneller trocken«, erwidere ich müde und trete noch weiter um den Ofen herum. Dabei schaue ich wieder in unsere Ecke und fange Attas Signal zum Herkommen auf.

»Der ist wohl ein bisschen verrückt, oder?«, sage ich zu Atta, während ich mich neben ihn setze. Er winkt nur ab und sagt: »Er hat zu viel geraucht.« »*Das* Problem hat er nicht alleine«, kommentiere ich trocken und riskiere einen Blick zu Ali. Der nimmt seinerseits den Spuckbecher in die Hand und zielt treffsicher, weil mit jahrelanger Übung, die grünen Überreste seiner Tabak-Mischung hinein. Angewidert drehe ich mich weg und sehe einen Jungen mit einem großen Tablett dampfendem Reis durch die Tür kommen. Unser Essen wird gebracht, und das entschädigt für alle Unannehmlichkeiten der letzten halben Stunde. Der Rest einer Plastiktischdecke wird zwischen uns ausgebreitet, Fladen wird ausgelegt, Gläser und ein Krug Bachwasser dazu serviert, und in die Mitte stellt der Chefkoch mit einem neugierigen Seitenblick auf mich eine große Schüssel voll Soße mit Fettstückchen und grünem, spinatähnlichem Gemüse.

»Danke für diese Einladung ins Restaurant!«, sage ich voll Vorfreude auf das fürstliche Mahl.

»Welches Restaurant?«, fragt Ali begriffsstutzig.

»Na, das hier!«, rufe ich aus und breite meine Arme über die köstlichen Speisen.

Auf dem Reistablett entdecke ich einen Löffel mit den eingravierten Buchstaben ARIANA. Ich nehme ihn heraus und sage: »Mit dem Flugzeug wäre es bestimmt einfacher gewesen nach Pakistan zu gelangen. Aber dann hätte ich euch und das Land nicht kennen gelernt. Kabul ist nicht Afghanistan, es ist eine Welt für sich. Hier mit euch in den Bergen mache ich

Erfahrungen, die ich auf der ganzen Welt nicht hätte erleben können. Ihr riskiert viel für mich, wie kann ich euch je dafür danken?«

»Sainab, jetzt hör aber auf«, unterbricht Atta meine Ansprache. »Es ist selbstverständlich, dass wir dir helfen. Und jetzt iss das Essen, sonst wird es kalt.«

Nach dem gut gewürzten Essen habe ich großen Durst. In meinem Wasserglas hat sich der Sand inzwischen am Boden abgesetzt, und ich trinke das ganze Glas auf einmal leer. Insgesamt trinken wir viel zu wenig. Seit heute morgen musste ich nicht einmal in die Büsche. Unterwegs hatten wir nur an dem Bach beim Zähneputzen ein bisschen Wasser in den Mund bekommen. Und an frisches Obst war meilenweit nicht zu denken.

Als die Reste des Banketts abgeräumt sind, kommt ein Junge mit dem Tee-Tablett. Entspannt lehnen wir uns zurück und genießen den süßen grünen Tee mit Kardamom. Rulam hat sich seit unserer Berührung am Bach sehr zurückgehalten, er spielt das Spiel der stückweisen, langsamen, verborgenen, heimlichen Eroberung, bei dem man jede Minute auskosten kann. Er lehnt neben mir an der Wand, und bei jeder Bewegung, die er macht, rückt er ganz zufällig ein bisschen näher zu mir, bis sein Arm meinen Arm berührt. Eine unglaubliche Wärme geht von ihm aus, die man eigentlich als roten Schimmer zwischen uns leuchten sehen müsste. Ich spiele das Spiel mit und rutsche ein wenig weg von ihm. Er sieht mich an, doch ich tue so, als hätte ich nichts bemerkt. Stattdessen beobachte ich gespannt, wie in der anderen Ecke ein Paschtune seinen drei Meter langen Turban vom Kopf abwickelt, mit der rechten Hand mehrmals über seine Haare streicht und seinen Kopf kratzt und massiert, um dann den ganzen Stoffberg wieder um seinen Kopf zu wickeln. Der feine, eng gewebte, schwarz-weiß gestreifte Stoff glänzt wie Seide im Schein der Petroleumlampe über ihm. Geschickt und geübt wickelt er die Stoffbahn etliche Male nach einem bestimmten Schema um den Kopf, der Anfang bleibt als langer Zipfel auf seiner Brust hängen, das Ende steckt er so in die Wicklungen hinein, dass es als kleiner Wedel nach oben steht. Er merkt, dass ich ihn beobachte, und fragt mich quer durch den Raum, ob er so gut aussehen würde. Ich lache und nicke. Auch Afghanen sind eitel, da unterscheiden sie sich nicht von anderen Männern dieser Welt. Sie tun es nur auf ihre Art und Weise. Sie schminken sich die Augen mit *Kohol* schwarz, viele haben kleine Spiegel in ihren Jackentaschen, und sie schmücken sich gern mit Blüten. Vor allem Rosenblüten tragen sie den halben Tag lang in der Hand und riechen von Zeit zu Zeit daran. Wenn in ihrem kargen Land etwas blüht, so bereitet es ihnen mindestens die gleiche Freude wie dem passionierten, Rosen züchtenden Hobbygärtner in Deutschland.

Atta verkündet uns, dass wir alle in einem Nebenraum schlafen können. »Nimm alle deine Sachen und komm mit!«, sagt er zu mir.

Von der Wärme und dem guten Essen waren wir schon ziemlich schläfrig geworden und sehr froh über seine Ankündigung. Wir verlassen den großen Raum, und der Alte, der immer noch am Ofen hockt, wünscht mir eine »Gute Nacht«. Als wir auf die umlaufende Holzveranda treten, empfängt uns eisige Nachtluft. Zwischen großen Wolkenfetzen gibt es einige Lücken, durch die unendlich viele Sterne leuchten.

»Ich muss aber noch mal ins Gebüsch verschwinden vor dem Schlafengehen«, sage ich zu Atta und drücke Rulam meine Jacke, meinen Schleier und meine Tasche in den Arm.

»Komm dann dort an der Seite zu der Tür, da schlafen wir«, erklärt mir Atta, bevor ich in der Dunkelheit verschwinde. Viel Gebüsch ist nicht gerade zur Auswahl, und allzu weit weg will ich auch nicht gehen. Ein paar Männer stehen noch in der Gegend rum und gucken gespannt, wohin ich wohl gehe. Kurz entschlossen hocke ich mich hinter eine kleine Erhebung aus Geröll, auf der ein kleiner Strauch ein bisschen Schutz bietet.

Ich breite mein weites afghanisches Überkleid um mich herum aus. Als ich nun meine Hose herunterziehen will, stehen auf einmal zwei Beine neben mir.

»Nicht mal in Ruhe pinkeln kann man hier«, sage ich ärgerlich in Deutsch zu mir selbst. Aber es ist mir einfach zu blöd, wieder aufzustehen und einen neuen Platz zu suchen. Wahrscheinlich würde er mir hinterherkommen. Den Typen werde ich sowieso nie wiedersehen in meinem Leben, und wenn er mir unbedingt dabei zuzusehen will, wird ihn sein »Lieber Gott« hoffentlich irgendwann dafür bestrafen. Nierensteine könnte ich mir gut als Strafe vorstellen. Mit diesem tröstlichen Gedanken erleichtere ich mich und will gerade wieder aufstehen, als mir die zwei Beine ein Stück Plastikfolie reichen. Ich bin platt. Will er tatsächlich nur nett sein, oder ist er total verrückt. »Nein, danke«, lehne ich sein Angebot dennoch freundlich ab. »Ich habe Papier dabei.«

Zielstrebig steuere ich die von Atta gezeigte Tür an und stolpere fast noch über die hohe Holzschwelle am Eingang. Es ist mir auch völlig egal, ob ich mit dem linken oder rechten Fuß zuerst den Raum betrete. Ich muss erst mal meine Aufregung über diesen Voyeur loswerden.

Rulam will mich beruhigen und sagt: »Der hat bestimmt auch nur ein bisschen zu viel geraucht.«

»Schöne Entschuldigung für so viel Respektlosigkeit«, rege ich mich weiter auf. »Was ist eigentlich mit denen, die in Kabul am Fluss auf der Mauer hocken und hinten ihre verdauten Reste herunterfallen lassen. Haben die auch nur zu viel geraucht? Noch dazu, wo zwanzig Meter weiter einer sein Auto, ein anderer sein Pferd und noch ein paar Meter weiter jemand seine Wäsche im Fluss wäscht. Irgendwo fehlt mir da ein Stück Verständnis.«

»Ich weiß gar nicht, was du hast«, mischt sich Ali jetzt ein. »Was glaubst du eigentlich, wohin die ganzen Abwasserkanäle von Kabul führen? In ein Klärwerk vielleicht?« Ich wundere mich, dass er das Wort Klärwerk überhaupt kennt. »Ich habe früher mal in Kabul beim Wasserwerk gearbeitet. Alles, was aus Kabul abfließt, endet im Fluss. Da bist du überrascht, was. Ich, Ali, habe einen richtigen Beruf.« Ich bin tatsächlich überrascht und vergesse meinen Ärger über den Vorfall draußen. Ich erinnere mich an Rulams kurze Erwähnung von Alis Familientragödie. Unendlich viel Verbitterung muss einen Menschen wie Ali dazu treiben, sich ständig mit *Naswar* in eine Scheinwelt zu befördern. Was ist da mein kleines Problem hinter dem Gebüsch dagegen.

Der Gasthausbesitzer verteilt an uns Schlafsäcke, die er aus einer großen Truhe herauszieht. Bloß gut, dass es so dunkel ist und ich nicht sehen kann, in welchem Zustand sie sind. Aber eigentlich ist mir das auch schon langsam egal. Halb ernst, halb scherzhaft sage ich zu ihm: »Bitte ohne Flöhe, wenn es geht.«

»Hier gibt es keine Flöhe in meinen Schlafsäcken, die sind alle sauber!«, antwortet er im tiefsten Brustton der Überzeugung.

Wir legen uns wie die Sardinen in der Büchse nebeneinander. Dieses Mal habe ich Atta zu meiner linken und eine große Holzkiste zu meiner rechten Seite und darf auf ungestörten Schlaf hoffen.

»*Schab be chusch* – Gute Nacht« wünsche ich allerseits und bekomme das Gleiche von den vieren gewünscht. Ich ziehe den Reißverschluss des Schlafsackes, der erstaunlicherweise noch funktioniert, hoch bis zu meinem Kinn und hoffe geduldig auf Schlaf. Doch mein Gehirn kann einfach nicht abschalten. Es arbeitet weiter, denkt nach über gestern und morgen und lässt mich nicht einschlafen. Wie wird es meiner Familie in Berlin jetzt gehen? Sie werden Besuch von der Staatssicherheit bekommen, und man wird sie irgendwann vor die Wahl stellen: Entweder sie behalten ihren Beruf und verleugnen mich, oder sie verlieren ihre Arbeit und dürfen Kontakt zu mir haben. Wie werden sie sich entscheiden?

Atta, Ali, Rulam und Madschied atmen ruhig und gleichmäßig, sie schlafen. Von Gefahr umgeben zu sein ist für sie normal. Mich hält sie wach. In den Ecken raschelt es leise. Ganze Mäusefamilien gehen jetzt auf die Suche nach etwas Essbarem. Durch die Wand hört man das Husten der Leute, die nebenan im großen Raum campieren, das Quietschen der Ofentür, wenn Holz nachgelegt wird, ab und zu schlürfen Schritte über den Kies draußen vor dem Haus. Jemand räuspert sich inbrünstig und spuckt dann aus. Eine Grille beginnt ihr Nachtlied und singt mich endlich in den Schlaf. Der ist leider nicht so gemütlich. Ich träume wirres Zeug von Ali, der mich bedrängt und mir seine Hand um den Hals legt. Ich kann förmlich seine Finger spüren. Ich wehre mich und ringe nach Luft.

»Sainab, wach auf!«, flüstert Atta, rüttelt mich an der Schulter und erlöst mich von meinem Alptraum. »Du hast schlecht geträumt!« Mit klopfendem Herzen liege ich da und reibe meinen Hals. Bis ich mich beruhigt habe und wieder einschlafe, dauert es ziemlich lange. Und gerade, als ich am schönsten schlafe, rüttelt mich schon wieder jemand an der Schulter und sagt: »Sainab, aufstehen, wir müssen los.« In der Ecke brennt eine Kerze und beleuchtet das geschäftige Treiben der anderen. Sie rollen die Schlafsäcke zusammen und stopfen sie wieder in die Truhe. Noch völlig benommen, kratze ich mich im Nacken und merke, wie dicke Quaddeln entstehen.

»Rulam«, sage ich müde, »guck mal bitte, was ich da habe.« Ich hebe meine Haare hoch, damit er im Schummerlicht etwas erkennen kann. »Siehst du was?«, frage ich ungeduldig. »Nein«, sagt er. »Fühl mal, das ist ganz geschwollen und juckt wie verrückt!« Wir treten näher an die Kerze heran, aber er traut sich nicht, meinen Nacken zu berühren.

»Ja, es sieht rot aus, lauter rote Punkte nebeneinander«, sagt er schließlich.

»Das waren wieder diese Wanzen. Mein ganzer Schlafsack war voller Wanzen. Warum beißen die immer nur mich?«, fra-

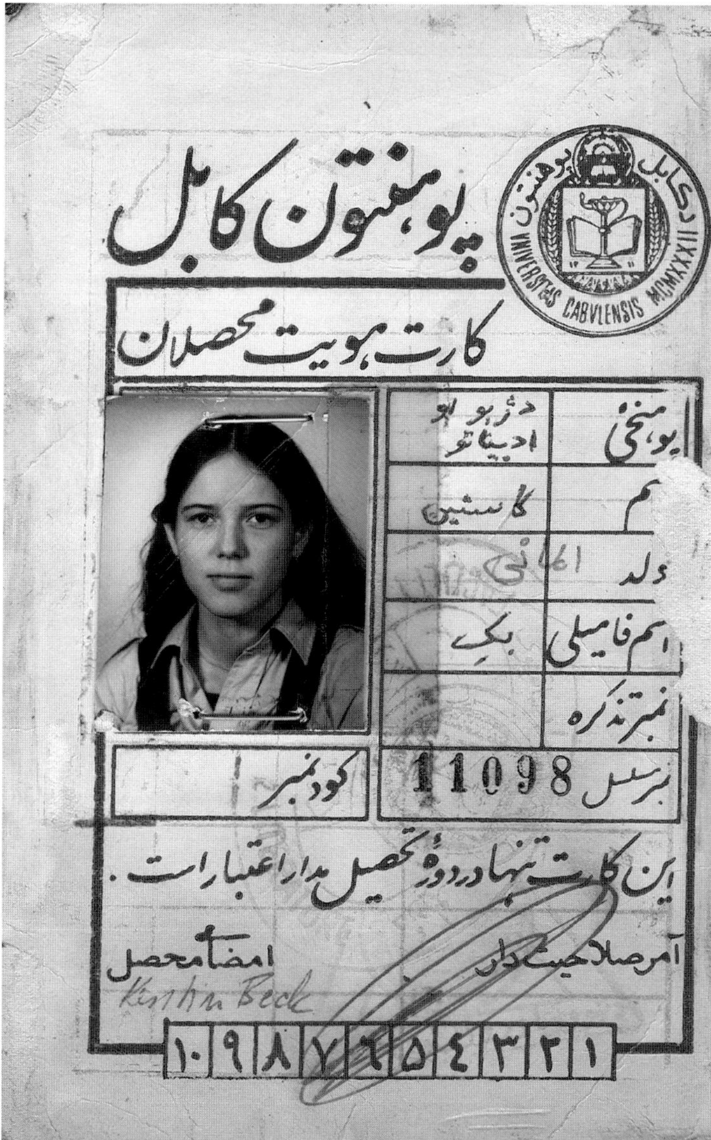

Mein Studentenausweis der Universität Kabul

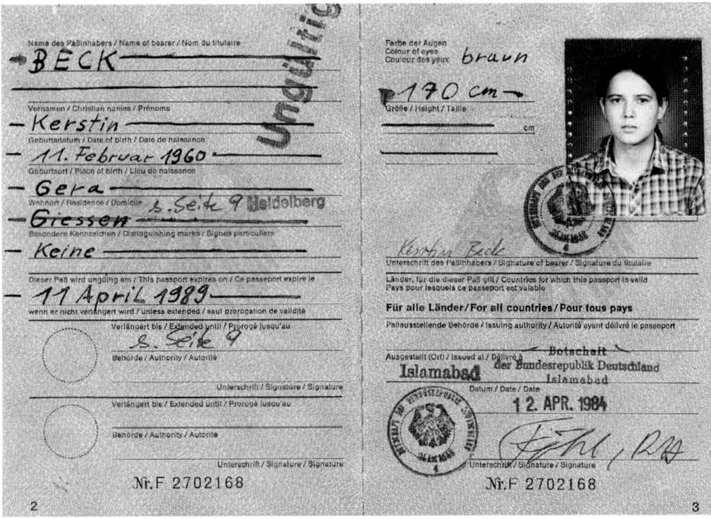

Ungültig

Name des Paßinhabers / Name of bearer / Nom du titulaire
BECK

Vornamen / Christian names / Prénoms
Kerstin

Geburtsdatum / Date of birth / Date de naissance
11. Februar 1960

Geburtsort / Place of birth / Lieu de naissance
Gera

Wohnort / Residence / Domicile
s. Seite 9 Heidelberg
Giessen

Besondere Kennzeichen / Distinguishing marks / Signes particuliers
Keine

Dieser Paß wird ungültig am / This passport expires on / Ce passeport expire le
11 April 1989
wenn er nicht verlängert wird / unless extended / sauf prorogation de validité

Verlängert bis / Extended until / Prorogé jusqu'au
s. Seite 9
Behörde / Authority / Autorité
Unterschrift / Signature / Signature

Verlängert bis / Extended until / Prorogé jusqu'au
Behörde / Authority / Autorité
Unterschrift / Signature / Signature

Nr. F 2702168

2

Farbe der Augen
Colour of eyes
Couleur des yeux
braun

170 cm
Größe / Height / Taille
cm

Unterschrift des Paßinhabers / Signature of bearer / Signature du titulaire

Länder, für die dieser Paß gilt / Countries for which this passport is valid
Pays pour lesquels ce passeport est valable
Für alle Länder / For all countries / Pour tous pays

Paßausstellende Behörde / Issuing authority / Autorité ayant délivré le passeport

Ausgestellt (Ort) / Issued at / Délivré à
Islamabad
Botschaft
der Bundesrepublik Deutschland
Islamabad

Datum / Date / Date
12. APR. 1984

Unterschrift / Signature / Signature

Nr. F 2702168

3

Nach Artikel 116 des Grundgesetzes: mein neuer Reisepass, ausgestellt von der Botschaft der Bundesrepublik Deutschland in Islamabad (Pakistan)

Kabul: im Vordergrund der Zoo

Kabul: Stadtteil Wasir Akbar Chan; Bildmitte rechts: die Botschaft der Bundesrepublik

Kabul: Frühlingsregen hat die Nebenstraßen aufgeweicht

Hier wird Nan, das afghanische Fladenbrot, verkauft

Kabul: Der Lehmverputz der Häuser hält einen Winter lang

Pakistan: Die etwas andere Art des Reisens

Kabul: Straßenhändler bieten neben dem Dschui, dem Abwasserkanal, ihre Waren feil.

Afghanistan von oben: Berge bis zum Horizont

Schneeschmelze im Hindukusch

Peshwar, April 1984:
Gastfreundschaft bei Familie Lodin. Esmat-Ullah hat Kabuli Palau aufgetragen, ein afghanisches Reisgericht.

Islamabad, April 1985:
Rückkehr nach Pakistan, diesmal als Touristin

ge ich in den Raum. »Na ja, immerhin war er warm«, beende ich das leidige Thema, da keiner eine Antwort gibt. Ich drücke meinen zusammengerollten Schlafsack auch noch in die Kiste und bürste meine Haare mindestens einhundertmal, um sicherzugehen, dass keine Flöhe und Wanzen sich darin einnisten konnten. Dann flechte ich sie zu einem Zopf im Nacken. Ich ziehe meine noch immer klamme Jacke und meine Boots an, den Schleier hänge ich mir als Schal um den Hals und folge den anderen ins Freie.

Erkenntnisse

DDR-Botschaft Kabul, 18.3.1984, 8.00 h

Telegramm

Absender: kabul Dringlichkeit: blitz
Geheimhaltungsgrad u. Regist.-Nr.: vd 32/84
Empfänger: gen. burkert, sch

sachstand fahndung nach kerstin beck – 17.3. [Anm. wohl Schreibfehler für 18.3.], 8.00 uhr ortszeit

am 14.3. um 08.45 uhr teilte die studentin katrin branke in begleitung studentin julia ullmann dem hsb der botschaft, gen. koza, folgenden sachverhalt mit:
beck hat am 13.3. um 19.00 uhr unterkunft studentinnen verlassen. beim verlassen unterkunft hatte sie zu branke gesagt, dasz sie sich von dem brd-diplomaten triller, ..., verabschieden wolle.

unterkunft ddr-studentinnen befindet sich im kabuler stadtbezirk wazir akbar khan 15. strasze, es ist ein von der ddr-botschaft angemietetes wohnhaus. unterkunft des t. befindet sich im gleichen stadtbezirk ca. 10 minuten fuszweg von unterkunft ddr-studentinnen.
nach verlassen unterkunft am 13.3. 19.00 uhr wurde die beck nicht mehr gesehen.
dieser sachverhalt wurde dem gen. koza erst am 14.3. 08.45 uhr bekannt. bis zu diesem zeitpunkt hatten die studentinnen sachverhalt sowie verbindung zur brd-vertretung botschaft vorenthalten. durch hsb wurde eine erste befragung branke durchgefuehrt.
ergebnisse:
branke und beck haben im dezember 1983 auf einem basar die brd-diplomaten t. und s., ..., kennengelernt. Aus dieser verbindung, so branke, soll sich eine beziehung zwischen t. und beck entwickelt haben.
...
masznahmen:
1.
hsb beauftragte die studentinnen, in begleitung mit osk gen. kranzow zu den wohnhauesern der diplomaten triller und sarach zu fahren, um sich nach verbleib der beck zu erkundigen. auffallend war, dasz branke schnell die wohnhaeuser der genannten finden konnte.
Im haus triller teilte die haushaelterin mit, dasz triller in brd schon seit 27 tagen zum urlaub sei.
im haus sarach teilte haushaelterin mit, sarach sei seit ca. 20 tagen nicht mehr im haus gewesen.

2.
anruf durch hsb im flughafen kabul ergab, dasz 10.00 ein flugzeug der indian airline nach delhi abfliegt. da keine telefonischen verbindungen zum lso und zur aeroflot hergestellt werden konnten, wurde gen. bauer beauftragt, zum flughafen zu fahren, um bordliste zu überpruefen, abflug aufzuhalten und kontrolle der passagiere durchzufuehren. ueberpruefung erbrachten keine ergebnisse – start flugzeug wurde um eine stunde verzoegert.
3.
botschafter gen. krueger wurde gebeten, ueber lso fahndung auszuloesen.
am 14.3., 14.00 uhr fand erste zusammenkunft gen. krueger, gen. jakubi vom lso und hsb statt. alle bis zu diesem zeitpunkt ermittelten kontaktpersonen (kontrolle persoenlichen unterlagen von beck wurde von osk kranzow durchgefuehrt) wurden fuer fahndung uebergeben.
4.
vor ausreise der sechs ddr studenten wurde durch hsb im flughafen 10.00 uhr noch eine befragung durchgefuehrt. ermittelte kontaktpersonen wurden lso und botschafter zur weiteren bearbeitung uebergeben.
5.
durch hsb wurde gen. krueger gebeten (11.00 uhr) beim geschaeftstrager brd-vertretung anzurufen, um nach verbleib der beck zu fragen.
sprachregelung:
wir seien informiert worden, dasz beck einen abend mit triller verbracht habe und sie nun ihren abflug versaeumen wuerde.
da botschafter zum empfang eines afghanischen mi-

nisters zum flughafen muszte, beauftragte er gen. bauer, den anruf in seinem namen vorzunehmen. woltmann teilte mit, dasz er sachverhalt ueberpruefen werde.
13.00 uhr rief woltmann in botschaft an und teilte dem gen. krueger mit, dasz er alle seine herren befragt haette und »es wuerde sich die beck hier bei ihm absolut nicht aufhalten, er habe alles ueberprueft.« so etwas wuerde er nicht mitmachen. triller, so woltmann, sei im urlaub in brd. durch einen uebertragungsfehler wurde von uns nicht nach sarach, sondern nach einem sacher gefragt. woltmann teilte mit, dasz sie keinen mitarbeiter mit namen sacher haben wuerden. weiterhin sicherte woltmann in dieser angelegenheit jegliche unterstuetzung zu, wenn wir es wuenschen wuerden.
eigene ueberpruefungen ergaben, dasz am 13. und 14.3. auszer genannten flug indian airline keine flugzeuge kabul in richtung nsw verlieszen. eine moegliche ausreise der beck zu diesem zeitpunkt ist auszuschlieszen.
durch lso wurde am 14.3. ca. 13.00 uhr eine fahndung flughafen kabul und jalalabad eingeleitet. weitere grenzuebergaenge sind im kontext mit politischer und militaerischer gesamtsituation im lande zu sehen.

krueger
18.3.

Dieses Telegramm wurde wiederum weitergeleitet an das Ministerium für Staatssicherheit.

HVA/VII/9 TAK (27 351)

Eingang des Telegramms: 19.03.84

Verteiler:

Gen. Minister
Generaloberst Wolf
Generalleutnant Mittig
Generalleutnant Neiber
Generalleutnant Geisler
Generalmajor Großmann
Generalmajor Jänicke
Generalmajor Geyer
Generalmajor Prosetzky
Generalmajor Vogel
HA II
Abt. X
ZAIG
ZOS

Der Weiße Berg

Dorf Asra, 18.3.1984, 5.30 h

Es ist sehr kalt, und unser Atem bildet weiße Fahnen, die in der Luft stehen bleiben. Ich nehme ein Stöckchen zwischen die Finger und tue so, als ob ich rauche. Dann huste ich kurz und werfe das Stöckchen weg. Madschied verschwindet grinsend hinter dem Haus und kommt mit meinem Freund, dem mürrischen Pferd, wieder, das er hinter sich herziehen muss. »Na«, sage ich zu dem Pferd in Deutsch, um sicherzugehen, dass es mich auch wiedererkennt. »Hast du auch so schlecht geschlafen wie ich, oder hattest du etwa keinen Schlafsack?«

In völliger Dunkelheit, noch weit vor Sonnenaufgang, ziehen wir los. Ich bestehe darauf, laufen zu dürfen, damit mir warm wird. Nach einer Stunde stetigen Bergauflaufens machen wir am Wegesrand zwischen vereinzelten Nadelbäumen eine kleine Rast. Es wird endlich hell, und die vier wollen ihr Morgengebet verrichten. Ich setze mich auf einen Stein und sehe ihnen dabei zu.

»Sainab, betest du?«, fragt mich Ali schon wieder, als er fertig ist mit seinem Gebet.

»Ja. Doch. Du siehst es doch. Ich sitze einfach da und denke ganz fest an meinen Gott. Das reicht ihm schon«, erkläre ich ihm ernst und fahre pathetisch fort: »Schau dir diese Berge an, wie sie im Morgenlicht leuchten. Sie sehen so perfekt, so schön, so überirdisch, so himmlisch aus. Gibt es da einen Zweifel, dass Gott oder dein Allah bei uns ist?«

Madschied holt vom Pferd ein zusammengebundenes Tuch, in das ein paar Fladenreste eingeschlagen sind. Er gibt jedem ein Stück und sagt freundlich zu mir: »Dein Frühstück.« Eigentlich habe ich gar keinen Hunger, denn das gestrige gute Abendessen liegt mir noch im Magen. Bestimmt habe ich deswegen so schlecht geschlafen. Man soll eben nicht mit vollem Bauch ins Bett. Trotzdem fange ich an, daran herumzuknabbern. Den Rest stecke ich mir in die Jackentasche, für später.

»Du musst dich wieder auf das Pferd setzen«, sagt Madschied zu mir. »Wir haben heute noch einen sehr weiten Weg vor uns.«

»Wo werden wir heute übernachten?«, frage ich beim Aufsteigen.

»In Pakistan!«, lacht er mich an.

»Oh!«, rufe ich beeindruckt aus. »So nah sind wir schon an der Grenze, das glaube ich nicht. Du willst mich veräppeln, Madschied!«

»Doch, es stimmt«, pflichtet Rulam ihm bei. »Heute werden wir noch über den Lakarey-Pass des Spin Rar klettern, und auf der anderen Seite ist schon fast Pakistan. Wenn die Sonne wieder untergeht, sind wir dort.«

»Sag *woallah*!«, fordere ich ihn auf, um sicherzugehen, dass es stimmt, denn wer Allah mit »*woallahi*« anruft und dabei lügt, der schmort ewig in der Hölle.

Ohne zu zögern, sagt er es, und ich glaube ihm. »Aber«, fällt mir ein, »der Pass ist doch mindestens 4000 Meter hoch, wenn nicht höher. Da brauchen wir doch einen Tag, bis wir überhaupt mal oben sind!«

»Wir schaffen den in einem halben Tag«, erwidert Atta von vorne. »Aber wenn ihr da noch lange stehen bleibt und diskutiert, sind wir übermorgen noch nicht oben. Jetzt redet nicht so viel, sondern lauft endlich los.« Im Eiltempo folgen wir dem Bergpfad, über kleine Pässe und durch enge Schluchten.

Während ich auf dem Pferd hin und her geschaukelt werde, stelle ich mir die Landkarte Afghanistans vor und versuche herauszufinden, wo wir gerade sind. Vom Weißen Berg, eigentlich ist es eine lange Bergkette, hatte ich schon gelesen. Er trennt das noch winterliche Afghanistan vom subtropischen Pakistan. Dort gibt es eine pakistanische »Nase«, die nach Afghanistan hineinragt.

Dieser Grenzverlauf ist 1892 willkürlich festgelegt worden. Ein britischer Diplomat namens Sir Mortimer Durand war vom Empire beauftragt worden, eine Grenzlinie zwischen dem rebellischen Afghanistan und dem damaligen Britisch-Indien festzulegen. Sich keinen Deut um Stammesgebiete der Paschtunen scherend, zog er eine Grenze quer durch Siedlungen, Ländereien und ethnische Gruppen der Paschtunen östlich und unterhalb der hohen Bergketten des Hindukusch. Pakistan, das es als selbständigen Staat erst seit 1947 gibt, übernahm die 1922 vom afghanischen König Aman-Ullah bestätigten Grenzfestlegungen, hat aber bis heute im Stammesgebiet keine hoheitliche Macht.

Stunde um Stunde vergeht, und zwischen den Bäumen und Wolkenfetzen grüßt uns ab und zu die Sonne. Kein Mensch ist weit und breit zu sehen. Wir legen bald noch einmal eine kurze Rast in einer Hütte am Wegesrand ein. Dort treffen wir auf ein paar Mudschahedin, die sich über das Woher und Wohin unserer Reise erkundigen. Wir hocken uns auf den Boden und trinken einen Tee, und ein freundlich blickender Mudschahed schenkt mir eine Mandarine. Dann zieht er noch einhundert *Afghani* aus seiner Tasche. Ich lehne ab, doch er besteht darauf, dass ich sie nehme.

»Du bist Deutsche?«, fragt mich auf einmal jemand in fast akzentfreiem Deutsch. Die Stimme kommt aus der Ecke von einem großen, hellhäutigen, fast blonden Mann. Die Filzmütze aus der Stirn geschoben, den Kopf gegen die Wand gelehnt, mustern mich zwei funkelnde grüne Augen.

»Ja«, antworte ich überrascht.

»Aus Ostdeutschland oder Westdeutschland?«, fragt er weiter auf Deutsch.

»Aus Ostberlin«, sage ich nun. Wenn er schon den Unterschied zwischen den beiden deutschen Staaten kennt, dann kann ich ihm auch gleich den Ort dazu nennen.

»Und woher kannst *du* Deutsch?«, frage ich ihn zurück und wende den Trick an, auf den ich so oft hereingefallen bin und mit dem man Leute aushorcht: Fragen stellen und nicht Fragen beantworten.

»Ich habe am Amani-Lyceum in Kabul Deutsch gelernt. Was hast *du* in Kabul gemacht?« fragt er wieder.

»Ich habe an der Fakultät für Sprachen und Literatur Dari und Paschtu studiert«, erkläre ich ihm.

»Und jetzt willst du nach Pakistan?«

»Ja, und von da aus nach Westdeutschland.«

»Warum? Gefällt dir der Kommunismus nicht mehr?«, fragt er listig.

»Genauso ist es«, sage ich und versuche mindestens genauso tief in seine Augen zu blitzen wie er in meine. Er ist nicht der Erste, der an meiner Ehrlichkeit zweifelt. Ständige Wachsamkeit ist ein angeborener Instinkt des Menschen. Bei den Afghanen ist er jedoch besonders ausgeprägt.

»Denkst du, ich bin ein Spion?«, frage ich ihn direkt.

»Ja«, sagt er genauso direkt.

»Ich bin keiner, *Allah schahide man ast* – Allah ist mein Zeuge!«, sage ich ganz ruhig in Dari.

Bei diesen Worten drehen sich alle Köpfe in meine Richtung. So etwas hatten meine Freunde noch nicht aus meinem Munde vernommen.

»Was ist los?«, will Atta von dem Grünäugigen wissen.

»Ist schon gut, ein Missverständnis«, versucht er aus der Ecke zu beschwichtigen.

»Sainab, was habt ihr gesprochen?«, fragt Atta nun mich.

»Nichts weiter«, sage auch ich, um Streit zu vermeiden.

»Du rufst Allah an für NICHTS?!«, zum ersten Mal wird Atta richtig böse.

Meine Blicke durchbohren den Grünäugigen, weil er mich in so eine Situation gebracht hat. Ich entschließe mich zur Loyalität gegenüber meinen Begleitern und wiederhole das Gesagte noch einmal in Dari.

»Hast du das zu ihr gesagt? Sie wäre ein Spion?«, fragt Atta mit finsterer Mine den Mann in der Ecke.

»Es war nicht so gemeint, nur ein Test. Hier kommen so viele Leute über die Grenze, und die Russen versuchen, unsere Nachschubwege herauszufinden. Wir müssen aufpassen, dass wir nicht verraten werden«, erklärt er, ohne seinen Kopf von der Wand zu nehmen.

Wie auf Bestellung kommen gerade zwei Mudschahedin mit einem voll beladenen Muli vor der Hütte an.

»Passt bloß auf wegen dieses russischen Militärpostens. Der Nebel hat sich inzwischen verzogen, und die könnten euch sehen!«, ermahnen sie uns beim Abschied.

›Na toll‹, denke ich. Bisher ging die Gefahr für mich nur von steilen Felswänden, herabstürzendem Geröll, Erdbeben, reißenden Gebirgsbächen, Schneetreiben, bellenden Hunden und herumliegenden Bomben aus. Nun auch noch ein russischer Posten.

Atta lässt mich wieder auf dem Pferd aufsitzen. Ich würde lieber laufen, aber er sagt streng: »*Ya Mohammad* – bei Mohammad, steig endlich auf das Pferd!« Ich glaube langsam, dass dahinter etwas anderes steckt. Wenn ich so darüber nachdenke, gebe ich eigentlich ein gutes Ziel ab mit meinem grünen Schleier auf dem Pferd. Mohammad hin, Mohammad her, am Ende hat es keinen Sinn, mit Atta zu diskutieren, er ist der Chef.

Es dauert nicht lange, da treten wir aus der spärlich bewaldeten Zone heraus und sehen vor uns eine endlose Kette von Bergkämmen mit dem majestätischsten aller Berge, dem *Sikaram,* in der Mitte. Ich klappe meinen Schleier zurück, um das Panorama besser sehen zu können. Es ist der schönste Anblick, den man sich nur vorstellen kann. Der Himmel ist von einem einmaligen, tiefen Blau, das es nur in dieser reinen, staubfreien Luft gibt. Filigran gefaltet liegen darunter die braunschwarzen Berge. Auf ihren höchsten Kämmen liegt immer Schnee, auch im Hochsommer, wenn unten im Tal das Thermometer 40 Grad Celsius anzeigt. Wir nähern uns dem *Kotal Lakarey*, dem Pass des 4700 Meter hohen *Sikaram*-Berges, und erkennen winzige Gestalten, die sich wie auf einer Ameisenstraße bewegen. ›Es ist der afghanische Ho-Chi-Minh-Pfad‹, denke ich und wundere mich darüber, dass sie so zahlreich und so völlig unbehelligt von sowjetischen Tieffliegern bei Tag den Pass überqueren können. Die gesamte Seite des Berges ist schneebedeckt und liegt im Schatten. Die von der Sonne beschienene Bergspitze erscheint mir wie die lockende, leuchtende Verheißung. Da will ich hoch, da muss ich hoch, es ist im wahrsten Sinne des Wortes der Höhepunkt der Reise.

Jäh werde ich aus meinen Gedanken in die Wirklichkeit zurückgeholt. Das Pferd versinkt tief im Schnee, knickt mit einem Bein um, so dass ich fast von oben herunterrutsche. Madschied zerrt an der Leine herum, doch das Pferd kommt nur mühsam vorwärts. Ich muss absitzen und stapfe nun zu Fuß weiter. Im Gänsemarsch geht es auf dem festgetretenen Schneepfad immer steiler bergan. Sobald man jedoch ein wenig davon abkommt, um Entgegenkommenden Platz zu machen, steht man bis zum Bauch im Schnee. Die da von oben herunterkommen, sehen aus wie Bauern, einfache Männer ohne Waffen, die in Kabul oder ihrem Heimatdorf etwas erledigen müssen. Andere erkenne ich sofort als Mudschahedin, Waffentransporteure, Schmuggler. Sie laufen anders, sie begrüßen uns anders, und vor allem haben sie diesen durchdringenden Blick, wie ein Blitz, ein ziemlich gefährlicher Blick. Ich bin die einzige Frau weit und breit.

Ein Mann kommt mit seinem Esel den Berg herunter und sagt zu Madschied, der mit unserem Pferd schimpft: »Ich bin gerade wieder umgekehrt. Der Esel versinkt bis zum Hals im Schnee, es hat keinen Sinn, ich komme nicht mehr weiter. Du mit deinem Pferd kommst erst recht nicht da hoch! Kehre lieber wieder um.«

Wir halten an, und während Atta, Ali und Madschied beratschlagen, was sie tun sollen mit dem Pferd, forme ich kleine Schneebälle und baue daraus einen Schneemann. Rulam gewinnt der Umgebung und der angespannten Situation etwas Romantik ab. Er schreibt mit dem Finger in schön geschwungenen arabischen Buchstaben زين آب »Sainab« in den Schnee. Dann ruft er mich, um sicherzugehen, dass ich es auch sehe. Mehr aus Spaß schreibe ich nun غلام »Rulam« daneben und male einen Smiley dazu. Er zögert etwas und schaut, dass auch keiner das sieht, was er nun schreiben will. Dann formt er aus dem Punkt unter dem »b« ein kleines Herz und wischt es gleich wieder weg. Er sieht mich an, und ich weiß, dass er ganz schlimm verliebt ist. So sehr, wie ein Mann mit einem afghanischen Herzen nur verliebt sein kann.

»Wir gehen weiter«, verkündet in diesem Augenblick Atta. »Madschied wird mit dem Pferd zurück nach Kabul gehen.«

Wir verabschieden uns herzlich von Madschied und ermahnen ihn zur Vorsicht unterwegs. Ich danke ihm für seine Geduld mit mir. Dem Pferd streichle ich zum Abschied noch einmal über die Nüstern und hole aus meiner Jackentasche das Stück Brot von heute Morgen. Es lässt sich nicht lange bitten und frisst kopfnickend den Fladenrest. Ich glaube, dass ich es damit versöhnt habe und wir beide ohne schlechtes Gewissen voneinander scheiden.

Madschied wird nie in Kabul ankommen. Einen Tag später wird er hinterrücks erschossen.

Unermüdlich steigen wir Stunde um Stunde auf dem Schnee den steilen Pfad hinauf. Mir geht nicht nur langsam die Puste aus in der dünnen Luft. Auch in meinen Beinen spüre ich bald keine Kraft mehr. Atta gestattet mir kleinere Verschnaufpausen, und schließlich ergreift Rulam die Initiative und reicht mir seine Hand. »Komm, ich ziehe dich bis nach oben.«

Wortlos schlage ich in seine Hand ein und spüre die enorme Kraft, die immer noch in ihm steckt. Er umfasst meine Hand, als wolle er sie nie wieder loslassen. Seine dunklen Augen funkeln mich an, und er zieht mich mit einer Leichtigkeit zu sich heran, als wäre ich nur ein seidenes Tuch.

»Wenn du willst, trage ich dich auch bis nach oben«, ruft er noch lachend aus und schiebt die Kalaschnikow auf seinem Rücken zurecht. Mir fehlt nicht nur die Luft, um irgendeinen Kommentar abgeben zu können, ich bin einfach sprachlos.

Beflügelt von seiner Energie, erreichen wir beide nach einer weiteren Stunde den Passübergang. Er liegt auf einem vorgelagerten Sattel unterhalb der Bergspitze des *Sikaram*. Bis dort, ganz oben hinauf, wäre man mindestens noch einmal eine Stunde unterwegs. Ich staune über die vielen Mudschahedin, die hier oben Rast machen wie Touristen. Atta und Ali hocken ebenfalls bereits auf einem flachen Felsen, ruhen sich aus und genießen den Anblick *ihrer* Bergwelt. Erschöpft und doch ganz euphorisch vor Freude, stehe ich mit Rulam im festgetretenen Schnee und betrachte die überwältigende Aussicht. Berge so weit das Auge reicht, Berge bis zum Horizont. Man kann sogar die Erdkrümmung sehen. Es gibt nur drei Farben, die der Schöpfer für dieses Panorama brauchte: Braun, Blau und Weiß. Wir blicken zurück auf die vielen Berge, über die wir geklettert sind, die wir hinter uns lassen, und ich merke, dass Rulam meine Hand noch fester hält als vorher. Es ist der Ort, wo der Himmel die Erde trifft. Ich fühle mich losgelöst von allen irdischen Sorgen, was zählt, ist diese Sekunde des Glücks auf dem Gipfel des Berges. Am liebsten würde ich Rulam umarmen und mit ihm einen Freudentanz aufführen, aber es geht einfach nicht. So drücke ich still seine Hand und spüre so viel Freude in mir, als ob alle Energie des Berges und der Sonne in jede Zelle meines Körpers eindringt und sich dort für immer festsetzt. Wie gerne würde ich diesen Augenblick festhalten, aber die Zeit wartet nicht, auch nicht auf mich, sie wartet auf niemanden, sie eilt weiter.

»Da hinten irgendwo liegt Kabul«, sagt Rulam in die Stille und reißt mich aus meinen Gedanken. Dann zeigt er in die andere Richtung und ergänzt: »Und da liegt Pakistan. Von jetzt an geht es nur noch bergab.« Ich drehe mich um und versuche, mich von seiner Hand zu lösen. Widerwillig gibt er sie frei. Es ist ihm egal, was Atta oder Ali oder die anderen hier oben denken. Er ist in diesem Moment genau wie ich der glücklichste Mensch der Welt und will das Glück festhalten.

Atta drängt schon wieder zum Aufbruch. »Wir müssen weiter«, sagt er, während er sich vom Stein erhebt. »Mach lieber deinen Schleier runter, sonst kriegst du einen Sonnenbrand. Wir werden die ganze Zeit die Sonne im Gesicht haben«, rät er mir. Aber ich höre nicht auf ihn. Ich freue mich, dass mir nach drei Tagen mit Schnee- und Regenstürmen wieder die Sonne ins Gesicht scheint, über den wärmer werdenden, leichten Wind, den relativ mühelosen Abstieg auf dem bald schneefreien Weg an der Südseite des Berges, an den vereinzelten Bäumchen, die hier wachsen, an ihrem harzigen Duft und an Rulams Liedchen, das er hinter mir gehend vor sich hin summt. Es ist ein Lied von der Sehnsucht nach der Liebsten, und es hat mindestens 35 Strophen. Als der Weg breiter wird, schließt er zu mir auf und nimmt meine Hand. Ohne irgendetwas zu sagen, gehen wir nebeneinanderher und genießen das Glücksgefühl, diesen Berg geschafft zu haben. Ich überlege, ob ich ihn nicht lieber abweisen soll, aber damit würde ich uns beiden nur wehtun. Ich mag ihn ja auch sehr, ich fühle mich wohl in seiner Nähe, es gefällt mir, ihn anzusehen, mit ihm zu lachen, mit ihm durch Blicke Gedanken auszutauschen, und das Unerfüllbare mir vorzustellen. Irgendwann werden wir uns trennen müssen, das weiß auch er. Doch was der Verstand weiß und was das Herz fühlt, sind wie so oft im Leben zwei ganz verschiedene Dinge. Ich lasse mich einfach treiben und will alles so geschehen lassen, wie es kommt.

Ich ahne nichts von der Gefahr, die, je näher wir der pakistanischen Grenze kommen, immer größer wird. Afghanisch-sowjetische Militärposten, die aus der Luft per Hubschrauber versorgt werden, beobachten nicht nur den Grenzverkehr, sondern auch uns. Mudschahedin verschiedener rivalisierender Gruppen konkurrieren um die territoriale Vormacht in diesem Gebiet. Dass wir eine sehr auffallende Gruppe sind, drei Männer mit zwei Kalaschnikows und eine Frau unter einem grünen Schleier, kommt mir jetzt, wo das Ziel so nah ist, nicht mehr in den Sinn.

Ali und Atta sind vorausgeeilt und haben, als wir sie einholen, einen Platz zum Rasten unter einer krummen Kiefer ausgesucht. Wir lassen uns auf dem weichen Nadelpolster darunter nieder. Atta reicht mir ein Stück Fladenbrot und ein Ei!

»Wo hast du *das* denn her?«, frage ich ihn erstaunt.

Er fängt an zu gackern wie ein Huhn und holt unter seiner Mütze noch eins hervor, um es Rulam zu geben.

»Ihr seid einfach unglaublich!«, sage ich kopfschüttelnd und schäle das Ei. Ich bemerke dabei nicht, wie nervös Atta und Ali sind, dass sie ihre Anspannung hinter einem Lächeln zu verbergen suchen.

Irgendwann ist mir so warm, dass ich erst mal meine Jacke und die Jeans ausziehen muss. Ich beschließe, auch noch gleich die Strumpfhose loszuwerden und dafür nur noch die Pyjama-Hose unter meinem Kleid zu tragen. Für diesen Kleiderwechsel gehe ich aber lieber ein Stück weg hinter einen Busch. Als ich die Strumpfhose ausziehe, besehe ich mir meine vielen aufgekratzten Floh- und Wanzenbisse. Besonders gut sehen sie nicht gerade aus. Meine Fußsohlen haben eine dicke Hornhautschicht gebildet, aber ich habe keine Blasen. Die Strumpfhose knäule ich zusammen und stecke sie unter den Busch. Wer weiß, wie viele tote Wanzen und Flöhe in den Maschen hängen, ich will sie jedenfalls nicht mehr haben. Ich steige ohne Strümpfe wieder in die Boots zurück und höre dabei, wie die drei lauter als sonst miteinander diskutieren. Als ich hinter dem Gebüsch wieder hervorkomme, eröffnet mir Ali ihren Beschluss: »Es ist besser, wenn wir ab jetzt nur noch zu zweit gehen. Du gehst mit Atta, ich komme mit Rulam später nach.« Ich schaue fragend zu Rulam. Er nickt nur kurz, fast unbemerkt mit dem Kopf.

Ich klappe, wie gewünscht, meinen Schleier herunter. Dann ziehen Atta und ich ohne weitere Erklärungen los. Unterwegs will ich ihn fragen, warum wir uns trennen, lasse es aber lieber. Er würde es mir sowieso nicht sagen. Vielleicht ist es besser, dass ich es nicht weiß. Schweigend gehen wir nebeneinanderher und gelangen ins Tal hinunter, das sich am Ende zu einer weiten Ebene öffnet. Hohe Pappeln säumen jetzt unseren Weg, neben uns fließt ein kleines Bächlein. Ich habe Durst und frage Atta, ob ich etwas trinken kann.

»Ja, aber beeile dich«, sagt er ernst.

Irgendetwas stimmt hier nicht, denke ich. Ich kühle schnell mein Gesicht, denn ich habe wirklich einen heftigen Sonnenbrand auf den Wangen und auf der Nase, und trinke ein paar Hand voll von dem kalten Wasser. Kein Mensch ist mehr weit und breit zu sehen, obwohl doch oben auf dem Berg so viele Männer waren. Außer dem Lärm der Spatzen in den Pappeln ist nichts weiter zu hören. Am Berghang gegenüber steht ein einzelnes Gehöft, umgeben von blühenden Aprikosenbäumen. Ein Hund lässt sich jetzt blicken, bellt aber nicht. Als wir am Ende des Hügels nach links abbiegen, ist der Blick frei auf eine flache, sandige Ebene vor einer bewaldeten Bergkette. In der Ebene sind Reste von Häusern und unförmige dunkle Gebilde zu erkennen. Der Weg, auf dem wir laufen, führt direkt darauf zu.

»Was ist das da vorne?«, frage ich Atta. Irgendwie ist mir unheimlich.

»Das *war* bis vor zwei Wochen ein Militärposten der afghanischen Armee. Der wurde inzwischen verlegt. Wir wussten nicht, ob wieder jemand zurückgekommen ist. Die Mudschahedin haben sie nämlich verjagt und alles in die Luft gesprengt. Es sieht so aus, als ob alles in Ordnung wäre. Sonst hätten Ali und Rulam uns gewarnt«, erklärt er mir nun erleichtert die Vorsichtsmaßnahmen, die sie getroffen hatten.

»Oh!«, sage ich nur und drehe mich noch einmal um, ob nicht von hinten jemand kommt.

Als wir uns den Ruinen nähern, werden aus den dunklen Gebilden zwei Panzer, ein LKW und ein Jeep. Allesamt unbrauchbar, ausgebrannt und ausgeschlachtet bis auf den Rahmen. Aber den wird irgendwann ein findiger Schrotthändler nach Pakistan abtransportieren und einschmelzen, um daraus neue Waffen für den Krieg herzustellen.

Vor einer Hausmauer sitzen im Schatten zwei Gestalten, die uns zuwinken. Es sind Ali und Rulam. Sie lassen gerade seelenruhig die Patronen aus ihren Kalaschnikow-Magazinen rausschnipsen, um sie gleich anschließend wieder dorthin zurückzustecken. Ich freue mich, sie wiederzusehen, und frage:

»Wieso seid ihr schon hier, ihr habt uns doch gar nicht überholt?«

Darauf antwortet Ali philosophisch: »Es gibt viele Wege auf den Berg und auch viele wieder herunter.«

Und die Berge haben viele Augen und können sprechen. Was sie sehen, geben sie nach Kabul an ihre Kontaktpersonen weiter.

Atta bespricht sich wieder kurz mit Ali und sagt dann zu mir: »Da hinten am Fuße der Bergkette gibt es ein Teehaus. Das Teehaus ist sozusagen der Grenzposten. Die Paschtunen kontrollieren hier die Grenze. Sag am besten nichts, und wenn dich doch einer was fragt, dann bist du eine Tadschikin, die zu ihrem Mann nach Pakistan will. Du siehst sowieso inzwischen so aus wie eine afghanische Frau.« Als Tadschiken werden in Afghanistan nicht nur die Angehörigen dieser im Norden beheimateten Volksgruppe bezeichnet, sondern auch diejenigen, die man keiner der anderen Ethnien mehr zuordnen kann. So bin ich einfach jemand aus der Stadt, spreche auch so und falle nicht weiter auf, hoffe ich. Ich schaue auf meine Schuhe runter und im gleichen Moment fällt auch Atta auf, dass die nicht zu meiner Verkleidung passen.

»Zieh die Boots aus und die anderen Schuhe an«, sagt er.

Ich schlupfe barfuß in die zwar ausgetretenen, aber trotzdem viel zu kleinen Pumps und gebe Ali meine Stiefel, die er zu den anderen Sachen in mein Bündel legt. Er drückt es mir in den Arm, ich klappe meinen Schleier herunter, und wir gehen alle gemeinsam los. Nach ein paar hundert Metern tun mir so die Füße weh, dass ich lieber die Schuhe ausziehen und barfuß gehen würde.

»Komm ein bisschen schneller, Sainab!«, ermahnt mich Atta.

»Ich kann mit den Schuhen nicht laufen«, erkläre ich ihm.

»Gib mal her, die Dinger«, fordert er mich auf, nimmt einen großen runden Stein und klopft einfach den Schaft um, so dass sie aussehen wie Schlappen.

»Besser?«, fragt er, und ich nicke.

Ich versuche, mit den anderen Schritt zu halten. Sie haben es auffallend eilig, das Tal zu durchqueren. Inzwischen ist es Nachmittag geworden, die Strahlen der Sonne wärmen meinen Rücken. Atta geht voran, Rulam und ich folgen in einigem Abstand, und hinter uns läuft Ali mit fast geschlossenen Augen. Wir passieren ein einsames Gehöft, als plötzlich zwei mit Gewehren bewaffnete Männer aus dem großen Tor herauskommen, uns irgendetwas zurufen und dabei wild herumgestikulieren. Atta bleibt stehen und lässt sich von Rulam die Kalaschnikow geben. Ich atme einmal tief durch. Zu uns beiden sagt er, dass wir weitergehen sollen.

Er ruft den Männern zu: »Was schreit ihr hier so rum?«

Hinter meinem Rücken höre ich, wie Atta und Ali ihre MGs entsichern. Ich unterdrücke meinen Instinkt, der mir »Wegrennen!« befiehlt, drehe mich trotzdem kurz um und sehe, dass Ali seine Kalaschnikow auch noch dazu auf Hüfthöhe in Bereitschaft hält.

›Gleich wird er schießen‹, denke ich. Alle Muskeln in meinem Rücken verkrampfen sich, und ich gehe, so schnell ich kann, ohne dass es so aussieht, als würde ich rennen. Rulam bleibt drei Schritte hinter mir. Er gibt mir Rückendeckung, er muss verrückt sein, er gibt mir tatsächlich Rückendeckung. Mein Herz klopft wie wild. ›O Gott, Rulam, ich hoffe, dass wir hier lebend davonkommen!‹

Während Atta und Ali mit den Männern lautstark diskutieren, gehen auch sie Stück für Stück weiter.

»Haut doch endlich ab!«, ruft einer hinter uns her.

»Idiot!«, ruft Ali zurück und spuckt einmal kräftig aus, um sich zu entladen. Er hätte die anderen zwei gern erschossen, kein Zweifel. Und wäre Atta nicht dabei gewesen, er hätte geschossen.

Als wir in sicherer Entfernung sind, sichern auch Ali und Atta ihre Waffen wieder, und Atta gibt seine Rulam zum Tragen zurück.

»Was war denn mit denen los?«, frage ich Atta Minuten später mit zittriger Stimme.

»Die wollten Geld, Wegezoll, Verrückte sind die!«, sagt er kopfschüttelnd. Wir sind nur knapp einer Katastrophe entgangen. Ich kann es in seinen Augen lesen und schicke ein Stoßgebet zum Himmel: »Gott stehe uns bei, lass uns heil nach Pakistan kommen!«

Ich sehe kurz zu Rulam, der vor sich hin murmelt und Allah dankt.

Ali legt sich eine neue Prise Naswar ein, und Atta streicht sich mit beiden Händen einmal übers Gesicht.

»Sehr schlau, so kurz vor der Grenze«, sage ich dann nach einer Weile mit noch immer weichen Knien zu Atta. »Scheint ja sonst zu funktionieren, wenn die sich jetzt so aufregen. Ich habe gedacht, gleich gibt es eine wilde Schießerei. Da kommen wir unbehelligt an allen russischen Militärposten vorbei und dann gibt es hier so ein paar Banditen, die uns ausrauben und erschießen wollen.«

Grenzübergang

Zazi, Teestube, 18.3.1984, 16.30 h

Wir erreichen den Fuß der bewaldeten Bergkette und laufen noch ein paar Meter einen leicht ansteigenden Weg entlang bis einer Teehütte. Sie ist, wie mir Rulam erklärt, der Überrest eines deutschen Entwicklungsprojektes. Die Ruinen rundherum waren einmal ein Sägewerk. Von zahllosen Kugeln getroffene Betonpfeiler und eine Plattform stehen schief und krumm im vorbeifließenden Gebirgsbach, der zum Antrieb der Riemen für die Sägen genutzt worden war.

Beim Eintreten in die dunkle Teestube verstummen augenblicklich die Gespräche der herumsitzenden Männer. Atta begrüßt alle laut mit: »*Salam aleikum, manda na baschied!* – Gott zum Gruße, werdet nicht müde!« und bekommt ein vielstimmiges Gemurmel zurück. Diesmal ziehen wir unsere Schuhe nicht an der Tür aus, der Fußboden aus Beton ist nicht besonders sauber, es liegen auch außer in einer Ecke des Raumes sonst keine Matten und Teppiche auf dem Boden aus. Die Gäste sitzen auf zwei großen hohen Holzpritschen, auf denen zur Polsterung alte Teppiche ausgebreitet sind. Unter den Pritschen stehen die Schuhe der Männer, alles ziemlich ausgetretene und löchrige Exemplare. An einer Wandseite gibt es zwei Herdstellen, auf der einen dampft ein Teekessel vor sich hin, auf der anderen ein großer Topf mit Deckel. Tüten mit Tee, Zucker und Fladen, Tabletts mit Teegläsern und weitere kleine Töpfe stehen auf dem Boden. Ein Junge stochert mit einem langen Stock im Feuer herum und dreht sich mit offenem Mund zu uns.

Zu mir gewandt, sagt Atta: »Geh da hinten in die Ecke.«

Mit dem Gesicht zur Wand und die Gesellschaft im Rücken setze ich mich, nachdem ich zuvor noch meine Schlappschuhe ausgezogen habe, auf die Bastmatte und warte einfach ab, was nun passiert. Atta, Ali und Rulam setzen sich zu den anderen Männern auf eine Holzpritsche. Ich studiere geduldig mit gesenktem Kopf durch das Gitter meines Schleiers das Flechtwerk der Matte, die dreckige Wand und die kleinen Tierchen, die überall herumkriechen und -fliegen. Eine Kolonne winzigster Ameisen transportiert emsig kleine Krümel durch ein Loch in der Wand zu ihrer Burg irgendwo unter dem Haus.

Atta bringt auf einem Tablett zwei Gläser Tee und setzt sich zu mir.

»Du kannst deinen Schleier hochmachen und den Tee trinken«, sagt er. »Du bekommst auch gleich noch etwas zu essen.«

Als ob sie noch nie eine Frau gesehen hätten, kommen nacheinander ein paar Männer angeschlichen und beugen sich vor, um mich anzuschauen. Ich halte meinen Blick züchtig gesenkt und beobachte die Show aus den Augenwinkeln. ›Sie sind so neugierig und verbergen es nicht einmal. Wenn ich ohne Schleier hier sitzen würde, wäre ich nicht mal halb so interessant‹, denke ich. Auch der »Koch« schickt nicht seinen Küchenjungen, sondern kommt extra selbst, um mir einen Teller voll dünne Gemüsesuppe und ein Stück Fladenbrot auf das Tablett zu stellen und um mich zu begutachten. Ein dritter eilt herbei und legt theatralisch einen Löffel neben den Teller. Irgendwer muss also verraten haben, dass ich eine *Farangi*, eine Ausländerin, bin. Um ihnen eine Freude zu machen, beginne ich mein Süppchen mit dem Löffel zu essen. Aber es schmeckt längst nicht so gut wie traditionell aufgetunkte Suppe. Also überrasche ich die Zuschauer damit, dass ich mein Fladenbrot in kleine Stücke reiße, in die Suppe zum Einweichen lege und dann mit einem großen Stück Fladenbrot wieder herausfische. Nachdem ihre Neugier befriedigt ist, fangen sie auch wieder an, sich zu unterhalten, und der kleine Küchenjunge darf mir zu guter Letzt auch noch ein Glas Wasser hinstellen.

»*Taschakor* – Danke«, sage ich zu ihm und höre hinter meinem Rücken, wie der Teeküchenbetreiber ihn fragt, was ich gesagt hätte.

»*Taschakor* hat sie gesagt, weiter nichts«, antwortet er unbeeindruckt.

Langsam wird es mir im Schneidersitz ziemlich unbequem. Wie gern würde ich meine Beine ausstrecken oder mich mal langlegen, um mich zu entspannen. So bin ich heilfroh, als

Atta »*Ma rafteem* – wir gehen« sagt und ich endlich diesen Ort verlassen kann. Ich klappe meinen Schleier wieder herunter und stehe auf. Dabei spüre ich, wie alle Muskelfasern in meinem Körper versuchen, wieder in die richtige Lage zu gelangen. Ich strecke meine Beine ein wenig und folge so schnell wie möglich Ali und Rulam zur Tür, um ja als Erste draußen zu sein. Atta bleibt noch zurück, um den Wirt zu bezahlen.

»Sagt mal, die sind hier wohl alle ein bisschen *madschnun* – verdreht?«, frage ich die beiden. »Ich kam mir vor wie der arme, einsame Affe im Zoo von Kabul, nur wurde der auch noch mit Stöcken und Steinen geärgert.«

Rulam versucht mich zu besänftigen und sagt: »Das sind alles Bauern, Dummköpfe, die haben noch nie im Leben eine Ausländerin gesehen. Außerdem ist es eben eine Abwechslung für sie, sonst kommen hier immer nur Männer lang. Sie wollen eben alles wissen.«

»Trotzdem gehört sich das nicht, oder?«, hake ich nach.

»Na ja, sie wussten, dass du mit keinem von uns verheiratet oder verwandt bist, da kann man schon mal neugierig sein und dich angucken.«

»Warum habt ihr ihnen überhaupt verraten, dass ich Ausländerin bin?«, frage ich ihn.

»Das brauchten wir gar nicht, da sind sie selber drauf gekommen«, sagt Ali.

»Wie denn? Ich bin doch total verschleiert.«

»Na, deine Füße sind so groß, deine Haltung und dein Gang sind ganz anders als bei einer echten afghanischen Frau. Man merkt eben, dass du den Schleier nicht gewöhnt bist«, erklärt mir nun wieder Rulam.

»Ich glaube, die haben den ganzen Tag nichts anderes zu tun, als verschleierte Frauen zu begutachten. Eine Art Ratespiel ist das für die, oder? Schade, und ich dachte, ich hätte die perfekte Tarnung.«

»Macht ja nichts. Wir sind ja gleich in Pakistan. Wir müssen noch über diesen Berg hier und auf der anderen Seite wieder runter, dann sind wir da«, sagt Ali.

»Und dann?«, frage ich gedankenlos, denn was in Pakistan passiert, hatte ich mir noch nicht überlegt. Aber auch Ali denkt nur bis zum nächsten Dorf und antwortet: »Dann übernachten wir da.«

Das Warten auf Atta vertreiben Rulam und Ali sich mit Steinewerfen in den Bach. Auf der anderen Seite der Böschung entdecken sie ein verrostetes Stück Blech, das sie sich als Zielscheibe aussuchen und treffen wollen. Da ich mitmachen will, hocke ich mich auch in den Schotter und nehme einen Stein in die Hand. Um überhaupt werfen zu können, muss ich den Schleier auf der rechten Seite bis zum Ellenbogen hochziehen. Beide sehen mich deswegen entgeistert an.

»Was ist?«, frage ich belustigt. »Habt ihr noch nie meinen Arm gesehen oder habt ihr vielleicht die gleiche Augenkrankheit wie die da drinnen?«

»Nein! Los, nun wirf schon!«, sagt Ali genervt. »Du triffst ja doch nicht.«

»*Sabr ku* – Wart's ab«, sage ich und hoffe inständig, dass ich wenigstens in die Nähe treffen würde.

Mit einem lauten Scheppern rutscht das Blech, getroffen von meinem Stein, ein Stückchen die Böschung runter.

»Wow!«, sagt Rulam begeistert.

»*Chuschbacht daschti* – Glück gehabt«, ist Alis ein bisschen neidischer Kommentar.

»Mach es nach«, sage ich zu ihm. Leider kann er mein Grinsen durch das Gitter des Schleiers nicht sehen. Er konnte ja nicht wissen, dass ich jahrelang Handball gespielt habe.

Endlich kommt Atta aus der Teestube heraus.

»Kann ich jetzt meine Boots wieder anziehen?«, frage ich ihn gleich. Ich zeige auf die staubigen Schuhe an meinen Füßen und füge hinzu: »Mit diesen Dingern kann ich nicht schnell laufen. Ich rutsche immer weg.« Atta nickt, und ich hole meine Boots aus dem Kleiderbündel. Als ich endlich fertig bin mit meinem Schuhtausch, setzen wir unseren Weg, der nun wieder bergan führt, fort.

Die Nachmittagssonne färbt sich schon orange und ist dabei, im Westen, in Afghanistan, unterzugehen. Sie taucht den Wald in ein warmes, angenehmes Licht. Es sind vor allem Pinien, die hier wachsen und ihre Wurzeln bis auf den Weg ausgestreckt haben. Darunter gedeihen zwischen den Felsen ein paar Büsche, die aber größtenteils von vorbeiziehenden Ziegenherden abgefressen worden sind. Ein kleiner Wind bläst ab und zu meinen Schleier auf, und ich sehe aus wie ein wandelndes grünes Zelt.

Atta und Ali eilen wie immer voraus. Sie haben eine unerschöpfliche Energie. Ali trägt seine Gummischuhe lieber in der Hand und geht barfuß. Mit der anderen Hand hält er sich am Gurt seiner Kalaschnikow fest und läuft im Gleichschritt neben Atta her. Rulam und ich gehen ein Stück hinter ihnen. Er läuft schweigend neben mir, aber ich spüre, dass er etwas auf dem Herzen hat. Ständig schaut er zu mir rüber und schiebt nervös seine Mütze von hinten nach vorne und von vorne wieder nach hinten.

»Rulam, was ist?«, frage ich ihn einfach, um einen Anfang zu machen.

»*Hitschie* – nix«, sagt er verlegen.

»Dann erzähl mir was von *hitsch tschies* – von nichts«, versuche ich es noch einmal.

Doch er schüttelt nur mit dem Kopf, und ich lasse ihn in Ruhe.

Fernes, rhythmisches Glöckchengebimmel dringt an meine Ohren. Mit der Zeit kommt es immer näher. »Eine Karawane!«, sage ich erfreut zu Rulam.

Ganz gelassen wandert eine Nomadenfamilie mit ihren fünf

Kamelen und ungefähr 30 Ziegen und etlichen Schafen auf uns zu. Respektvoll mache ich Platz und trete bis an den Rand der Böschung zurück. Die Kamele sind beladen mit dem Hausstand der Familie: Zeltstangen, zusammengerollte Zeltbahnen und Teppiche, Teile eines Webrahmens, Kisten- und Truhenteile, die ohne Schrauben und Nägel ganz schnell zusammengesteckt und wieder zerlegt werden können, Töpfe, Krüge, Schüsseln, ein lederner Wassersack, der früher einmal eine Ziege war, wie man unschwer an seiner Form erkennen kann, dazu Bündel mit Kleidung und Decken und ganz obenauf, sich an einer Schnur festhaltend, zwei kleine Kinder mit strubbeligen Haaren, die sich hin und her schaukeln lassen. Voran geht ein Mann mit einem alten Gewehr über der Schulter. Er zieht das Leitkamel an einer Schnur hinter sich her. Die Schnur ist an einem Holzstock, der durch die Nase des Kamels gestochen ist, befestigt. Barfuß folgen neben den anderen Kamelen zwei Frauen in langen schwarzen Kleidern, die mit Spiegelchen, Münzen und Knöpfen verziert sind. Sie tragen nur einen losen Schleier über dem Kopf. Jede hat in der Hand einen langen Stock, um die Kamele auf dem Weg zu halten. Ihre Gesichter sind schmal, ihre Augen haben sie mit *Kohol* schwarz gefärbt, Teile ihrer langen dunkelbraunen Haare sind zu Zöpfen geflochten, die an den Schläfen herunterhängen. Der Rest der Haare ist unter dem losen rotbraunen Schleier verborgen, dessen untere Enden sie sich um die Hüfte gebunden und vorne verknotet haben. Ganz hinten, hinter den Ziegen, hüpft ein Junge in zerlumpten Hosen immer hin und her, damit ihm auch keines von den Tieren auf dem Weg abhanden kommt.

»Ich mag Kamele, besonders diese hier mit den zwei Höckern. Sie laufen so majestätisch, so ruhig auf ihren großen, gepolsterten, weichen, runden Füßen. Sie können Schnee aushalten und die größte Hitze, sie trinken und essen auf Vorrat und kommen überall rauf und wieder runter. Dieser Gang mit dem erhobenen Kopf ist einfach hinreißend. Was die wohl denken, wenn sie so gehen mit der Nase im Himmel?«, frage ich Rulam.

»*Hitschie* – nix«, sagt er schon wieder. »Es ist doch nur ein Kamel.«

»Sie sind so stolz. Die Kamele meine ich – und die Nomaden«, fahre ich fort. ›Und du auch, Rulam‹, denke ich den Satz zu Ende.

In kerzengerader Haltung schreiten die beiden Frauen an uns vorüber. Sie ziehen wie seit Tausenden von Jahren von ihren Winterquartieren in Pakistan im Frühling zu ihren Lagern nach Afghanistan, ohne sich um Grenzen und Politik zu kümmern. Sie tauschen oder verkaufen ihre Milchprodukte und alles, was sie sonst noch aus Ziegen- und Kamelhaar und -haut herstellen, gegen Tee, Zucker, Reis, Mehl und Gemüse. Ali, Atta und Rulam halten nicht viel von meiner Bewunderung für die *Kutschies* – die Nomaden. Sie gehören zwar zum Land wie seine Berge, sie sind eben da, und man lebt mit ihnen, aber eine besondere Wertschätzung bringt man ihnen deswegen nicht entgegen. Auch den Nomaden sieht man es an, dass wir vier ihnen ziemlich egal sind. Wir werden nicht eines Blickes oder Wortes gewürdigt. Und so verschwinden sie mit immer leiser werdendem Gebimmel der Glöckchen am Hals der Kamele hinter der nächsten Wegbiegung. Ich muss an das schöne Bild denken, das ich in Kabul zurückgelassen habe. Hier habe ich es lebendig vor mir und kann es wieder nicht in meiner Tasche mitnehmen – aber in meiner Erinnerung.

»*Bija Sainab* – Komm jetzt, Sainab«, sagt Rulam. »Oder willst du mit den *Kutschies* wieder zurückgehen?«

»Nein, eigentlich nicht. Oder vielleicht doch?!«, antworte ich gedankenverloren und beeile ich mich, ihn einzuholen.

Die Sonne verschwindet gerade als feuerroter Ball hinter den Bergen im Westen, als wir endlich den Bergkamm erreichen. Oben stehen Atta und Ali und warten auf uns.

»So, jetzt sind wir in Pakistan. Jetzt müssen wir nur noch den Weg hier runter«, sagt Atta beiläufig und beginnt den Abstieg über Felsen, Geröll und Wurzeln.

»Was?! In Pakistan?! Wirklich?!«, rufe ich aus. »Und das sagt er so nebenbei über die Schulter hinweg und verschwindet. Ich muss mich doch wenigstens von Afghanistan verabschieden!« Ein letztes Mal drehe ich mich um, hebe meinen Schleier hoch und blicke zurück auf den wunderschönen orangeblauen Himmel und die dunklen Berge mit ihren schneebedeckten Spitzen in ganz weiter Ferne. Dann rufe ich mit weit ausgebreiteten Armen, so als wollte ich das ganze Land umarmen, in Dari und in Deutsch: »*Chuda hafis, Afghanistan*! – Auf Wiedersehen, Afghanistan!«

Wie ein Echo flüstert Rulam hinter mir: »*Chuda hafis, Sainab!* – Auf Wiedersehen, Sainab!«

Ich drehe mich um, schubse ihn ein wenig an der Schulter und sage zu ihm lachend: »Du bist ein Kasper, Rulam!«

Er schaut mir ernst in die Augen und ich höre auf zu lachen. So viel Hoffnung und Traurigkeit liegen in seinem Blick, dass man weinen möchte. Bevor er etwas sagen kann, sage ich zu ihm: »Rulam, ohne dich würde ich nicht hier stehen. Du hast mich über diese Berge da gezogen, du hast mir Mut gemacht, wenn ich traurig war, du hast mir Kraft gegeben, wenn ich nicht mehr weiterkonnte. Jetzt will ich dir auch etwas schenken.« Ich fasse um meinen Hals und öffne den Verschluss einer Kette. Daran hängt ein in Silber gefasster runder *Ladschwar*, ein Lapislazuli, auf dem der Name seines Gottes eingraviert ist. »Diese Kette habe ich mir in Kabul gekauft, sie ist mein afghanischer Talisman. Ich will, dass du sie ab jetzt trägst. Sie soll dich an mich erinnern und an diese Reise.« Mit diesen Worten lege ich sie ihm um den Hals und schließe den Verschluss wieder. Ich nehme den Anhänger noch einmal in die Hand und fühle, dass er ganz warm ist. Dann stecke ich ihn vorne unter seinen Pullover und streiche kurz darüber. Rulam ergreift meine Hand und legt sie langsam an sein Herz. Es klopft so wild, als wollte es herausspringen. Endlose Sekunden stehen wir so da, ohne ein Wort zu sagen. In den Augen versuchen wir zu ergründen, was der andere gerade denkt. Wir wissen beide, dass es nicht nur ein Abschied von Afghanistan ist. Ich überlasse ihm das weitere Geschehen und warte einfach ab, was nun passiert. Aber er traut sich nicht, mich zu umarmen. Da puste ich ihm sanft auf die Stirn, so wie er es bei mir immer macht, und sage leise: »Komm, lass uns weitergehen.«

»Was macht ihr noch da oben?«, ruft Ali von unten. »Es wird dunkel! Kommt endlich!«

Mit einem glücklichen Lächeln auf den Lippen klettern wir Hand in Hand den steilen, mit Felsbrocken und Geröll übersäten Pfad hinab. Dieses Ziel haben wir geschafft, doch das nächste liegt schon vor uns. Es heißt Pakistan.

Pakistan

Terimangal, 18.3.1984, 20.00 h

Die Dunkelheit hatte pünktlich um halb sieben die Landschaft eines Landes, das sonst eher nicht auf die Uhr schaut, zugedeckt. Im Tal unten sind jetzt viele kleine Lichter zu erkennen. Sie beleuchten das Dorf *Terimangal*. Beim Näherkommen dringen alle möglichen Geräusche und Gerüche der Zivilisation bis zu uns. Nach fünf Tagen Natur pur ist es wie ein Kulturschock. Zweistöckige Häuser stehen entlang einer matschigen Hauptstraße und den kleinen Nebenstraßen. Holzveranden, Balkone mit Holztreppen, Überdächer und andere waghalsige Konstruktionen sind an das Mauerwerk der Häuser gezimmert worden und mit noch waghalsigeren illegalen Stromkabeln an die eine Hauptstromleitung über der Straße angeschlossen. In der Hauptstraße gibt es kleine Läden, die anbieten, was ein Durchreisender, egal ob Flüchtling oder Nomade, Mudschahed oder Geschäftsmann, so braucht: Zigaretten und Spezial-Tabak, Kassettenrecorder, Schuhe, Mützen, Batterien, Lampen, Munition, Töpfe, Kannen, Autoersatzteile, Obst, Granatwerfer, Gemüse, lebende Hühner, Kekse, Kalaschnikows, Seife, Kanister mit Öl, Benzinkocher, Leitern, Decken, Seile; was auch immer man sucht, hier findet man es bestimmt. Knatternde und stinkende Mopeds schlingern durch den Schlamm, ein Mann mit seinem Esel springt schnell auf die Seite, um Platz zu machen. Ein Junge treibt ein paar Ziegen aus der einen Querstraße in die andere. Es ist ein heilloses Durcheinander. Bevor wir die Stadt betreten, löse ich mich von Rulams Hand und klappe meinen Schleier wieder herunter. Atta und Ali warten schon ungeduldig auf uns.

»Wir gehen jetzt zu Kommandant Nadschib Chan, morgen früh fahren wir dann mit dem Bus weiter. *Tamam* – o. k.?«, fragt mich Atta.

»*Tamam, Atta Sahib* – o. k. Herr Atta!«, sage ich albern zu Atta und salutiere unter meinem Schleier. »Heute Kommandant Nadschib, morgen Kommandant Bus.« Vielleicht bin ich ja verrückt geworden von der Höhenluft und dem Schlafmangel – nein! Ich bin einfach nur unendlich froh, dass wir endlich, endlich in Pakistan sind.

Auf dem Weg zum »Büro« von Kommandant Nadschib Chan kommen wir an einer Kebabbude vorbei. Draußen auf der Straße steht auf einem wackeligen Eisengestell eine rechteckige verrostete Blechwanne mit glühender Holzkohle. Quer darüber liegen Spieße mit gegrilltem Fleisch, die einen so köstlichen Duft verströmen, dass ich Atta von hinten frage, ob wir nicht erst etwas essen könnten. Meine Frage bleibt leider unbeantwortet, zielstrebig schreitet er voran. Wahrscheinlich findet er es ziemlich daneben, dass ich ihn überhaupt und auch noch von hinten anspreche. Die Zivilisation verändert einen Menschen ganz plötzlich.

Also frage ich Rulam, der neben mir geht: »Kennst du Hodscha Nasreddin?«

»Ja klar, das ist doch dieser schlaue Wesir«, antwortet er mir. »Den kennt doch jeder.«

»Kennst du auch die eine Geschichte mit dem Duft des Essens?«, frage ich weiter.

»Nein, ich weiß nicht mehr, erzähl mal«, sagt er fröhlich, die Zivilisation hatte ihn anscheinend noch nicht eingeholt, er war noch oben auf dem Berg mit seinen Gedanken.

»*Gusch ku* – Hör zu! Ein Bettler geht durch die Stadt und kommt an einer Kebabbude vorbei, so wie wir eben. Es riecht so gut, dass er beschließt, sein letztes Stückchen trockenes Fladenbrot über den aufsteigenden, herrlich würzigen Rauch der Kebabspieße zu halten, um so den Geruch des Essens einzufangen. Er beißt ab und findet, dass es viel besser schmeckt als ohne Essensduft. Als er weitergehen will, schnappt ihn der Koch und verlangt, dass er für das Fleisch bezahlen soll. Das kann er natürlich nicht. Also zieht ihn der gierige Koch vor den Kadi, der zum Glück gerade der schlaue Hodscha Nasreddin ist. Nachdem er sich die Geschichte angehört hat ...«, Rulam unterbricht mich und erzählt lachend weiter, »... steht er auf, holt sein Geldsäckchen heraus und schüttelt es neben dem Ohr des Kochs. Der fragt, was das soll. Da sagt der Hodscha, dass er gerade mit dem Klang des Geldes für den Duft des Essens bezahlt habe.« Wir drehen uns gleichzeitig noch einmal kurz zur Kebabbude um, aber es kommt uns keiner hinterher und fordert Geld für den guten Geruch des Kebabs.

Innerlich belustigt folgen wir Atta, der gerade in die nächste kleine Seitenstraße einbiegt und beim dritten mehr schlecht als recht zusammengezimmerten »Reihenhaus« die knarrende Holzstiege zu einer Holzveranda emporsteigt.

»Wartet kurz hier«, sagt er, bevor er durch die Tür in einen Raum hinein verschwindet. Es herrscht ständiges Kommen und Gehen an und in diesem Haus. Mudschahedin aus der unteren Etage klettern in die obere, von oben kommen welche heruntergepoltert, einige lehnen händchenhaltend an der oberen Balustrade und unterhalten sich. Aber alle beäugen dabei aufmerksam uns Neuankömmlinge. Eine verschleierte Frau vor ihrem Haus, noch dazu mit zwei Männern, ein dritter ist beim Kommandanten im Zimmer. Was hat das wohl zu bedeuten? Ein Junge stürmt aus der Tür und bitte uns eilig, nach oben zu kommen. Als wir hochsteigen, müssen natürlich auch ausgerechnet die von oben nach unten. Beim Vorbeidrängen streifen sie absichtlich meinen Schleier und berühren meinen Arm. Sie sind voll zivilisationsgeschädigt. Ich nehme mir vor, den nächsten, der das macht, die Treppe runterzuschubsen. Allein die Vorstellung versöhnt mich schon wieder, und ich betrete frohen Mutes den Raum. Er sieht ganz anders aus, als ich es mir vorgestellt hatte. Kein Schreibtisch weit und breit, nur ein einziger kleiner grüner Holzschrank mit zwei Türen steht in einer Ecke. Der Boden ist ausgelegt mit Matten und Teppichen, Sitzkissen liegen überall herum, ein Tablett mit ein paar leeren Teegläsern steht in der Mitte auf dem Teppich. An einer Wand stapeln sich Unmengen von Baumwollmatten und Decken, in der anderen Ecke lehnen ein paar Kalaschnikows. Neben der Tür befindet sich das einzige Fenster. Es ist mit Tüchern zugehängt. An den Wänden hängen Photos von Mudschahedinführern und Märtyrern des *Dschihad* neben Plakaten mit Parolen und Aufrufen zum Kampf und einem schrecklich kitschigen Teppich mit Kalschnikowmotiv. ›Schade um die Wolle und die Arbeit‹, denke ich und schaue zur Decke hoch. Dort dreht ein beleuchteter Ventilator seine endlosen Runden und vertreibt die Fliegen. Kommandant Nadschib Chan, ein großer bärtiger Bär mit listigen dunklen Augen, kommt lachend auf uns zu und begrüßt uns mit Handschlag. Er hatte uns erwartet.

»*Chusch amadied* – herzlich willkommen!«, sagt er zu uns.

Und dann zu mir gewandt: »Den Schleier kannst du ruhig abnehmen. Hier brauchst du dich nicht mehr zu verstecken.« Weiter fährt er fort: »Wie war die Reise, hattet ihr einen angenehmen Weg, seid ihr hungrig und durstig, kommt, setzt euch doch.«

Mit einer ausschweifenden Handbewegung lädt er uns ein, auf dem Teppich Platz zu nehmen. Dort sitzt schon, zurückgelehnt an die Wand, Atta und hat ungewöhnlicherweise beide Beine ausgestreckt. Ihm schmerzen seine Knie, das hatte er immer wieder unterwegs gesagt. Nach den heutigen Strapazen ist nicht nur er froh, wir alle freuen uns darauf, endlich gemütlich auf einer weichen Matte sitzen zu können und uns auszuruhen. Wir setzen uns zu ihm, und er knickt seine Beine wieder zu einem Schneidersitz ein. Rulam setzt sich neben mich, was mich sehr beruhigt. Den ganzen Abend merke ich, wie er mich stets rein zufällig mit dem Knie oder dem Arm berührt. Es stört mich eigentlich nicht, im Gegenteil, es ist ein sehr angenehmes Gefühl, und ich rutsche dieses Mal nicht weg. Ich hoffe nur, dass es keinem auffällt, während wir uns ernst mit dem Kommandanten unterhalten. Aber Afghanen haben viel zu wachsame Augen. Sie sehen alles schon meilenweit vorher. Und wahrscheinlich hat es auch schon die letzte Maus in der Zimmerecke bemerkt.

»Willst du Cola oder 7up?«, fragt mich der Kommandant.

»7up bitte, ich bin ziemlich durstig«, sage ich zu ihm. Und auch Rulam und Ali nutzen die Gunst der Stunde und lassen sich zu einer Cola hinreißen. Wann wird man schon mal von einem Kommandanten eingeladen.

Der Kommandant gibt die Bestellung an den *batscha* – den Jungen weiter und reicht ihm ein paar Rupien aus seiner Survival-Weste. Als der Junge die Tür aufmacht, steht davor eine Menschentraube, und jeder versucht, den anderen dabei schubsend, einen Blick in das Innere werfen zu können.

»Ah, sie hat ihren Schleier abgelegt. Es ist wirklich eine

Frau, sie sieht irgendwie afghanisch aus. Vielleicht ist sie eine Tadschikin«, höre ich das Getuschel von draußen.

Der Kommandant erzählt mir nun, was er über die Lage in Kabul nach meinem Verschwinden erfahren hat. Er telefoniert regelmäßig mit Kommandant Assad-Ullah, dem Gebietskommandanten von Kabul. »Sie haben die ganze Stadt abgesperrt und nach dir abgesucht. Es sind etliche Leute verhaftet worden. Ein Bäcker, den Obsthändler von der Ecke, den Besitzer eines Radioladens, einen deiner Nachbarn und auch Tasa Gul, den Inhaber der Pizzeria, haben sie mitgenommen zum Verhör.«

»O Gott«, sage ich, »auch Tasa Gul! Sie sitzen jetzt alle meinetwegen im Gefängnis. Ich hatte Tasa Gul inständig gebeten, nicht in Kabul zu bleiben. Der Geheimdienst würde mit Sicherheit zu ihm kommen. Warum ist er nicht untergetaucht?« Meine frohe Stimmung über unsere Ankunft hier ist dahin. Ich fühle mich schuldig, dass Leute meinetwegen im berüchtigtsten Gefängnis von ganz Mittelasien eingesperrt sind. Selbst mit der verrücktesten Phantasie kann man sich nicht vorstellen, was für Zustände in *Pule Tscharchi* herrschen. Und für die Leute vom afghanischen Geheimdienst ist eine Fliege mehr wert als jeder Verdächtige.

»Ist das der Preis der Freiheit?«, frage ich und ergänze noch: »Meiner Freiheit?«

»Jetzt beruhige dich, sei nicht traurig«, sagt Nadschib Chan gelassen. »Die kommen da schon wieder raus. Niemand kann ihnen etwas beweisen. Wir Afghanen können viel aushalten, viel mehr, als du denkst, viel mehr als jeder andere auf dieser Welt. Wir haben unseren Glauben an Allah, der macht uns stark und unbesiegbar. Außerdem können wir die Wärter bestechen.«

»Aber der Bäcker oder dieser Radiohändler haben doch nichts damit zu tun, die können doch nicht jeden verhaften, den ich in Kabul getroffen habe?«

»Doch, können sie! *Chanum* – Frau, du hast keine Ahnung!

Überhaupt keine!« Der gemütliche Teddybär hatte sich in einen gefährlichen Grizzlybären verwandelt, zum Fürchten.

Der Junge, den sie immer nur *batscha* nennen, entspannt die Situation. Er stürmt beflissen zur Tür herein, bringt die Getränke und wird gleich wieder zum Essenholen fortgeschickt. Atta bestellt für uns alle Fladenbrot, Tomaten, Zwiebeln und – Kebab! Anscheinend hatte er mich vorhin doch gehört, als wir durch den Duft des Essens gingen. Dankbar schaue ich zu ihm, und er blinzelt mir mit einem Auge zu. Diesmal reicht Atta dem Jungen die Rupienscheine, die dieser zusammenrollt und sofort damit losrennt. Die geöffnete Tür nutzen zwei, drei Männer, um einzutreten. Nadschib Chan lässt sie gewähren und bittet sie, sich zu uns zu setzen. Da zur Begrüßung alle aufstehen, stelle ich mich auch mit hin. Sie geben mir sichtlich befangen die Hand, es ist mehr ein kurzes Streifen der Finger als ein Händedruck. Wir setzen uns wieder hin, und Nadschib Chan fährt mit der Unterhaltung fort.

»Wie war es in letzter Zeit an der *Pohantune* Kabul – der Universität Kabul. Gab es noch viele Studenten und Lehrer?«

»Nein«, antworte ich ihm, »die meisten Lehrer sind fort. Nur die regierungstreuen Anhänger sind noch an der Universität geblieben. Man wusste am Morgen nie, wenn man kam, ob der Unterricht überhaupt stattfinden würde. Ich habe viel auf der Bank in der Sonne gesessen.«

»Erinnerst du dich an eine Explosion auf dem Campus, es muss so vier oder fünf Monate her sein.«

»Ja«, überlege ich. »Dabei wurden doch etliche sowjetische Lehrer getötet.«

»Das waren wir. Mudschahedin unserer Organisation haben eine Bombe unter einem Tisch in der Professoren-Mensa platziert. Neun *Schurawi* mussten dran glauben.«

Ich kann seine Begeisterung dafür nicht teilen und sehe ihm in die Augen. Dann sage ich: »Eigentlich habe ich nie einen russischen Lehrer oder Professor getroffen oder gesehen an der Uni. Sie wurden immer in ihren eigenen Fahrzeugen durch die Gegend gefahren. Ein einziges Mal sprach ich mit einem, ohne dass ich es gleich wusste. Sein Dari und seine Aussprache waren irgendwie anders. Ich habe ihn gefragt, was er für einen Akzent sprechen würde, wo er herkäme. Da stellte sich heraus, dass er aus Tadschikistan war und am Polytechnikum in Kabul unterrichtet.«

»Wo warst du? An der Fakultät für Sprachen und Literatur?«, fragt er.

»Ja, warum?«, frage ich.

»Eine meiner Schwestern hat dort auch mal studiert. Jetzt wohnt sie mit meinen Eltern in Peschawar.« Nach einer kurzen Pause der Erinnerung fährt er fort: »In Afghanistan geht alles den Bach runter, die Leute hauen ab, die Russen bombardieren das Land, und wir haben nur eine *Kalaschinkow*, um gegen sie zu kämpfen. Wir brauchen mehr Geld und bessere Waffen. Die Chefs in Peschawar haben keine Ahnung vom Kampf. Sie nehmen das Geld und kaufen sich dicke Autos, mit denen sie durch die Stadt fahren. Und uns fehlt hier das Geld für *Kalaschinkows* und Munition. Jeder müsste eine Waffe haben und noch ein paar Raketen dazu. Dann hätten wir die *Schurawi* schon längst aus Kabul verjagt«, schimpft Nadschib Chan. »Wir haben nur diese lausigen 82-mm-Mörser. Da musst du fast direkt vor dem Ziel stehen, um es zu treffen. Wir brauchen richtige Raketenwerfer, die auch aus acht oder zehn Kilometer Entfernung treffen.«

Ich zucke mit den Schultern und sehe ihn ahnungslos an. Mir wird aber endlich klar, warum es in Kabul immer so aussah, als ob die Mudschahedin irgendwie bloß in der Gegend rumballerten und es ihnen egal schien, wo die Granaten einschlugen. Sie konnten gar nicht besser treffen. Ihre Granatwerfer reichen höchstens drei Kilometer weit. Sie müssen also entweder ihr Geschoss innerhalb der Stadt abschießen, um ihre Ziele zu treffen, was äußerst gefährlich ist. Zu leicht konnten sie entdeckt und geschnappt werden. Oder sie schießen die Granaten von den Kabul umgebenden Bergen aus ab. Aber die waren mittlerweile viel zu gut bewacht von sowjetischen und afghanischen Truppen und wurden mit zwei riesigen Scheinwerfern die ganze Nacht hindurch nach Verdächtigen abgeleuchtet. Also mussten die Mudschahedin hinter die Berge, doch dann waren sie für genaue Treffer schon wieder viel zu weit weg. Außerdem konnten sie nur nachts schießen, da sie in der Dunkelheit weder von Hubschraubern noch von Jets verfolgt werden konnten. Doch wie sollten sie nachts die Garnisonen, die sowjetische Botschaft, das Benzinhauptlager, den Regierungspalast und den Flugplatz genau anpeilen? Das Verteidigungsministerium befindet sich ausgerechnet neben dem Nationalmuseum von Kabul, die Radio- und Fernsehstation neben der amerikanischen Botschaft und das Hauptquartier des *ChAD* ist gegenüber der indischen Botschaft. Nicht selten wurden die falschen Ziele getroffen.

»Komm, wir machen ein Erinnerungsfoto!«, fällt ihm plötzlich ein. Er kramt eine Kleinbildkamera hervor. Ali, Atta und Rulam sollen sich rechts und links daneben stellen. »Nimm mal die *Kalaschinkow*«, sagt er zu mir und drückt mir sein MG in die Hand. »Nein, nicht wie einen Besen anfassen. So, mit der rechten Hand von oben herum am Kolben, die linke von unten am Lauf.«

»Wie eine Gitarre vielleicht?«, frage ich und fühle mich sehr unwohl mit dem Ding in der Hand.

»Von mir aus wie eine Gitarre, nur kannst du damit niemanden erschießen«, sagt er belustigt.

»Ich will auch niemanden totschießen, ich könnte das nicht«, antworte ich ihm.

»Glaube mir, wenn einer dein Land, deine Familie angreift, dann könntest du.«

»*Cheese*«, sagt er nun auch noch, und ich muss tatsächlich lachen, weil die ganze Situation so absurd ist. ›Hoffentlich wird der Film nichts‹, denke ich, ›damit keiner dieses blöde Foto sieht.‹ Doch zu allem Überfluss will er nun auch noch ein Bild von sich mit mir. Dieses Mal will aber er die Kalaschnikow halten. Ich habe absolut nichts dagegen.

Als der Junge das Essen bringt, ist es schon relativ spät. Wir waschen unsere Hände reihum über der herumgereichten Schüssel. Der *batscha* gießt uns aus der Kanne das Wasser über die Hände. Der Raum füllt sich inzwischen auch mit Schlaf und Erholung suchenden Männern. Der Berg Schuhe am Eingang wird immer größer. Atta bittet mit vollem Mund und fettigen Fingern die Eintretenden höflich, mit uns zu essen. Sie lehnen dankend ab, sie hätten schon gegessen und würden keinen Bissen mehr runterkriegen. Atta bittet sie trotzdem noch einmal, und sie lehnen wieder ab, mit der Hand auf der Brust eine Verbeugung machend. Atta lässt es dabei bewenden, der Höflichkeit ist Genüge getan, und widmet sich wieder dem Fleisch.

Beobachtet von vielen Augen, bemühe ich mich, ordentlich mit den Fingern zu essen, was bei Kebab auch nicht so schwierig ist. Ich reiße mir ein Stück *Tschapati*, das pakistanische dünne Fladenbrot, ab und drücke es auf ein Stück Fleisch. Mit drei Fingern nehme ich es wieder auf und stecke es in meinen Mund. Ich muss ziemlich gut kauen, das Schaf, oder vielleicht war es ja auch eine Ziege, hatte schon etliche Sommer- und Winterweiden erklommen und wieder verlassen. Atta bemerkt, dass ich ewig an meinem Stück Fleisch herumkaue, und schiebt mir mit Kennerblick ausgesuchte, weiche Fleischstückchen zu. »Iss mal die, die sind gut!«, sagt er dabei.

Nach dem Essen sprechen alle ein kurzes Dankgebet und streichen mit ihren Händen über ihre Wangen und Bärte. Ein leichtes Seufzen und Gemurmel beendet das Gebet.

Eigentlich hatte ich gehofft, mich nach fünf Tagen mal wieder duschen zu können, aber keiner macht mir ein Angebot dahingehend. Ich erkundige mich nach der *Taschnab* und bitte um einen Krug Wasser zum Händewaschen und Zähneputzen.

Der *batscha* wird wieder herbeigerufen, und ich bekomme auch noch ein Stück Seife in die Hand gedrückt. Er führt mich die obere Balustrade entlang zu einem angebauten Holzverschlag. Darin gibt es in der Ecke im Boden ein Loch, an das ein kurzes Rohr angeschlossen ist. Alles, was da hindurchfließt, landet unten auf der Gasse und versickert in der Erde. Ein strenger Geruch schlägt mir entgegen, und ich muss mich beherrschen, um nicht mein Abendbrot wieder zu verlieren. Ich beeile mich mit meiner Katzenwäsche, damit ich da so schnell wie möglich wieder herauskomme, und beschließe, am nächsten Morgen lieber am Ende der Gasse hinter irgendeiner Mauer oder einem Gebüsch meine Bedürfnisse zu erledigen.

Als ich zurückkehre, haben sich noch weitere Mudschahedin auf dem Boden niedergelassen. Ich will gerade zu meinen dreien in die Ecke gehen, als mir der Kommandant ganz galant seine Holzpritsche mit geflochtener, aber ziemlich durchhängender Matte zum Schlafen anbietet. Ich nehme dankend an und vergrabe mich todmüde unter einer dicken, mit Baumwolle gefüllten Steppdecke.

»*Schab be chair* – Gute Nacht!«, sage ich halblaut in die Runde und bekomme ein »*Schab be chusch*« zurück. Der Kommandant schläft auf dem verbliebenen Deckenstapel zu meinem Kopfende, alle anderen haben sich ein Deckenlager auf dem Boden gerichtet. Atta, Ali und auch Rulam liegen weit weg von mir, denn neben meinem Bett hatten sich schon andere breit gemacht. ›Na ja‹, denke ich, ›wenigstens schlafe ich einen halben Meter über dem Boden, da wird schon keiner auf dumme Ideen kommen.‹

Ich drehe mich zur Wand und versuche einzuschlafen. Doch irgendeiner schnarcht so furchtbar laut, dass es sogar den Kommandanten stört. Er schimpft rum, dass jemand den Schnarcher anstoßen solle, sonst könne er nicht einschlafen. Als nun endlich Ruhe eingekehrt ist, finde auch ich zu meinem Schlaf, bei dem ich mich von dem langen Tag erholen will. Doch auch diese Nacht ist mir wieder nicht in Ruhe gegönnt. Mitten in meinem unruhigen Schlaf spüre ich, wie eine Hand mein Knie und dann meinen Oberschenkel anfasst. Es ist kein Traum, ich bin hellwach. Und dieses Mal bin ich so wütend darüber, dass ich dem Typen kräftig eins auf die Finger haue. Dazu zische ich halblaut: »Wenn du das noch einmal machst, beiße ich dir so in die Hand, dass man deinen Schrei bis nach Kabul hört!«

»Was ist los?«, kommt es aus der Ecke, in der Atta schläft.

»Nichts, schlaf weiter!«, flüstert der Typ vor meinem Bett. »Jemand hat schlecht geträumt.«

Ich sage lieber nichts und wickle mich wie eine Mumie in meine Decke ein.

Passkontrolle

Terimangal, 19.3.1984, 7.00 h

Am nächsten Morgen wache ich von der allgemeinen Unruhe im Zimmer auf und sehe direkt in das grinsende Gesicht dieses bärtigen Urmenschen, der mich heute Nacht gestört hat. Ich versuche ihn mit meinen Blicken zu töten, aber er grinst nur weiter und rollt sein Bettzeug dabei zusammen. Ich schaue mich hilfesuchend nach Rulam um, kann ihn aber nirgends entdecken. Auch Atta ist verschwunden. So muss ich ausgerechnet mit Ali vorlieb nehmen, der mich nach seinem Morgengebet zu sich winkt, damit ich einen Schluck Tee trinke und ein Stück Fladenbrot esse. Nach und nach verschwinden alle aus dem Raum, nur der Kommandant bleibt noch da.

»Wo sind die zwei hin?«, frage ich Ali.

»Die müssen noch etwas erledigen«, antwortet er geheimnisvoll. »Frag nicht immer so viel.«

Ich sehe zum Kommandanten hinüber, aber der ist auf seiner Matte sitzend mit Schreibkram und Papieren beschäftigt, bedenkt mich jedoch mit einem kurzen, vielsagenden Blick.

Endlich geht die Tür auf, und Atta kommt, gefolgt von Rulam, herein.

»Bin ich froh, euch wiederzusehen. Wo wart ihr?«, frage ich beide.

»Draußen«, antwortet Atta mir knapp. »Mach dich fertig, wir müssen gleich los.« Der Kommandant gibt Atta einen Umschlag, den er sich in seine Jackentasche steckt.

»Ich muss aber noch mal verschwinden, hinters Gebüsch«, sage ich, während ich meine sieben Sachen zusammenpacke.

»Rulam geht mit dir. Beeilt euch!«, mahnt Atta uns.

Draußen frage ich Rulam, warum Atta so komisch ist. Aber er zuckt nur mit den Schultern. »Wo wart ihr?«, frage ich Rulam noch einmal. »Sag es mir bitte. Sonst sterbe ich vor Neugier. Und zwar hier auf der Stelle.«

Als wir außer Sichtweite des Hauses sind, holt er einen Umschlag aus seiner Jacke und zieht einen nagelneuen Ausweis mit Passbild und Stempel heraus.

»Was ist das?«, frage ich ihn.

»Meine Flüchtlingskarte«, sagt er und grinst bis über beide Ohren. »Dann habe ich unterwegs keine Probleme, wenn eine pakistanische Kontrolle kommt. Geh da hinten hinter die Mauer, ich warte hier.« Ich bin nicht die Erste, die hier etwas zu erledigen hat. Überall liegen Haufen von Kot, die von Tausenden von Fliegen umschwärmt werden. Ich möchte nicht wissen, wie es hier im Sommer stinkt. Jetzt, am kühlen Morgen, hält sich der Geruch ja noch in Grenzen.

»Bloß gut, dass wir hier nicht länger bleiben, das ist ja schlimm«, sage ich, als ich zurückkomme.

»Alles eine Frage der Gewohnheit«, antwortet Rulam unbeeindruckt.

Wieder verschleiert von oben bis unten, verlassen wir das

»Büro« vom Kommandanten. Die zwei Kalaschnikows bleiben zur Verwahrung bei ihm, bis Atta, Ali und Rulam wieder hierher kommen, um den gleichen Weg zurück nach Kabul zu laufen.

Wir gehen die schlammige Hauptstraße hinunter bis zu einem Platz, auf dem Dutzende von Kleinbussen stehen. Manche sehen nagelneu aus, in andere wiederum würde ich mich nicht mal setzen, wenn ich ein Gipsbein hätte. Lauthals schreien die Fahrer und deren Gehilfen den Ankommenden zu, wohin ihre Fahrt geht und dass sie in fünf Minuten losfahren würden. Atta entscheidet sich für einen der Kleinbusse, die nach *Paratschinar* fahren.

»Steig ein!«, sagt er zu mir, als wir vor der hinteren Bustür stehen. Ich raffe meinen Schleier vorn zusammen, damit ich nicht irgendwo hängen bleibe, und nehme schwungvoll die hohe Stufe des Trittbrettes. Dabei fällt mir blitzartig ein, dass ich wieder die falschen Schuhe anhabe. Meine schlammverkrusteten Boots schauen unter dem Schleier hervor, und ich hoffe, dass niemand sie bemerkt hat. Nach mir klettern Rulam und Ali in den Bus. Der ist noch nicht sehr voll, und wir haben die Wahl des Sitzplatzes. »Setz dich da ans Fenster«, kommandiert Ali herum und setzt sich neben mich. Rulam nimmt auf der abgewetzten Plastikbank hinter mir Platz. Umgedreht wäre es mir natürlich lieber gewesen, aber ich habe hier nichts zu sagen. Atta bleibt draußen, und plötzlich gibt es eine heftige Diskussion zwischen ihm und ein paar bewaffneten Männern, die direkt unter meinem Fenster stehen. Alis Neugier und die Begeisterung für Tumulte treiben ihn wieder aus dem Bus, und Rulam kommt vor zu mir. Wir sehen zu, wie alle mit den Armen herumgestikulieren, sich anschreien, ihre Kalaschnikows abschultern und Atta schließlich meinen blauen DDR-Pass aus seiner Jacke holt. Er blättert ihn auf, um mein Bild und mein Visum für Afghanistan zu zeigen. Er zieht ein Blatt Papier heraus und hält es den immer aufgeregter werdenden

Männern unter die Nase. Mir ist überhaupt nicht wohl, ich kann überhaupt nichts mehr beeinflussen.

Schließlich beruhigen sich die Gemüter etwas, jeder nimmt den Pass in die Hand und schaut ihn sich an. Dann steigt die ganze Versammlung vorne in den Bus ein. Mir bleibt vor Angst fast das Herz stehen. Was kommt jetzt? Was haben die vor? Muss ich wieder aussteigen?

Der Anführer sagt irgendwas zu mir. Er wiederholt sich ungeduldig und kommt einen Schritt näher. Ich verstehe kein einziges Wort. Da sie mir eingeschärft hatten, auf keinen Fall zu reden, blicke ich fragend mit großen Augen durch meinen Schleier von ihm zu Atta und wieder zurück. Atta rettet mich und übersetzt mir ohne eine Erklärung die Aufforderung des Anführers ins Dari: »Du sollst deinen Arm zeigen!«

Ohne zu fragen, warum, zeige ich meinen rechten Arm, und alle steigen wieder aus. Eine Zentnerlast fällt von mir, aber die Angst, diese Ungewissheit, das Gefühl des Ausgeliefertseins bleiben. Ich habe keinen Einfluss auf das Geschehen. Diese Leute sind unberechenbar, in jeder Hinsicht. ›Liebe Schutzengel‹, bete ich, ›bleibt bei mir. In diesem Land brauche ich euch wohl noch mehr als in Afghanistan.‹

Als ich mich einigermaßen wieder gefasst habe, frage ich leise Rulam: »Was war das denn?«

»Die wollten nicht glauben, dass du eine Frau bist!«, flüstert er mir zu. »Du bist zu sportlich in den Bus reingesprungen und hast auch noch diese Boots an. Außerdem bist du so groß wie die. Da haben sie gedacht, ein Mann oder sogar ein Spion versteckt sich unter dem Schleier. Hier haben alle Angst vor Spionen.«

Und diese Angst ist nicht unbegründet. Immer wieder kommt es vor, dass Erschießungskommandos, von welcher Gruppierung und aus welchem Land auch immer, an Türen klopfen und den Öffnenden einfach niederschießen.

Draußen wird noch immer ein wenig diskutiert, aber die

Stimmung scheint nun freundlicher, und alle beruhigen sich wieder. Atta steckt meinen Pass wieder ein und kommt mit Ali in den Bus. Zu Rulam macht er eine kurze Bewegung mit dem Kopf, dass er Platz machen solle, setzt sich neben mich und sagt kein Wort. Ich spüre, wie er innerlich kocht. Ich versinke in meinem Sitz und versuche unsichtbar zu werden. Geduldig warten wir, bis der Bus endlich abfährt. Der Fahrer dreht seinen Rückspiegel so, dass er mich immer im Auge hat. Seine blitzblank geputzte Windschutzscheibe ist zugehängt mit Wollfransen, Fähnchen, Perlenkettchen, Stickereien und Aufklebern in den schillerndsten Farben, auf denen *Maschallah* und andere Segenswünsche für eine gute Fahrt stehen. Wir verlassen *Terimangal* auf einer holprigen Pistenstraße, und es geht stundenlang bergauf und bergab. Wir werden hin und her geschüttelt, der Fahrer hat den Finger ständig auf der Hupe, die er von einem Truck ausgebaut haben muss. Er fährt wie der Henker und überholt auf Teufel komm raus andere Kleinbusse und Laster. Ich mache nicht nur einmal die Augen zu, um seine Kamikaze-Fahrt nicht mit ansehen zu müssen. Es ist das absolute Gegenteil von einer gemütlichen Busfahrt, wie ich sie mir noch heute Morgen vorgestellt hatte, noch dazu, wenn am Straßenrand umgekippte Busse oder ausgebrannte LKW-Wracks zu vorsichtiger Fahrweise mahnen. Je weiter wir uns von den afghanischen Bergen entfernen, desto wärmer wird es. Ich öffne ein wenig das Seitenfenster, und warmer Wind bläst durch das Gitter meines Schleiers auf mein sonnenverbranntes Gesicht. Schließlich halten wir in einem Dorf, wo die ganze Busgesellschaft vor einem Teehäuschen aussteigen muss. »Mittagspause«, sagt Atta. Wir hocken uns unter einen Baum am Straßenrand neben der Holzhütte, und Rulam wird Tee und Fladen holen geschickt. Ein Mann kommt mit seinem Holzkarren voll großer Mandarinen vorbeigefahren, und Atta ruft ihn zu sich. Der Händler öffnet für ihn eine Mandarine und streut etwas Salz darauf. Atta kostet und nickt mit dem

Kopf. Er kauft ihm für ein paar Rupien eine Hand voll ab und gibt mir gleich eine. Der Händler reißt noch ein Stück Zeitungspapier ab, streut mit den Fingern Salz darauf und reicht es uns dazu.

»Kann ich meinen Schleier hochmachen?«, frage ich Atta.

»Ja«, sagt er zu meiner Erleichterung, und ich klappe meinen Schleier nur so weit nach oben, dass es aussieht, als hätte ich Scheuklappen rechts und links.

»Kann ich auch meine Boots ausziehen und die Oma-Latschen wieder anziehen?«, frage ich weiter.

»Ja«, sagt er wieder nur und greift nach dem zugeschnürten Bündel mit meinen Sachen. Ich drehe mich von ihnen weg, befreie meine Füße aus den Winterstiefeln und lasse sie erst mal auslüften. Dann besehe ich mir meine Fußsohlen. Mit der Hornhautschicht an meinen Füßen hätte ich jeden Barfuß-Marathon durch die Wüste gewonnen.

Rulam kommt mit einer Plastikflasche voll Wasser, ein paar Fladen, in denen Tomaten und Zwiebeln eingewickelt sind, und zwei Wassergläsern zurück.

Ich esse erst meine Mandarine tapfer mit Salz und trinke das Glas Wasser, das Rulam mir reicht, in einem Zug aus. Minuten später fühle ich mich nicht mehr so schlapp. Wasser, Salz und Vitamine hatten ihre Wirkung getan. Atta drückt mir eine Fladenrolle in die Hand und sagt: »*Bochor* – Iß!«

Bevor ich reinbeiße, frage ich ihn: »Was hast du denen in *Terimangal* am Bus eigentlich erzählt?«

»Wozu willst du das wissen?« Er ist immer noch sauer. Ich zucke mit den Schultern und schaue auf den Boden. Nach einer Pause antwortet er mir dann doch. »Ich habe gesagt, dass du eine Deutsche aus Kabul bist, die ihren afghanischen Mann in Peschawar im Krankenhaus besuchen will.«

»Und das haben die geglaubt?«

»Ja«, sagt er.

»Und warum hast du dann noch meinen Pass vorgezeigt?«

»*Tschera, tschera* – warum, warum? Weil sie gerne Pässe angucken. Es sieht wichtig aus, verstehst du? Außerdem hast du sogar ein afghanisches Visum drin«, antwortet er.

»Haben sie nicht gemerkt, dass es ein DDR-Pass ist?«

»Nein! Hauptsache es ist ein Pass«, erklärt er mir genervt. »Und jetzt iss endlich und frag nicht so viel.«

Die Pause wird nicht nur von Atta, Ali und Rulam, sondern auch von den anderen Reisenden mit einem richtigen Gebet gen Mekka beendet, und nach einer halben Stunde geht die Fahrt weiter. Sie endet in einer Stadt namens *Paratschinar* auf dem Busplatz, wo wir unverzüglich in einen anderen, ziemlich klapprigen Kleinbus umsteigen, der uns nach *Saman* bringen soll. Ich habe meine Lektion gelernt und stelle mich dieses Mal beim Einsteigen absichtlich ungelenk an. Rulam grient mich an und zieht mich in den Bus hinein. Wir quetschen uns alle vier in die hinterste Reihe. Ich habe den luftigen Platz am Fenster abbekommen, Rulam sitzt zum Glück jetzt neben mir. Atta und Ali werden in der Mitte der Bank ordentlich durchgeschaukelt, denn sie können sich nirgends festhalten. Doch sie ertragen alles mit stoischer Gelassenheit und einer Prise *Naswar* hinter der Unterlippe. Obwohl der Bus schon voll bis oben hin ist, nehmen wir noch weitere Fahrgäste mit, die am Straßenrand winkend die Hand heben. Samt Gepäck werden sie auf das Dach des Busses verfrachtet. Muss unterwegs jemand aussteigen, so wird sein Zeug einfach vom Dach heruntergeschmissen, egal ob das nun ein Pappkarton oder ein zusammengelegter Teppich ist. Nur die Körbe mit den Hühnern werden etwas vorsichtiger vom Dach gelassen. Wir fahren gerade auf einer mit Schlaglöchern übersäten Asphaltstraße, als unser Fahrer statt wie üblich hupend zu überholen eine Vollbremsung hinlegt. Knapp hinter einem anderen klapprigen, sonderbar schief stehenden Bus, um den sich etliche Leute geschart haben, kommen wir zum Stehen. Unser Fahrer steigt aus und eilt zu seinem Kollegen vom anderen Bus. Kurze Zeit später kommt er zurück und bittet mit ausholenden Gesten alle Fahrgäste, noch ein bisschen zusammenzurücken. Der Bus seines Freundes sei einem Achsbruch zum Opfer gefallen.

Rulam bleibt nichts anderes übrig, als seinen rechten Arm hinter meinen Schultern auf die Lehne zu legen, damit noch ein Reisender mehr mit auf die letzte Bank passt. Ich bin ein wenig überrascht, lasse mir aber nichts anmerken. Wir sind uns so nah und tun doch so, als säßen wir zehn Meter voneinander entfernt. Bis der Bus anfährt, bewahren wir beide Haltung, und weder Atta noch Ali sagen irgendetwas dazu. Nach einer Weile eintöniger und jetzt vorsichtiger Busfahrt, als alle mit geschlossenen Augen vor sich hin dösen, merke ich, wie Rulams Hand auf meine Schulter rutscht. Erst denke ich, er wäre eingeschlafen, doch er drückt mich, unsichtbar für jeden anderen, nur ein ganz klein wenig an sich heran. Ich gebe diesem sanften Druck nach und lehne mich bei ihm an. Unter meinem Schleier schließe ich die Augen und genieße das Gefühl vollkommener Entspannung und Geborgenheit. So könnte ich im Bus bis nach Indien reisen oder gleich bis ans Ende der Welt. Die Anstrengungen und der Schlafmangel der letzten sechs Tage fordern jetzt ihren Tribut. Ich schlafe tatsächlich ein.

Der nächste abrupte Halt des Busses weckt mich wieder auf und konfrontiert mich mit der gnadenlosen Wirklichkeit. In einer öden, vegetationslosen Ebene rechts der Straße stehen endlose Reihen von Zelten mit Aufdrucken des Internationalen Roten Kreuzes, des *UNHCR*s oder Saudi-Arabiens. Atta stupst mich an, um sicherzugehen, dass ich das auch sehe. Dann sagt er: »Siehst du das da draußen? Es ist ein riesiges Flüchtlingslager für mindestens zehntausend Leute. Sie alle haben ihr Land, ihren Hof, ihr Haus in Afghanistan verlassen aus Angst vor den Russen. Hier ist ihre Endstation. Hier müssen sie jetzt leben, nein überleben.«

Durch die Seitenscheibe beobachte ich aus der Ferne das Schicksal dieser Menschen. Unzählige Kinder mit leeren Plastikkanistern oder Eimern in der Hand stehen Schlange vor einem Tanklaster. Sie müssen manchmal den ganzen Tag ausharren, bis sie an der Reihe sind, um fünf Liter des kostbaren Wassers zu bekommen. Dieses schleppen sie dann alleine oder zu zweit zum Zelt ihrer Familie zurück. Männer laufen hin und her, stehen in Grüppchen zusammen oder bauen kleine Mäuerchen aus den herumliegenden Steinen und feuchter Erde vor ihre Zelte, um so irgendwie eine gewisse Intimität für ihre Familie herzustellen. Manche Frauen hocken vor den hochgeschlagenen Zelteingängen und beobachten nur stumm und scheinbar apathisch die Ereignisse um sie herum, andere fegen den Platz vor ihrem Zelt mit ein paar zusammengebunden Ästen. Eine Windböe wirbelt allen Dreck wieder auf und rüttelt die Zelte durch. Ein Lastwagen biegt auf die Straße zum Lager ein, und sofort bildet sich eine riesige Menschentraube um ihn. Es ist egal, was es gibt, ein Flüchtling kann alles gebrauchen, ob es nun eine Decke, eine Schüssel voll Mehl, ein Becher voll Reis, ein Kanister Öl oder Brot ist.

Mir wird langsam das Ausmaß dieses Exodus klar. Ich frage mich, wozu das alles, wozu so ein Krieg, wozu überhaupt Krieg; warum will der eine immer über den anderen herrschen und sein Leben bestimmen? Warum hat sich der Mensch so entwickelt, gab es keine bessere Alternative in der Evolution? Anscheinend nicht.

Zu Atta sage ich: »*Inschallah* – so Gott will, ist dieser Krieg bald vorbei, und die Leute da können wieder nach Hause, zurück nach Afghanistan, in ihr Haus, auf ihr Feld, in ihre Berge.«

»*Inschallah*«, pflichten Ali, Atta und Rulam mir bei.

Die Fahrt geht um einige Passagiere erleichtert weiter. Wir befinden uns nach wie vor im Stammesgebiet der Paschtunen, sie kontrollieren die gesamte *North West Frontier Province*, die Nord-Westliche Grenzprovinz Pakistans, und demonstrieren das durch offenes Tragen von Waffen auf ihrem Land. Sie fühlen sich nicht nur als eine Einheit mit den Paschtunen auf der afghanischen Seite, sie sind es auch und erkennen die willkürlich gezogene Staatsgrenze nicht an. Seit Jahrzehnten streben sie danach, ein freies, unabhängiges Paschtunistan zu gründen, was zu ständigen Konflikten zwischen Pakistan und Afghanistan führt. Pakistan seinerseits toleriert die Autonomie der Paschtunen, behält sich aber Straßensperren und Buskontrollen vor. Wir haben bis jetzt Glück und werden stets nach einem kurzen Wortwechsel mit dem Fahrer und einem Blick in das Innere des Busses von der pakistanischen Polizei zur Weiterfahrt durchgewunken.

Gerade passieren wir wieder ein Flüchtlingslager. Es ist befestigt und umgeben von einer hohen Lehmmauer. Vom Bus aus kann ich erkennen, dass es im Inneren richtige Lehmhäuser gibt, die durch ein Labyrinth von Wegen und Gässchen miteinander verbunden sind.

»*Saman, Saman,* das Flüchtlingslager *Saman*!«, ruft der Busfahrer von vorne.

Atta erhebt sich und macht eine Geste zum Fahrer, damit er anhält. Zu uns gewandt, sagt er: »Steht auf, wir sind da.« Wir klettern aus dem Bus und warten, bis er, eine stinkende Abgas- und Staubfahne hinter sich herziehend, verschwunden ist.

Flüchtlingslager

Saman, 19.3.1984, 15.00 h

Wir laufen noch ein Stück die Straße entlang und biegen dann ab auf den Trampelpfad, der zum Eingang des Lagers führt.

Ein Wachmann sitzt im Schatten der Mauer und nimmt nach der üblichen Begrüßung das Papier entgegen, das Atta aus dem Briefumschlag zieht und ihm reicht. Es ist ein offizielles Papier der Mudschahedin-Gruppe *Harakate Inqilabe Islami* – »Islamische Revolutionsbewegung«, geschrieben von Kommandant Assad-Ullah in Kabul, versehen mit Bemerkungen und der Unterschrift nicht nur von Kommandant Nadschib Chan in *Terimangal*, sondern auch mit der Mullah Omars. Darauf steht unter anderem, dass wir aus Kabul kommen, unbehelligt nach Pakistan durchgelassen werden sollen und schließlich bei Kommandant Sufi Chak Sar erwartet werden. Der Wachmann ruft einen anderen herbei und zeigt ihm das Papier.

»Kommt mit«, sagt er und führt uns durch den Wirrwarr der Pfade des Lagers zum Haus von Kommandant Sufi Chak Sar. Vor einem Holztor bleiben wir stehen, und der Wachmann klopft mit einem von der Mauer hängenden Stein an die Tür.

»*Zook jeh* – Wer ist da?«, fragt eine helle Mädchenstimme von drinnen in Paschtu.

»Die Leute aus Kabul mit der Frau sind angekommen«, antwortet der Wachmann.

Ein Riegel wird zurückgeschoben, und ein vielleicht 15jähriges Mädchen mit einem Tuch über dem Haar bittet uns, »*Salam aleikum*« sagend, in den kleinen Innenhof. Im Türrahmen des kleinen Hauses erscheint Sufi Chak Sar. Er ist ein munterer kleiner Mann, vielleicht Ende zwanzig, mit einem langen, gepflegten schwarzen Bart, einem fast ganz schwarzen Paschtunen-Turban auf dem Kopf, bei dem er einen Zipfel oben lustig herausstehen lässt. Er hat ein freundliches Gesicht, in dem zwei listige, dunkle Augen blitzen. Er strahlt Sympathie und Entschlossenheit aus und begrüßt uns herzlich. Atta, Ali und Rulam umarmt er, mir gibt er ohne Umstände die Hand. Wir folgen ihm in das eine der zwei Zimmer des Hauses, und er bittet uns, auf dem Teppich Platz zu nehmen.

Neugierig gesellen sich das Mädchen und eine alte weißhaarige Frau dazu. Er stellt uns beide vor. Die alte Frau ist seine Mutter und das Mädchen seine Frau. Sie heißt Sarruna.

Ich lasse mir meine Überraschung nicht anmerken. Natürlich hätte ich es schon an ihrer Frisur erkennen können. Sie hat ihre langen Haare zu einem Seitenscheitel gekämmt und trägt dazu einen bis in die Augen fallenden Pony. Ihre Hände und Füße sind mit Henna gefärbt und leuchten orange in der Sonne auf. Sie ist eine frisch verheiratete Paschtunen-Frau.

Sufi Chak Sar fragt kurz, ob wir in Dari oder Paschtu sprechen sollen. Wir einigen uns auf Dari, da ich es besser kann. Er spricht ein weiches, sehr gut verständliches Dari und beginnt seine Befragung über die Gesundheit, den Weg und ob wir auch in Pakistan alles gut überstanden hätten, bei Atta, dem Ältesten unserer Gruppe. Atta erzählt ihm die Geschichte vom Tumult am Bus in *Terimangal*, doch er streicht sich nur durch den Bart, wackelt mit dem Kopf und sagt: »*Alhamdullilah* – Gott sei Dank ist ja alles gut gegangen.«

Nachdem seine junge Frau erfahren hat, wie lange wir schon unterwegs sind, fragt sie mich direkt: »Willst du dich waschen, deine Sachen wechseln? Ich kann sie dir auch gleich waschen, dann sind sie bis morgen früh trocken.«

Ich strahle sie an ob ihrer Weitsicht und nicke begeistert. »Ich glaube, ich habe es sehr nötig«, sage ich zu ihr.

»Komm mit mir in das andere Zimmer. Ich gebe dir frische Sachen zum Anziehen von mir. Dann zeige ich dir das Waschhäuschen«, fordert sie mich auf. Ich folge ihr in das andere Zimmer, wo sie unter einem Bett eine Holzkiste mit ihren Kleidern hervorholt. Sie gibt mir ein grünes *Schalwar-Kamis* mit Blümchenmuster.

»Nimm, das wird wohl passen«, sagt sie freundlich. »Und jetzt komm mit mir nach draußen in den Hof.« Sie stößt die Holztür von dem gegenüberstehenden Lehmhäuschen auf. Es ist ziemlich dunkel darin, nur eine kleine Öffnung in der Decke lässt Licht herein. Der Fußboden ist betoniert, es gibt ein kleines Abflussloch in der Außenwand. Mitten im dunklen Raum steht bereits ein Eimer mit Wasser.

»Schau her, ich hänge Hose und Kleid am Haken auf. Hier ist Shampoo und Seife und da ein Plastikbecher zum Wasserschöpfen. Jetzt zieh dich aus, damit ich deine Sachen noch waschen kann, bevor die Sonne untergeht.« Ich bin völlig erstaunt über ihre Art. Sie ist noch so jung und hat doch alles im Griff. Sie bestimmt, was sie will und was andere zu machen haben. Sie ist kein verschüchtertes Mädchen, das gezwungen wurde, einen Mann zu heiraten und ihn zu bedienen, so wie es im Westen immer gern dargestellt wird. Sie weiß, was sie will, und ist überhaupt nicht schüchtern.

Interessiert beobachtet sie, wie ich mich entblättere und zum Schluss nackt dastehe. »Oh, du hast ja überall rote Flecken. Was ist das denn?«

»Wanzen und Flöhe wollten mich auffressen«, sage ich und kratze verlegen an den Stichen herum.

»Hier ist noch eine Rasierklinge, aber schneide dich nicht, sie ist ziemlich scharf.« Sie lächelt mir vielsagend zu und verschwindet mit meinem Berg dreckiger Wäsche. Ich stecke meinen Zeigefinger in das Wasser und stelle fest, dass es zwar kalt, aber zum Aushalten ist. Mit dem Becher schütte ich mir Wasser über den Kopf und lasse es meinen Rücken herunterfließen. Ich bekomme Gänsehaut davon und schütte zur Gewöhnung gleich noch einen Becher hinterher. Gerade seife ich meine Haare ein, als die Tür vorsichtig einen Spalt geöffnet wird. Erschreckt will ich nach einem Handtuch greifen, um mich zu bedecken, finde aber keins. Ich verstecke mich schnell hinter der Tür und frage: »Wer ist da, was willst du?«

»Ich bringe dir ein Handtuch«, antwortet eine Kinderstimme schüchtern.

Ein kleiner Arm mit Handtuch schiebt sich langsam durch den Türspalt.

»Oh!«, sage ich erleichtert. »Vielen Dank für das Handtuch.«

Damit ich mich nun endlich in Ruhe waschen kann, stelle ich den vollen Eimer direkt vor die Tür. Becher um Becher schöpfe ich Wasser, um mich abzuspülen. ›Es ist der pure Luxus‹, denke ich, ›man muss es entbehren, um es zu schätzen.‹ Kurz versuche ich, mit der Rasierklinge die Stoppeln an den Beinen und unter den Armen zu entfernen, lasse es aber lieber sein. Ich würde damit nur ein Blutbad anrichten. Mit dem letzten Rest Wasser spüle ich meinen Mund aus und putze mir mit dem Finger die Zähne. Ich ziehe das grüne Kleid über die weite Pumphose und öffne die Tür. Frisch wie ein neuer Morgen komme ich aus dem Badhäuschen und werde von den warmen Strahlen der Abendsonne gefangen genommen.

»Setzt eure Sonnenbrillen auf, damit ihr von mir nicht geblendet werdet«, sage ich froh gelaunt zu den vier Männern. Die hatten sich auch einen Platz in der Abendsonne gesucht und sitzen auf einer Matte vor dem Wohnhaus. Alle vier lächeln mich an. Sufi Chak Sar lädt mich ein, auf der Matte Platz zu nehmen und einen Tee mit ihnen zu trinken. Dazu rutscht er ein wenig zur Seite, damit ich mich neben ihn setzen kann. Wieder werde ich ausgefragt, was ich in Kabul gemacht habe und wie die Stimmung dort gewesen sei. Ich berichte ihm mit knappen Worten von meinem letzten halben Jahr in Kabul. Atta, Ali und Rulam könnten es langsam mitsingen, so oft haben sie das in den vergangen Tagen schon gehört, doch sie warten geduldig, bis ich zu Ende gesprochen habe.

»Wie stellt *ihr* euch eigentlich das Leben vor, wenn ihr gewonnen habt?«, frage ich ihn.

»Wir gehen wieder zurück nach Afghanistan, auf unseren Besitz«, antwortet Sufi Chak Sar überzeugt.

»Und wer soll euer Land regieren?«, frage ich weiter.

»Die Mudschahedin werden eine Regierung bilden und König Zahir Schah als obersten Landesvater wieder einsetzen«, erklärt er.

Dann holt Sufi Chak Sar hinter seinem Rücken ein schwarzes Buch hervor und fragt mich: »Kennst du den Koran?«

»Ja, ein bisschen«, sage ich und schiele zu Ali rüber. Rulam muss grinsen, und Atta guckt lieber weg.

Ali sagt, dass ich immerhin die *Kalima* aufsagen könne, aber sonst nicht viel Ahnung hätte vom Koran.

»Man kann den Koran nicht nur ein bisschen kennen«, sagt Sufi Chak Sar ernst. »Du musst ihn studieren, Muslima werden. Glaub mir, der Islam ist die beste Religion von allen. Hier, schau her, kannst du das lesen?« Er hält mir irgendeine Seite des Korans unter die Nase.

»Es tut mir leid, ich kann kein Arabisch, es würde sich schrecklich anhören, wenn ich das vorlesen würde. Eure Ohren und die Seiten da würden sich zusammenrollen«, versuche ich mich scherzhaft aus der Bredouille zu ziehen. »Ich will den Koran nicht beleidigen«, ergänze ich dann ernst.

»Hör zu! Ich lese es dir vor.« Und er beginnt mit einer monotonen, klaren Stimme ziemlich schnell, doch in einem ganz bestimmten Rhythmus aus dem Koran zu rezitieren. Wieder durchläuft mich ein Schauer wie vor ein paar Tagen in der Moschee, als der alte Hadschi aus dem Koran vorlas. Der Singsang von Sufi Chak Sar ist noch schöner, und ich könnte ihm ewig zuhören. Das klassische Arabisch ist eine schöne, klangvolle Sprache mit vielen Kehllauten, die sich für mich anhören, als ob große runde Kieselsteine von den Wellen des Meeres hin und her bewegt werden. Es wirkt so entspannend auf Seele, Körper und Geist, dass ich aufpassen muss, nicht einzuschlafen. Ich schaue in die Runde und sehe, dass auch Ali, Atta und Rulam die Augen geschlossen haben. Anscheinend genießen sie es genauso wie ich.

Laut quietschend öffnet sich das Hoftor und ein Kind kommt mit einem Tuch, in das Fladen eingewickelt sind, herein. Sufi Chak Sar hört sofort auf mit der Rezitation und schafft auf dem Teppich Platz für das Ausbreiten der Tischdecke und der Fladen. Im Haus hatten inzwischen seine Frau und seine Mutter ein Essen gerichtet, das sie nun zu uns heraustragen.

Sarruna beugt sich zu mir herunter und sagt: »Komm mit rein und iss drinnen mit mir und der Mutter. Dann können wir uns ein bisschen unterhalten.«

Ich schaue ihren Mann fragend an, ob ich hineingehen könne, und er sagt: »Geh nur, meine Frau braucht Abwechslung, es ist ihr hier im Lager zu langweilig.«

Sie stellt mir erst noch ihre kleine Cousine vor, die ihr im Haus hilft, aber dann muss ich ihr alles Wissenswerte über mich erzählen. Immer wieder wundert sie sich, warum ich noch nicht verheiratet bin.

»Du bist eine Ausländerin, hast studiert, kannst Deutsch, Englisch, Französisch, Dari und Paschtu. Afghanische Männer lieben das. Wir können dir einen guten Mann aussuchen, einen Kommandanten, wenn du willst, oder einen Verwandten von meinem Mann«, schlägt sie mir vor. »Die *Ahmadsai* sind ein großer, angesehener Paschtunenstamm. Sie haben viel Macht und Geld.«

»Und wo soll ich mit ihm wohnen?«, frage ich sie belustigt.

Doch sie meint es ganz ernst und sagt: »In Peschawar, da könnt ihr in einem schönen Haus wohnen, und wenn der Krieg zu Ende ist, geht ihr nach Kabul oder in sein Dorf. Ich werde mit meinem Mann darüber reden. Mach dir keine Sorgen.«

Ich versuche nun, sie vom Thema abzulenken, und will sie über sich ausfragen, aber sie wird nach draußen gerufen, um das Essen abzuräumen. Ihre Cousine hilft ihr dabei. Als die Sonne untergeht, verrichten die vier Männer draußen im Hof ihr Gebet, während die zwei Frauen und das Mädchen drinnen im Zimmer beten. Ihre Gebetshaltungen sind ein wenig anders als bei den Männern. So verschränken sie zu Beginn des Gebetes die Arme vor dem Bauch, anstatt die Hände an die Ohren zu halten, und auch ihre Sitzpositionen zwischendurch weichen von denen der Männer ab, aber sonst gleicht der Gebetsablauf und das Gesagte dem der Männer. Ich schaue ihnen dabei zu und hoffe, dass Allah auch ein Auge auf mich hat und mich nicht auch noch auf der Stelle verheiraten will.

»Du bist sicher müde«, sagt sie zu mir, als sie fertig ist mit ihrem Gebet. »Ich zeige dir, wo du schlafen kannst.«

Sie geht mit mir in das andere Zimmer und richtet mir auf dem Boden hinter der Tür eine Schlafmatte und Decken. Dann setzt sie sich auf das Bett, unter dem sie vorhin die Kiste hervorgezogen hatte, und sagt: »Hier schlafe ich mit meinem Mann.« Dabei klopft sie auf die Matte und lacht. Irgendetwas scheint daran wohl sehr lustig zu sein. Ich lächle sie vielsagend an, und sie hört gar nicht wieder auf zu kichern.

»Hast du schon mal mit einem Mann …?«, fragt sie und reibt dabei ihre Zeigefinger aneinander. Ich ziehe die Augenbrauen hoch und mache große Augen. Ich bin total überrascht, wie direkt sie ist.

»Ja«, antworte ich, und sie kriegt sich gar nicht wieder ein vor Lachen.

»Sind deutsche Männer auch beschnitten?«, fragt sie mich weiter aus.

»Wenige«, sage ich, woraufhin ihr nur ein »Oh!« entrutscht, das in Gekicher untergeht.

»Leg dich jetzt hin und schlaf«, bestimmt Sarruna, als sie sich wieder beruhigt hat.

»*Schab be chair*« wünscht sie mir noch und schließt die Tür hinter sich.

Ich bleibe allein zurück und höre noch eine Weile die Männer draußen sprechen. Dabei schlafe ich ein und werde erst am nächsten Morgen wieder wach.

Sarruna bringt mir meine noch feuchten Sachen, und ich ziehe mich wieder um. Nebenan im Zimmer gibt es grünen Tee und Fladen zum Frühstück. Ich setze mich »*Sub be chair* – Guten Morgen« wünschend zu den anderen. Sufi Chak Sar kommt nach einigen Höflichkeitsfloskeln zum Thema und erklärt mir, wie der heutige Tag ablaufen soll.

»Atta wird mit dir allein nach Peschawar fahren. So fallt ihr am wenigsten auf. Unterwegs gibt es zu viele Straßenkontrollen der pakistanischen Polizei. Es wäre zu riskant, wenn wir alle im gleichen Bus sitzen würden oder am gleichen Tag unterwegs sind. Hast du verstanden?«, fragt er mich.

Ich schaue ganz kurz zu Rulam, weil ich befürchte, dass wir uns hier schon trennen müssen. Er sieht mich an und legt unbeachtet von den anderen wie zufällig seine rechte Hand auf sein Herz und kreuzt den Zeigefinger über den Mittelfinger.

»Ja, ich habe alles verstanden«, sage ich zu Sufi Chak Sar erleichtert, denn ich deute Rulams kleine Geste als positives Zeichen. Dies sollte noch nicht die Stunde unserer Trennung sein. Ich nahm an, dass keiner Rulams geheime Botschaft an mich gesehen hatte, aber als ich mich von Sarruna verabschiede, sagt sie zu mir: »Ihr zwei passt gut zusammen.«

»*Zook* – wer?«, frage ich völlig perplex.

»Rulam und du!« sagt sie leise und lacht mich an.

»Du hast Augen wie ein Luchs«, antworte ich ihr. »Wenn du so weiter machst, wirst du noch mal Präsidentin von Afghanistan!«

Wir umarmen uns herzlich und fühlen uns als Gleichgesinnte. Ich küsse der am Boden hocken gebliebenen alten Schwiegermutter respektvoll die Hand und führe sie an meine Stirn. Sie wünscht mir alles Gute und Glück im Leben und lacht mich ebenfalls vielsagend an. Hatte sie etwa auch alles mitgekriegt? Afghanen kann man wohl nichts verheimlichen oder vormachen, sie merken alles, sie sind stets wachsam und interessieren sich am meisten dafür, was der andere gerade macht.

Draußen im Hof wartet Atta, dass ich endlich aus dem Haus komme. Wir verabschieden uns von Sufi Chak Sar, Ali und Rulam. Rulam ist sehr schweigsam, und mir kommen wieder Zweifel, ob er auch wirklich nach Peschawar kommt. Schließlich hatten sie ihre Aufgabe erfüllt, mich nach Pakistan gebracht und bei Sufi Chak Sar abgeliefert.

»Wann kommt *ihr* nach Peschawar?«, frage ich Sufi einfach direkt, um herauszubekommen, ob ich Rulam wiedersehe oder nicht.

»*Ma miajeem* – Wir kommen, *Inschallah* – so Gott will, morgen oder übermorgen nach.«

»*Inschallah!*«, pflichte ich ihm bei und verlasse mit Atta den Schutz des Flüchtlingsdorfes.

Wir stellen uns an die Straße, an der wir gestern ausgestiegen waren. Als ein Suzuki-Kleinbus naht, hebt Atta die Hand, um ihn zu stoppen. Doch der Bus ist schon voll besetzt und fährt hupend an uns vorbei. Atta versucht es beim nächsten Minibus, der mit quietschenden Bremsen neben uns hält. Wir setzen uns in die mittlere Reihe und geraten schon nach kurzer Fahrt in die erste Straßenkontrolle. Der pakistanische Wachmann lässt sich vom Fahrer die Papiere zeigen und fragt ihn, wen er alles wohin befördert. Ich weiß nicht, was ich machen soll, um möglichst unauffällig auszusehen. Aus dem Fenster schauen? Nach vorne oder auf den Fußboden starren? Die Augen lieber zumachen und so tun, als ob ich schliefe? Müde genug fühle ich mich dazu. Auch wird mir immer wärmer in meinem T-Shirt und dem afghanischen Winterkleid unter dem Schleier.

Der Polizist bedeutet dem Fahrer mit einem Wink weiterzufahren, und in rasantem Tempo setzen wir unsere Fahrt durch die *North West Frontier Province* fort. Um nach Peschawar zu gelangen, müssen wir einige Berge hinauf, und wieder hinunterfahren. Es ist eine Herausforderung an die Bremsen und den Motor – und eine Schreckensfahrt für mich. Liegengebliebene Trucks und Busse, bei denen das Kühlwasser kocht oder die Bremsleitung gerissen ist, werden bei Gegenverkehr überholt. Minibusfahrer liefern sich Serpentinen-Rallyes knapp am Abgrund entlang, haben dabei laute Musik an und den Finger ständig auf der Hupe. Der Motor heult bei jedem Schalten qualvoll auf, und ich bin mir sicher, dass wir gleich in die nächste Schlucht stürzen werden. Doch unser Fahrer bringt uns lebend ans Ziel.

Ankunft im Mudschahedin-Hauptquartier

Peschawar, 20.3.1984, 12.00 h

Gegen Mittag sind wir auf dem Busbahnhof von Peschawar. Atta bedeutet mir, ihm in einem gewissen Abstand zu folgen. Wir schlängeln uns durch die Menschenmassen vorbei an zahllosen Bussen zur nächsten Straße. Er bleibt am Straßenrand stehen, und ich schließe zu ihm auf, um ihn zu fragen, was wir jetzt machen. Das passt ihm gar nicht, und er sagt zu mir: »Hock dich hier hinter mir an den Bordstein. Du fällst auf mit deiner Größe.«

»Was ihr nur alle habt«, sage ich beleidigt. »Ich bin doch nur 1,70 Meter groß.«

Kaum habe ich mich hingehockt, kommt auch schon ein Tuk-tuk, ein dreirädriges Rikscha-Taxi mit Mopedmotor, angeknattert und hält direkt vor Atta. Sie verhandeln kurz über den Preis bis zu unserem Ziel, dann steigt Atta ein, und ich setze mich neben ihn auf die Pritsche. Das Tuk-tuk knattert los, eine blaugraue Abgasfahne hinter sich herziehend. Der Fahrer drängelt sich geschickt durch den dichten Verkehr. Die Ampelphasen werden ausgereizt bis zum letzten Augenblick. Ich frage mich, wozu die Dinger überhaupt über den Straßen hängen. Ein mit riesigen Holzbalken beladenes Kamel blockiert gerade die Kreuzung, und alle fangen ein wildes Hupkonzert an. Das Kamel gibt einen lauten, langen Schrei des Protestes von sich, läuft aber keinen Schritt schneller als vorher. Ein Mann mit einem Eselskarren nutzt die Gunst der Stunde und huscht auch noch schnell über die Kreuzung. Bis das Kamel endlich die Straße geräumt hat, ist die Ampel schon wieder rot. Aber das interessiert die Rikscha-Meute nun überhaupt nicht. Alle fahren laut hupend mit Vollgas im ersten Gang los und zwingen die aus der anderen Richtung zur Vollbremsung.

Am Straßenrand schnüffeln streunende Hunde in Müllbergen und stöbern einen toten Artgenossen auf, der dort vor sich hin verwest. Männer laufen barfuß oder in Gummilatschen durch all den Dreck. Verkrüppelte, halb nackte Bettler rutschen auf Pappkartonresten über den Boden oder hocken vor den Eingängen von Läden. Kinder strecken jedem Vorbeigehenden die Hand entgegen, um etwas zu erbetteln. Auslagen mit Schuhen, Plastikkannen, Messingtöpfen, Kinderkleidern oder Taschen sollen die Vorbeieilenden zum Kauf animieren. Schwer bepackte Träger schleppen riesige Kartons oder Kisten auf ihren Rücken durch die Stadt. Das billigste Transportmittel hier ist der Mensch.

An einer Ausfallstraße in Richtung Westen biegt der Fahrer links ab und hält am Ende der staubigen Nebenstraße vor einem dreistöckigen Gebäude. Es ist eines der Quartiere von *Harakate Inqelabe Islami*, der Islamischen Revolutionsbewegung, einer paschtunischen Mudschahedin-Vereinigung zum Widerstand gegen die Staats- und Besatzungsmacht in Kabul. Atta begrüßt freudig einige Mudschahedin vor dem Tor und führt mich dann an den neugierig schauenden Wachen vorbei in einen großen Innenhof. Das Erste, was *mich* begrüßt, ist ein bekannter Geruch. Es ist der Duft von Haschisch. Ich sehe zwar niemanden rauchen, aber das ganze Gebäude riecht danach.

»Du kannst jetzt deinen Schleier hochmachen«, sagt Atta wieder etwas freundlicher als vorhin zu mir. »Wir sind angekommen.«

Überall hocken und stehen Männer herum. Manche haben Verbände an Armen und Beinen oder auch am Kopf. Einer kann sein Gleichgewicht nur auf zwei Holzkrücken halten. Sein linker Fuß ist dick mit blutigen Mullbinden umwickelt. Als sie uns sehen, verstummen sofort ihre Gespräche, dann fassen sie sich wieder und fangen untereinander an zu tuscheln.

Wir steigen die offene Treppe hoch bis in den zweiten Stock und betreten ein Zimmer, das ausgelegt ist mit Teppichen und Sitzmatten. Die Fensterläden sind halb zugeklappt, damit die Sonne nicht hereinscheint. Einige Mudschahedin, die sich gerade in dem Zimmer aufhalten, umarmen Atta voller Freude über das Wiedersehen und fragen ihn, wen er denn da mitgebracht habe. Er erklärt ihnen kurz, wer ich bin, und lässt sich auf dem Boden nieder.

»*Bschie* – Setz dich«, sagt einer von ihnen zu mir. »Du kannst deinen Schleier ablegen. Hier, trink einen Tee und iss ein paar Kekse.« Er schiebt mir ein Teegläschen zu und den Teller mit pakistanischen Keksen. Ich würde mich lieber hinlegen und schlafen, aber natürlich wollen alle erst einmal etwas über mich erfahren. Sie stellen mir die gleichen Fragen wie schon all die anderen vorher, doch am meisten interessiert sie, dass ich nicht verheiratet bin. Ihre Augen fangen förmlich zu leuchten an, und in ihren Köpfen beginnt es zu spuken.

»Kann ich mich hinlegen?«, frage ich Atta müde. »Mir ist ganz schwindlig, und ich habe wahnsinnige Kopfschmerzen.«

»Ja, leg dich da in die Ecke«, sagt er und reicht mir eine Decke von dem Stapel hinter sich, damit ich mich zudecken kann. Ich lege mich mit dem Gesicht zur Wand, damit ich niemanden sehen muss und mich auch keiner sieht, und ziehe mir die Decke bis über den Kopf. Beim Einschlafen höre ich noch, wie sich die Männer leise über mich unterhalten und Atta ihnen alles erzählen soll, was er weiß.

Nach zwei Stunden Halbschlaf werde ich geweckt, denn ein wichtiger Berater des *Harakat*-Chefs will mich begrüßen. Ich raffe mich auf und komme mit ganz zerzausten Haaren unter der Decke hervor. Ein großer Mann in einem ockerfarbenen

Schalwar-Kamis, über dem er eine braune Weste trägt, und mit einer schiffchenähnlichen Mütze, die aus dem grauen, gelockten Fell eines ungeborenen Lämmchens hergestellt ist, auf dem verschwitzen Kopf sieht mich mit hochgezogenen Augenbrauen an. Dies ist bestimmt nicht der Anblick, den sich »Enschinier« Abdul Karim vorgestellt hatte. Ich streiche meine Haare glatt und lege mein schalähnliches weißes Kopftuch darüber.

»Entschuldigen Sie«, sage ich zu ihm, »ich bin krank. Das Wetter unterwegs und die Anstrengung haben mich sehr müde gemacht. Ich freue mich, Sie kennen zu lernen. Mein Name ist Kristina Beck.« Ich sage lieber gleich Kristina, weil kein Mensch in Afghanistan Kerstin aussprechen kann. »Aber die Mudschahedin nennen mich Sainab«, ergänze ich noch und reiche ihm lächelnd meine Hand zur Begrüßung. Er zögert eine Sekunde, bevor er sie wie einen nassen Waschlappen anfasst und gleich wieder loslässt. Er ist das absolute Gegenteil eines kämpfenden Mudschahed und mir sofort unsympathisch. In einer affektierten Art erklärt er mir, dass er der Direktor der Politischen Abteilung von *Harakat* sei. Also der *Stasi*-Mann sozusagen, schlussfolgere ich in meinem Kopf daraus.

»Du bist jetzt Gast von *Harakate Inqilabe Islami,* und ich werde in deiner Angelegenheit Kontakt mit der westdeutschen Botschaft in Islamabad aufnehmen. Aber zuvor müssen wir wissen, was du alles weißt. Es kann wichtig für uns sein. Ich werde jeden Tag kommen, und wir werden uns über alles unterhalten«, kündigt er mir an.

›Oh wie schön‹, denke ich und blicke zu Atta. Aber der rührt mit gesenktem Kopf in seinem Tee rum und schaut nicht auf.

»Wie lange muss ich hier bleiben?«, frage ich Abdul Karim.

»Das kann ich dir nicht sagen, das weiß ich nicht. Du bist ein politischer Fall. So ein Antrag auf Asyl kann lange dauern«, lautet seine wenig Mut machende Antwort.

Er erhebt sich wieder und verabschiedet sich von mir ohne Handschlag. Die anderen Mudschahedin buckeln vor ihm und drücken zum Abschied seine schwammige Hand mit beiden Händen.

»Er ist ein wichtiger Mann«, sagt Atta zu mir, als Abdul Karim weg ist.

Ich seufze und lege mich wieder in meine Ecke. Ich ahne, was mir bevorsteht. Er wird nicht viel anders sein als dieser Koza von der DDR-Botschaft, nur dass der hier einen Bart und statt Marx den Koran in der Tasche hat. Lauter Fangfragen wird er mir stellen und mich von irgendetwas überzeugen wollen. Egal, den werde ich auch noch überleben, sage ich mir fatalistisch. Nach fünf Minuten fällt mir ein, dass ich auf die Toilette muss. Atta sagt mir, dass sie ganz unten ist, kommt dann aber lieber doch mit, um sie mir zu zeigen und um die herumstehenden Mudschahedin darüber aufzuklären, dass ich ab jetzt hier auf die Toilette gehe und sie mich dabei in Ruhe lassen und nicht ansprechen sollen. Die Steh-Toilette ist erstaunlicherweise halbwegs sauber, es gibt fließendes Wasser aus einem Wasserhahn, an dem ein kleiner Schlauch angeschlossen ist. Damit kann man nachspülen und sich den Hintern waschen, denn Toilettenpapier gibt es hier nicht.

Als ich wieder oben bin, frage ich Atta: »Atta, mir ist ganz heiß, hast du noch eine von den Aspirin, die ich dir mal in der Moschee gegeben habe?«

»Nein, ich habe sie alle aufgegessen, aber ich werde dir morgen welche besorgen«, sagt er zu mir. »Ich kann dich hier nicht alleine lassen, verstehst du?«

Ich nicke, lege mich wieder hin und schlafe bis zum Abend. Jemand weckt mich, weil es Essen gibt, aber ich habe keinen Hunger, nur riesengroßen Durst. Höflicherweise setze ich mich zu der Abendrunde dazu und trinke drei Gläser Wasser hintereinander weg. Alle schauen mich verwundert an. Atta fasst sich als Erster und fragt lachend: »Willst du vielleicht noch ein Glas voll? Ich kann dir auch einen Eimer holen.« Sie lachen über seinen guten Witz.

Auf einem Stück Fladenbrot herumknabbernd halte ich noch eine Weile bei ihnen aus, entschuldige mich dann aber, um mich wieder hinzulegen. Unter der Decke ist mir heiß wie in einem Backofen und ich stecke wenigstens meine Füße zum Abkühlen raus. Das belustigt sie schon wieder, und ich nehme sie lieber wieder unter die Decke. Ich schaffe es, bis morgens zu schlafen, und fühle mich schon viel besser.

»Alles Gute zum Neujahrsfest, Sainab«, sagt Atta zu mir, als er sieht, dass ich aufgewacht bin.

»Ist heute schon der 21. März?«, frage ich erstaunt. Irgendwie ist mir jegliches Zeitgefühl verloren gegangen. »Welches Jahr ist jetzt?«

»Heute beginnt das Jahr 1363 nach der Hidschra. Du musst immer 621 Jahre von deinem Kalender abziehen«, antwortet er mir.

»Ja stimmt, aber irgendwie ist das doch so kompliziert, weil man vom 1. Januar bis zum 21. März 622 Jahre abziehen muss. Bis gestern war ja noch euer Jahr 1362«, überlege ich laut. »Aber egal, ich wünsche dir auch alles Gute zum neuen Sonnenjahr, Atta. Hoffentlich wird es für dich so, wie du es dir wünschst.«

»Danke«, sagt er lächelnd zu mir. »Und nun komm her und iss was.«

Mit großem Appetit verschlinge ich einen halben Fladen und trinke ein Glas Tee dazu.

Den ganzen Tag muss ich im Zimmer bleiben und neugierige Mudschahedin begrüßen, mich mit ihnen unterhalten und Tee trinken.

Am Nachmittag kommt, wie angekündigt, mein »Freund« Ingenieur Abdul Karim mit einem großen Block und schreibt sich alles auf, was ich über mich zu berichten habe. Er will sich mit mir lieber auf Englisch unterhalten, doch manchmal fallen mir die gesuchten Wörter nur in Dari ein. So wird es ein Mischmasch beider Sprachen. Von allem unbeirrt, stellt er seine Fragen immer auf Englisch und will alles wissen über meine Familie, wo meine Eltern und meine Schwester arbeiten, ob und mit wem meine Schwester verheiratet ist, wie lange ich schon in Berlin studiert habe, wie meine Paschtu- und Dari-Lehrer dort hießen, ob deren Familien auch in Ostberlin waren, ob und welche Afghanen ich in Berlin getroffen hätte und was die da gemacht haben, wer noch mit mir zum Studieren in Afghanistan war. Alles was ihm dazu nur einfällt, fragt er.

Ich fühle, wie mein Fieber zurückkehrt. So unsympathisch er ist, er sieht mir an, dass es mir nicht gut geht, und beendet die Unterhaltung. Ob ich irgendetwas brauche, fragt er mich, was er mir morgen mitbringen könne. Ich bitte ihn, mir Kopfschmerztabletten und andere Kleidung, die ein bisschen luftiger wäre und dem warmen Klima Peschawars angepasst ist, zu besorgen. Auch ein paar Gummilatschen wären nicht schlecht, denn mit diesen anderen Oma-Schuhen wäre es sehr unbequem, die Treppen rauf- und runterzusteigen. Er verspricht mir, ein luftiges Schalwar-Kamis-Gewand mitzubringen, und fragt sogar, welche Farbe ich haben wolle. Es sei mir egal, antworte ich ihm, nur nicht Rot. »Ich glaube, hier reagieren alle allergisch auf Rot.« Er verzieht keine Miene und verabschiedet sich von mir. Ich lege mich wieder auf meine Matte und schlafe sofort ein.

Langsam erwache ich aus meinem tiefen, traumlosen Schlaf und muss erst einmal überlegen, wo ich bin. Meine Ohren nehmen bis auf ein Mopedknattern und eine irgendwo zuklappende Tür kein Geräusch wahr. Auf meiner Stirn fühle ich etwas Warmes, Feuchtes. Ich öffne ganz langsam und vorsichtig einen winzigen Spalt breit meine Augen und schaue – Gott sei Dank – in Rulams Gesicht. Er hockt neben mir, den Kopf an die Wand gelehnt und beobachtet mich. Erleichtert mache ich die Augen wieder zu und lächle voll Freude über diese Überraschung.

»Sainab, bist du wach?«, fragt er leise.

»Ja«, sage ich heiser. »Wo sind die anderen alle?«

»Zum Basar gegangen.«

»Und du bist hier geblieben?«, frage ich ihn, nehme das nasse Tuch von meiner Stirn und setze mich umständlich auf.

»Atta sagte, ich solle deine Stirn kühlen, du hättest Fieber. Als wir kamen, bist du nicht mal aufgewacht!«

»Wie spät ist es?«, frage ich. Doch der *Muezzin* von einer nahen Mosche gibt mir die Antwort. Er ruft gerade die Gläubigen per Lautsprecher vom Minarett aus zum Abendgebet kurz nach Sonnenuntergang.

»Warum bist du krank?«, fragt mich Rulam, der nicht verstehen kann, dass man von so ein bisschen bergauf und bergab im Schneematsch Fieber bekommt.

Ich zucke mit den Schultern und sage dann einfach so: »Du hast mir gefehlt.«

Er schaut mich an und pustet mir sanft ins Gesicht. Dabei nimmt er meine Hand und hält sie fest. »Schade, dass du nach Deutschland gehst«, sagt er leise. Ich kann ihm nichts darauf antworten. Ich sehe ihn an und forsche in seinen Augen. Eine ungeheure Spannung baut sich zwischen uns auf, und ich ziehe lieber vorsichtig meine Hand zurück. »Musst du nicht beten?«, frage ich ihn.

Ohne ein Wort steht er auf und geht aus dem Zimmer. Erst denke ich, er ist beleidigt, aber kurz darauf kommt er mit frisch gewaschenen Füßen, Händen, Unterarmen, Ohren und Gesicht zurück. Er hat sich nur für das Gebet gewaschen. Nach ihm kommen noch ein paar andere junge Männer ins Zimmer, sagen mit einem Seitenblick auf mich »*Salam aleikum* – Friede sei mit dir«. Dann stellen sie sich mit Rulam zusammen zum Abendgebet auf. Als sie fertig sind, setzen sie sich in einer Runde zusammen und fragen Rulam über mich aus. Ob er alleine mit mir im Zimmer gewesen sei, interessiert sie offensichtlich am meisten. Dabei kichern sie wie pubertierende Jünglinge, die sie ja eigentlich auch noch sind. Ihre Gedanken kreisen den ganzen Tag um Liebe, Mädchen und heimliche Rendezvous. Es ist *das* Thema für sie. Erst danach kommt der *Dschihad.*

Plötzlich geht die Tür auf, und Sufi Chak Sar, Atta und Ali kommen herein.

»Mach mal das Licht an!«, sagt Sufi zu Atta.

Die jungen Männer stehen sofort auf und streben mit gesenkten Köpfen zur Tür. »Was wollt ihr hier?«, schimpft er mit ihnen. »Geht, geht, aber schnell!«

Dann begrüßt er mich und fragt mich, wie es mir geht.

»Danke, es geht mir schon viel, viel besser«, sage ich mit einem Seitenblick auf Rulam. »Und außerdem wünsche ich euch allen alles Gute zum *Naurus* – zum Neujahrsfest.«

»Danke«, sagt Sufi Chak Sar lächelnd, »hoffentlich wird es ein gutes Jahr für uns. Wir haben dir etwas zu essen mitgebracht und Tabletten für deinen Kopf.« Er holt aus einer der orangen Plastiktüten, die er in der Hand hält und die im ganzen Land herumflattern und jedes Gebüsch verunzieren, eine Packung pakistanisches Aspirin.

»Ali, meinst du, die werden mir helfen?«, frage ich ihn, während ich die Schachtel in meiner Hand herumdrehe.

Atta verzieht kurz den Mund und sieht Ali dabei an. Aber der zuckt nur mit den Achseln und fragt sich wahrscheinlich, warum ich ihm diese Frage stelle.

»Und noch etwas haben wir für dich, eine Rolle Toilettenpapier – Rosy!«

»Oh, danke«, sage ich entzückt über das Geschenk, »ihr denkt wirklich mit.« Dann packt er die andere Tüte aus. Darin befinden sich zwei Fladen, in denen Tomaten, Kebab und Zwiebeln eingewickelt sind.

»Warte«, sage ich, »ich will mir erst die Hände waschen.«

Er kommandiert Rulam herum, er solle den Krug und die Schüssel zum Händewaschen bringen.

»Ich kann auch selber nach unten gehen und mir die Hände waschen«, versuche ich die Aktion zu stoppen.

»Nein, bleib sitzen, du bist krank«, sagt er freundlich, aber bestimmt.

Rulam muss als Jüngster alle Botendienste für sie erledigen, so ist das eben. Es macht ihm auch nichts aus, denn es gehört zu seiner Tradition. Wenn er älter ist, kann er dann die Jüngeren herumscheuchen.

Als es Nacht wird, füllt sich der Raum mit Schlaf suchenden Mudschahedin. Alle richten sich irgendwie auf dem Boden ein. Ich bleibe allein in meiner Ecke, mindestens drei Armlängen vom nächsten müden Krieger entfernt.

Koran-Suren

Mudschahadin-Quartier, Peschawar, 22.3.1984

Am nächsten Vormittag frage ich, ob es irgendwo im Haus eine Dusche gäbe.

»Ja, natürlich«, sagt Sufi Chak Sar. »Rulam, zeig sie ihr!«

Wir machen uns auf den Weg nach unten in den Hof, wo es eine Tür gibt, hinter der ein länglicher Raum mit Wasseranschluss liegt. Am Wasserhahn ist ein langer Schlauch befestigt, der auf dem Boden liegt. Ein paar Shampoo-Flaschen stehen herum, und ein Stück zermatschte Seife liegt auf dem Boden.

»Hier kannst du dich duschen«, sagt Rulam. »Aber verriegele die Tür, damit keiner reinkommt.«

Voller Freude ziehe ich meine Sachen aus und hänge sie

an die Nägel an der Wand. Ich hocke mich hin, nehme den Schlauch in die Hand und lasse mutig das lauwarme Wasser über meinen Rücken laufen. Dabei sehe ich zu, wie es den schrägen Betonboden entlang unter der Tür nach draußen läuft. Das Wasser kommt von einem großen Wassertank auf dem Dach und ist nicht so kalt, da es dort oben den ganzen Tag von der Sonne aufgeheizt wird. Als ich mich gerade eingeseift habe, höre ich vor der Tür Gekicher und sehe die Schatten von Füßen unter dem Türspalt. So viel Dreistigkeit fordert entschiedene Gegenwehr. Ich nehme den Schlauch, drehe schnell das Wasser voll auf und spritze die Tür von oben bis unten ab. Sie hat nämlich, wie ich nicht bemerkt hatte, kleine Löcher und Spalten. Hinter der Tür gibt es große Aufregung, und etliche Füße rennen schimpfend davon.

»Haut ab!«, rufe ich ihnen hinterher und ärgere mich. »Kann man hier nicht mal in Ruhe duschen?« Dann nehme ich, immer noch eingeseift, meine Kleidung von der Wand und hänge sie an die nasse Tür als Vorhang.

»Rulam, wieso bist du weggegangen? Diese Blödmänner haben mich nicht in Ruhe duschen lassen«, entrüste ich mich, als ich wieder zurückkomme.

»Wer hat dich nicht duschen lassen?«, fragt Sufi Chak Sar.

»Na, irgendwelche Männer unten. Sie haben durch die Tür geguckt!«, sage ich immer noch sauer über so viel Frechheit.

Sufi Chak Sar steht auf und geht nach unten. Bis oben kann man seine laute Ansprache hören. »Wenn ich einen erwische, der durch die Tür guckt, dem werden nicht nur die Ohren abgeschnitten«, sagt er zum Schluss.

Am Nachmittag kommt wieder der Ausfrager Ingenieur Abdul Karim und erklärt uns, dass unten im ersten Stock ein Bürozimmer frei geräumt sei, in dem nur wir fünf, also Sufi, Atta, Ali, Rulam und ich, wohnen könnten. Es sei doch nichts für eine Frau, mit so vielen Männern in einem Zimmer, bemerkt er noch dazu.

Wir packen alles zusammen und ziehen in unser neues Quartier ein. Es gibt ein Holzbett mit durchhängender, geflochtener Matte. Darin muss ich schlafen. Zu meinem Glück steht unter dem Bett eine Holztruhe, die ich mir so hinziehe, dass ich eine gerade Fläche zum Schlafen habe. Die anderen schlafen auf dem harten Boden. An der Wand prangt die grüne Fahne des Islam. Vor dem Fenster steht sogar ein Schreibtisch mit Stuhl, auf den ich mich nun setzen muss. »Es ist ein komisches Gefühl, wieder auf einem Stuhl zu sitzen«, sage ich zu Abdul Karim. Der holt aus einer mitgebrachten Plastiktüte ein hellgrün-gelbliches *Schalwar-Kamis* heraus und reicht es mir mit den Worten: »Meine Frau hat es ausgesucht, ich hoffe, es gefällt dir.«

Ich finde die Farbe zwar ziemlich schrecklich, sage aber: »Es ist genau das, was ich wollte. Es sieht sehr hübsch aus.« Er gibt mir noch ein Paar Gummilatschen und eine Packung Paracetamol-Tabletten. Ich bedanke mich für alles bei ihm, woraufhin er nickt und sein Schreibheft aus seiner Aktentasche hervorholt.

Heute will er wissen, was ich alles über die russischen Truppenkontingente in Afghanistan weiß. »Nichts«, sage ich wahrheitsgemäß zu ihm, was er nicht glauben will. Er löchert mich ewig damit, wie viele russische oder afghanische Soldaten ich in Kabul gesehen hätte, wie viele Panzer durch die Straßen fahren und wann, in welchen Ministerien ich gewesen sei, ob und wie viele russische Berater es da gegeben hätte, wann genau die Sperrstunden in Kabul seien und wo gesperrt werde, wie viele Ausländer es in Kabul gäbe, mit welchen ich Kontakt gehabt hätte und so weiter und so fort. Jeder Fliegendreck interessiert ihn.

Ich kann ihm nur berichten, dass die Soldaten und Offiziere ihre Wodka-Rationen und manchmal auch ihre halbe Ausrüstung verkaufen, um ihren Sold aufzubessern. Ich fand es höchst erstaunlich, wie viele Flaschen hochprozentigen Alkohols mit aufgemaltem Dollarpreis es in manchen Läden in

Kabul zu kaufen gab. »Es gibt das Gerücht, dass viele Soldaten fleißige Haschisch- und Opium-Konsumenten sind, um die 18 Monate Einsatz in Afghanistan durchzustehen«, ergänze ich. »Das müssen sie ja irgendwie bezahlen. Also versetzen sie Teile ihrer Uniform oder gleich ihre Kalaschnikow und behaupten dann, sie wäre ihnen gestohlen worden.«

Nach zwei Stunden beendet er das Gespräch, und die anderen dürfen wieder herein. Da ich nicht rausdarf, frage ich Atta, ob ich nicht wenigstens mal aufs Dach steigen dürfe, um frische Luft zu schnappen. »Erst am Abend, wenn niemand dich sehen kann«, gibt er mir zur Antwort.

Wir sitzen alle herum und langweilen uns. So beschließt Sufi Chak Sar eine Koranstunde einzulegen und uns aus dem Koran vorzulesen. Da ich so gut wie kein Wort verstehe, frage ich ihn, ob er es mir übersetzen könne, damit ich auch etwas dabei lerne.

»Es ist die dritte Sure, die ich für den Anfang ausgewählt habe. *Gusch ku* – hör zu: ›Im Namen Allahs, des Gnädigen, des Barmherzigen. Alif Lam Mim – Ich bin Allah der Allwissende. Allah – es gibt keinen Gott außer Ihm, dem Lebendigen, dem aus Sich Selbst Seienden und Allerhaltenden. Er hat herabgesandt zu dir das Buch mit der Wahrheit, bestätigend das, was ihm vorausging; und vordem sandte er herab die Thora und das Evangelium als eine Richtschnur für die Menschen; und Er hat herabgesandt das Entscheidende‹ *Al Furqan* – den Koran.« Dann fährt er fort, die Sure in Arabisch zu rezitieren, ohne sie weiter zu übersetzen. Als er fertig ist, sieht er mich prüfend an und reicht mir seinen Koran.

»Schlag irgendeine Seite auf, ich werde sie dir vorlesen und sehen, ob ein Zeichen darin für dich versteckt ist«, sagt er mit spitzem Mund.

Ich öffne den Koran weiter hinten und tippe auf eine Stelle darin.

»Es ist die Sure 60, der 11. Vers« sagt er. »Ich lese ihn zuerst in Arabisch.« Mit seiner schönen Stimme rezitiert er den von mir ausgesuchten Vers ohne eine Gemütsregung in seinem Gesicht. Doch die anderen drei, Atta, Ali und Rulam, fangen wissend an zu lächeln.

»Du hast gut gewählt«, sagt er zu mir. »Ich übersetze es dir: ›O die ihr glaubt, wenn gläubige Frauen als Flüchtlinge zu euch kommen, so prüfet sie. Allah weiß am besten, wie es um ihren Glauben bestellt ist. Wenn ihr sie dann gläubig findet, so schickt sie nicht zu den Ungläubigen zurück. Diese Frauen sind ihnen nicht erlaubt, noch sind sie diesen Frauen erlaubt. Jedoch zahlt zurück, was sie ausgegeben haben. Und es ist keine Sünde für euch, sie zu heiraten, wenn ihr ihnen ihre Mitgift gegeben habt.‹«

»Wieso wollt ihr mich eigentlich immer verheiraten, habt ihr keine anderen Sorgen?«, frage ich halb belustigt, halb verwundert.

»Warum willst du nicht heiraten?«, fragt er zurück. »Es ist die Bestimmung einer Frau, zu heiraten, Kinder zu gebären und das Haus sauber zu halten. Was ist daran so schlecht? Schau dir all diese verdrehten Leute in Kabul an! Sie achten die Familie nicht, sie wollen sich ihren Mann selbst aussuchen, dabei haben sie doch keine Ahnung, wer zu ihnen passt. Dann ziehen sie auch noch enge Kleidung an und stellen ihre Reize zur Schau. Das wird noch ein böses Ende nehmen, glaube mir. Wir werden in Afghanistan einen islamischen Staat gründen, wenn wir die Russen besiegt haben, dann wird wieder Ordnung herrschen im Land.«

»Meinst du so wie im Iran? Ich glaube nicht, dass sich die Frauen dort gerade besonders wohl fühlen«, werfe ich ein.

»Weil sie alle abgekommen waren vom wahren Weg. Jetzt werden sie wieder zurückgeführt auf den Weg der Gläubigen«, fährt er fort. »Es ist die einzig wahre Religion, hier steht es drin.« Dabei legt er die rechte Hand auf seinen Koran und murmelt einen arabischen Spruch.

›Mit mir werdet ihr eine harte Nuss zu knacken haben‹, denke ich. Ich konnte ja nicht ahnen, dass sie in den folgenden Tagen noch schwerere Geschütze auffahren würden.

»Lass Ali eine Stelle aussuchen«, sage ich zu Sufi Chak Sar. »Ich will wissen, ob für ihn auch eine Botschaft im Koran steht.«

Ali hat nichts dagegen. Ich kenne den Koran vielleicht nicht so gut wie er, aber *eine* Sure ist mir aufgrund der Diskussionen um den Dschihad und den Krieg in Afghanistan in bester Erinnerung. »Such mal den 94. Vers der 4. Sure«, bitte ich ihn. Sufi Khak Sar weiß sofort, was ich meine. Er sieht mich an, als wolle er sagen: ›Wer bist du eigentlich?‹ Ich zucke nur kurz mit den Unterlidern und warte, dass Ali die Sure vorliest: »Und wer einen Gläubigen vorsätzlich tötet, dessen Lohn ist die Hölle, worin er bleiben soll. Allah wird ihm zürnen, ihn von sich weisen und ihm schwere Strafe bereiten.«

»Ist es nicht absurd, dass sich in eurem Krieg auch gläubige Moslems untereinander bekämpfen und umbringen?«

Am Abend darf ich mit Rulam auf das Dach hoch und über den Rand der Mauer auf die Stadt schauen. Es ist ein graubraunes, beleuchtetes Häusermeer, aus dem staubiger Dunst, allerlei gute und schlechte Gerüche, der Lärm der Autos, Mopeds und Fahrräder und der Ruf des Muezzins aufsteigen und von einem leichten Wind zu mir auf das Dach geweht werden. Nun kann ich auch die Moschee sehen, von deren Minarett aus fünfmal am Tag die Gläubigen zum Gebet gerufen werden.

In schönem, langgezogenem Gesang ruft der *Muezzin* viermal: »*Allah hu akbar* – Allah ist größer.« Dann singt er zweimal: »*La illahi illa Allah* – Außer Allah gibt es keinen Gott« und fährt fort mit: »*wa aschhaddu anna Muhammadun ar-Rasul Allah* – und Mohammad ist sein Gesandter.« Zweimal ruft er sodann die Gläubigen der Umgebung zur Moschee mit: »*Hayya as-Salat* – Kommt zum Gebet! *Hayya al-Falah* –

Kommt zum Heil« und »*Allah hu akbar* – Allah ist größer«. Zum Abschluss erinnert er noch einmal daran, dass es außer Allah keinen Gott gibt. Es ist ein Geräusch, das ich später in Deutschland vermisse, so wie man im Orient plötzlich die Kirchenglocken vermisst. Das Minarett ist hell erleuchtet, auf der Kuppel der Moschee glänzt die goldene, liegende Mondsichel.

Höchste Fahndungsstufe

DDR-Botschaft Kabul, 22.3.1984, 12.00 h

Telegramm

Absender: kabul   Dringlichkeit: blitz -n-
Geheimhaltungsgrad u. Regist.-Nr.: vd 35/84
Empfänger: gen. koenig
gen. burkert, sch
gen. sieber
gen. lindner, ssoa

sachstand fahndung beck – 22.3. 12.00 ortszeit

20.3. wurde durch lso ein sonderoperativstab in weitere ermittlung und fahndung einbezogen. auszerordentliche unterstuetzung durch sowjetische berater in lso gewaehrleistet. seit 21.3. ist in fahndung auch innenministerium – sarandoi – mit einbezogen. an allen grenzuebergangsstellen sowie flughafen kabul hoechste fahndungsstufe ausgeloest.

in auswertung eigenermittlungen, informationen abteilung schutz und erkenntnisse, die durch ermittlungsorgane dra gewonnen wurden, konnten die lso einen operativ interessanten personenkreis aufarbeiten bzw. unter kontrolle genommen werden. im rahmen laufender vernehmungen und ermittlungen wird intensiv nach moeglichen ansatzpunkten zur klaerung des aufenthaltes der beck gearbeitet.

...

erste einschaetzungen lso bestaetigen, dasz es einen erkennbaren starken kriminellen hintergrund im zusammenhang mit verschwinden der beck gibt. eine mitbeteiligung der beck wird nicht ganz ausgeschlossen. auszerordentlich schwierig gestaltet sich aufklaerung kontakte studentinnen zu diplomaten brd-botschaft in kabul. die am 18.3. durch geschaeftstraeger brd-vertretung woltmann (anruf bei gen. krueger) aus eigener initiative angebotene unterstuetzung und gegebene zusicherung, dasz studentin nicht auf territorium der vertretung sei, beantwortet noch nicht frage nach rolle brd diplomaten ...

von seiten cssr-botschaft wird an aufklaerung der kontakte cssr-diplomaten und spezialisten zu studentinnen gearbeitet.
ein vorsprechen kulturattaches, gen. bauer, beim geschaeftsträger plo-vertretung in kabul erbrachte zusage zur unterstuetzung bei unseren bemuehungen in der suche nach maedchen und bestaetigen, dasz trotz verbotes des botschafters, februar 84 ausgesprochen, die drei studentinnen doch an parties in plo-vertretung teilgenommen haben (abschiedsabend 12.3.).

zusammenfassend musz unterstrichen werden, dasz die zur zeit vorliegenden erkenntnisse nicht ausschlieszen, dasz beck sich noch in kabul aufhaelt, und eine bestimmte mitbeteiligung an ihrem verschwinden durch sie nicht auszuschlieszen ist. der bisher festgestellte kriminelle umgang der studentinnen schlieszt jedoch einen politischen bezug und hintergrund, wenn gesamtsituation des landes im kontext gesehen wird, nicht aus.

krueger
22.3.

Michelangelo in Peschawar

Mudschahedin-Quartier, Peschawar, 23.–26.3.1984

Am nächsten Tag habe ich Ruhe vor irgendwelchen Fragen oder Bekehrungsversuchen. Es ist Freitag, der freie Tag in der islamischen Welt. Alle sind mit sich beschäftigt, gehen in den Park zum Picknick und zur Moschee zum intensiven Beten. Nur ich muss alleine im Zimmer sitzen und die Wand anschauen. Ich beschließe zu schlafen und meine Grippe auszukurieren.

Doch gleich am Vormittag des Samstag kommt Abdul Karim, dieses Mal mit Gefolge. Er hat einen Mullah mitgebracht, der mit mir über den Islam reden und mich ganz offensichtlich bekehren soll. Der Mullah hat einen weißen Turban auf dem Kopf und einen schwarzen Umhang um die Schultern gelegt. Er setzt sich auf den Boden zu Sufi Chak Sar und fängt erst einmal an, mit ihm über mich zu sprechen. Dann fragt er mich, ob ich wirklich Muslima werden wolle. Ich bleibe höflich und sage: »Ich weiß nicht, ob ich dafür gut genug bin.«

Er beginnt, aus dem Koran vorzulesen, und ist überzeugt davon, dass seine Worte bei mir Wunder wirken. Doch ich enttäusche ihn und versuche Zeit zu schinden. »Ich kann noch nicht Muslima werden. Ich bin noch nicht reif genug für den Islam. Ich weiß ja noch nicht einmal, wie man betet«, sage ich zu ihm.

Ali und Sufi Chak Sar reden nun ebenfalls auf mich ein. Ich könne doch alles noch lernen. Der Mullah und sie selbst würden mir dabei helfen und alles erklären. Abdul Karim kommt schließlich auf den Punkt und sagt:

»Deine Angelegenheit ist sehr kompliziert. Wenn du einen Kommandanten der Mudschahedin heiraten würdest, wäre es für dich einfacher, hier herauszukommen. Aber du musst erst Muslima werden.«

Ich glaube einfach nicht, was er da sagt. »Ich bin doch nicht über diese ganzen Berge gestiegen, um hier in Peschawar zu heiraten? Ich wollte eigentlich in die Freiheit und nicht in die Ehe!«

»Trotzdem kannst du Muslima werden, das wäre gut für dich.« Sie hören nicht auf. Sie reden weiter auf mich ein. Ich verstehe nicht, warum sie so versessen darauf sind, mich zu bekehren, dass selbst der Geistliche sich darauf einlässt, mit mir Unwissender über den Islam zu diskutieren. Ich fühle mich von ihnen in die allerletzte Ecke gedrängt und berufe mich in meiner Verzweiflung auf *Issa*, auf Jesus. Der wäre in meinem Herzen, den kann ich nicht verleugnen und plötzlich an einen anderen Gott glauben. »Ich weiß«, sage ich ihnen, »dass Mohammad der letzte Gesandte Gottes auf Erden war. Aber ich kann mich nicht so von einem Tag auf den anderen zum Islam bekennen. Es käme nicht von Herzen.« Auch wenn ich mir selber starrsinnig vorkomme, jetzt beharre ich auf meinen evangelischen Familientraditionen, meinem Standpunkt, meiner mich selbst überraschenden, tief sitzenden Überzeugung, dass mein Gott bei mir ist und ich ihn nicht verleugnen kann. Ich *glaube* an etwas Göttliches, das mir Kraft gibt, das mich bis nach Peshawar gebracht hat und das mich jetzt so unantastbar werden lässt. »NEIN! Ich kann nicht!«, sage ich dem Mullah. »Ich verrate nicht meinen Gott und entsage ihm.«

Ich höre nur noch ihr »*amma, amma* – aber, aber«, schüttle meinen Kopf, ziehe meine Schultern hoch und sage: »*Basseh, basseh* – Hört auf! Es reicht.«

Als ich mir keinen anderen Rat mehr weiß, wie ich aus dieser Bedrängnis herauskommen soll, fange ich an zu weinen, vergrabe meinen Kopf in meinen Händen und flüstere: »Hilf mir Gott, hilf mir, ich kann nicht mehr!«

Darüber regt sich Ali auf, was mich endgültig resignieren lässt.

»Lasst mich doch einfach in Ruhe«, sage ich, und flüstere zu meiner innerlichen Erleichterung die verschärfte Version auf Deutsch. Ich drehe mich von ihnen weg, mache meine Augen zu und sage gar nichts mehr. Was ich denke, zeigt mir, dass es mehr gibt als die ratlose menschliche Existenz und dass ich dringend über Glauben, Gott und den Ursprung *meines* Seins nachdenken muss.

Betretenes Schweigen herrscht nun bei den anderen. Sie geben für heute vorerst auf und gehen nach draußen. Ich stelle mich an das Fenster und schaue durch einen Spalt der zugeklappten Fensterläden auf die staubige Straße unter mir. Da draußen geht das Leben einfach weiter. In der kleinen Werkstatt gegenüber werden Eisenteile krumm und wieder gerade gebogen, Autoreifen hin- und hergestapelt, Altöl in den Straßengraben gekippt. Dass der Kommandant aus *Terimangal* den ganzen Stress verursacht und den Mullah geschickt hat, weil er mich heiraten will, weiß ich nicht, auch nicht, dass ich inzwischen eine Art Geisel der Mudschahedin bin, dass meine Chance, wenigstens bis in die westdeutsche Botschaft nach Islamabad zu kommen, an einem seidenen Faden hängt und dass in Peschawar ein Dutzend Agenten des *KGB* und der *Stasi* unterwegs sind, um mich zu finden.

Ich stehe gänzlich unwissend am Fenster und frage mich, was passieren würde, wenn ich einfach ginge? Ob mich die Wachen unten durchlassen würden? Mit Sicherheit nicht! Und wenn doch, wo sollte ich dann hin? Einfach ein Taxi nehmen und nach Islamabad fahren? Erst einmal müsste ich einen ehrlichen Taxifahrer finden, der mir alles glauben und mich nicht sonst wohin fahren würde. Außerdem habe ich keine einzige Rupie pakistanisches Geld und käme sicher nicht sehr weit. Meinen Pass hatte ich ja auch noch nicht zurückbekommen. Es würde also alles nur noch viel komplizierter machen, als es sowieso schon ist. Ich muss wohl oder übel hier drinnen ausharren und irgendwie durchhalten. Traurig setze ich mich auf mein Bett und lasse den Kopf hängen.

Rulam kommt als Erster ins Zimmer zurück und schließt leise hinter sich die Tür.

Ich schaue ihn mutlos an und fange wieder an zu weinen. Er setzt sich neben mich und nimmt mich in den Arm. Behutsam wischt er mit seiner rauen Hand meine Tränen weg. Von seiner Zuwendung bin ich so überrascht, dass ich einfach nur dasitze und mich nicht bewege. Obwohl ich es mir die ganze Zeit gewünscht hatte, einmal von ihm umarmt zu werden, kann ich mich jetzt gar nicht darüber freuen. Der Ernst meiner Lage lässt keine Liebesgefühle mehr zu. Wie kann er wissen, was ich fühle, was ich denke? Wieso weiß ausgerechnet er, was ich durchmache? Wieso ist er hier bei mir? Wer bist du eigentlich? Rulam bemerkt meinen innerlichen Widerstand und lässt mich sofort los.

»*Gierja na ku* – Hör auf zu weinen, das bringt doch nichts«, sagt er tonlos zu mir.

Ich schaue ihn mit meinen verheulten Augen an und sage leise zu ihm: »*Bebachsch*, Rulam, *bebachsch*! – Es tut mir leid, Rulam, es tut mir leid. Ich weiß nicht mehr, was ich machen soll.«

Aus seiner Jackentasche holt er eine neue Dose Creme und

einen kleinen Spiegel hervor. »Hier, nimm, du musst dich mal eincremen, deine Nase und deine Wangen schälen sich wie eine gekochte Kartoffel.«

Ich lächle über seinen Vergleich und schaue seit zwölf Tagen zum ersten Mal wieder in einen Spiegel. Ich sehe tatsächlich aus wie eine Pellkartoffel, nur nicht so blass.

»Rulam«, sage ich zu ihm, während ich von meiner Nase die Haut abziehe, »was soll ich nur machen?«

»Werde Muslima, dann ist alles einfacher«, rät er mir. »Ich weiß nicht, was daran so schlimm ist, dass du dich weigerst.«

»Die Frauen kommen im Islam nicht so gut weg, sie müssen immer machen, was die Männer sagen, und dürfen nichts selbst entscheiden. Das passt mir daran nicht.«

»Ach, das glaubst du, weil sie dir das in Kabul erzählt haben. In Wirklichkeit sind die Frauen die Chefs der Familie. Meine Mutter schimpft ziemlich viel rum mit meinem Vater, das kannst du mir glauben. Meistens wird gemacht, was sie entscheidet.«

»Aber ich kann doch nicht irgendeinen Mann heiraten, den ich überhaupt nicht kenne. Vielleicht ist er ja so wie Ali, was dann?«, grüble ich weiter.

»Die werden dir schon den richtigen aussuchen, mach dir da mal keine Sorgen«, will er mich trösten.

»Doch«, widerspreche ich ihm, »ich mache mir Sorgen. Schließlich ist es mein Leben. Und ich werde keinen von denen heiraten. Schluss. Aus. Ende der Diskussion!« Ich ziehe entschlossen meine neue rosa Nase hoch und creme sie dann dick ein.

»Rulam, weißt du, dass Ali einmal versucht hat, mich anzufassen?«, rutscht es aus mir heraus. Ich wollte es eigentlich niemandem erzählen, auch nicht Rulam. Aber ich will es loswerden, weil es mich die ganze Zeit beschäftigt.

»Wie? Wann?« Rulam sieht mich entgeistert an und kann es auch nicht glauben.

»In der ersten Nacht, in dem Haus des Bauern, als wir über dem Kuhstall geschlafen haben«, erkläre ich ihm.

»Aber er hat doch seine *Kalaschinkow* zwischen euch gelegt«, fällt ihm wieder ein.

»Ja«, sage ich, sehe ihm ins Gesicht und lege meine Stirn in Falten. »Trotzdem kam er in der Nacht mit seiner Hand unter meine Decke. Und in *Terimangal* hat es noch ein anderer probiert. Dieser Bärtige mit den zotteligen Haaren, der vor meinem Bett lag.«

Rulam sieht mich erst mit großen Augen an. Dann zieht er seine Augenbrauen zusammen und sagt: »*Begu: wallah* – Sag: Bei Allah!«

»*Wallahi*, Rulam, ich schwöre es. Ich würde dich *nie* anlügen. Warum sollte ich so was erfinden?«, sage ich ihm und schaue ihn böse an, weil er gezweifelt hat.

»Erzähle es niemandem. Keiner würde dir glauben«, sagt er ärgerlich. »Sie würden dich verspotten und auslachen.«

»Ich weiß«, antworte ich. »Ich habe es ja auch nur *dir* erzählt. Ich vertraue dir *sad dar sad* – hundert Prozent. Rulam, du bist mein einziger Freund in diesem ganzen Durcheinander hier. Es ist zum Verzweifeln.« Wieder schießen mir die Tränen in die Augen.

Rulam umfasst meine Handgelenke und sagt: »Keiner wird dich mehr berühren.«

Nach einer Pause flüstert er ganz leise: »*Tura dost daram* – Ich liebe dich.«

Ich schließe die Augen und seufze einmal tief. »Rulam, du bist zu gut für diese Welt.«

Der Sonntag, es ist mittlerweile der 25. März, bringt eine Überraschung. Doktor Asisullah Lodin, ein großer stattlicher Mann in Anzug und Krawatte, tritt in das Zimmer ein und begrüßt mich auf Deutsch. Er habe in Köln Volkswirtschaft studiert, deshalb könne er Deutsch, erklärt er mir. Jetzt sei er politischer Berater des Führers von *Harakate Inqilabe Islami*. Er sei die ganze Woche nicht in Peschawar gewesen und habe erst heute davon erfahren, dass ich hier sei. »Ich werde noch heute in der westdeutschen Botschaft anrufen und sie über dich informieren«, sagt er.

»Wie bitte?«, frage ich mit großen Augen. »Weiß etwa bis jetzt noch niemand, dass ich seit einer Woche hier bin?«

Er nickt nur. Wie soll ich das glauben? Seine Mudschahedin bringen mich nach Pakistan und er weiß nichts davon?

»Darf ich eigentlich einen Brief an meine Eltern schreiben oder wenigstens an jemanden, der eine Nachricht an sie weitergeben kann? Sie machen sich sicher Sorgen.«

»Nein«, sagt er, »das geht leider nicht. Bis jetzt darf noch niemand erfahren, dass du hier bist, es könnte sonst politische Verwicklungen größeren Ausmaßes geben.«

Er verabschiedet sich gleich darauf, weil er jetzt leider nicht viel Zeit habe, morgen früh wolle er aber wiederkommen.

Als er am nächsten Tag erscheint, hat er unter dem Arm ein paar Bücher, die er mir reicht. Es sind die Saddat-Biographie auf Englisch, ein Buch von Wladimir Bukowski mit dem vielsagenden Titel »Dieser stechende Schmerz der Freiheit« auf Deutsch, sein Lehrbuch »Deutsch für Ausländer« und ein italienischer Bildband über Rom, der noch für Aufregung sorgen wird.

Dr. Lodin ist ein weltoffener Mensch, kein religiöser Fanatiker und versichert mir, dass er alles tut, damit ich bald nach Deutschland fliegen könne. Im Moment müsse ich noch abwarten.

»Die pakistanische Staatssicherheit, der *ISI*, ist auch involviert und sehr an dir interessiert. Alle haben Angst vor Spionen. Es sind schon so viele russische Agenten hier in Pakistan verhaftet worden. Der *ISI* will kein Risiko eingehen. Dahinter stecken politische Angelegenheiten, die sehr kompliziert sind«, erklärt er mir. Er müsse jetzt auch gleich wieder gehen, komme aber diese Woche noch einmal vorbei, sagt er noch und ist schon wieder fort.

Ich freue mich über die Bücher und fange gleich an, in dem Bildband zu blättern. Interessiert schauen die anderen mit ins Buch, und ich erkläre ihnen, dass es so in einer Stadt in Italien aussieht. Auf den Seiten über den Petersdom gibt es zahlreiche Abbildungen mit Engeln und auch eine, die Gott zeigt, wie er Jesus hält.

»Wer soll das sein?«, fragen sie mich.

»Der mit dem langen Bart soll Gott sein, der andere ist Jesus«, sage ich und ahne schon die Diskussionen, zu denen das Buch führen wird.

»So soll ein Gott aussehen? Woher willst du das wissen? Man kann Gott nicht abbilden, niemand weiß, wie er aussieht«, sagt Ali und nimmt mir das Buch aus der Hand, um sich dieses Bild genauer zu betrachten.

Er blättert weiter und findet halbnackte Engel.

»Und das, was sind das?«, fragt er mich und tippt unsanft mit dem Finger auf sie.

»*Fereschte* – Engel«, sage ich nur.

Doch das Schlimmste kommt erst noch. Ein Bild von Michelangelo ist natürlich auch in dem Buch. Es ist ausgerechnet das von der Schöpfung des Menschen, und Adam ist darauf ziemlich nackt.

Er klappt das Buch zu, schmeißt es in die Ecke und geht.

Sufi Chak Sar reagiert als Erster. Er holt das Buch, gibt es mir zurück und sagt: »Verstecke es unter deiner Decke und zeige es niemandem, *tamam*?«

»*Ballee* – Ja«, sage ich, denn ich sehe ein, dass es für dieses Haus sehr unpassend ist. Zum Glück hatten sie noch nicht den nackten David entdeckt.

Trotzdem kommen in den nächsten Tagen immer mal wieder Männer, die nach dem Buch und diesen Bildern von Gott fragen. Ich bin mir sicher, dass sie es sich heimlich ansehen, während ich gerade unten im Waschraum, auf der Toilette oder bei einer der zahllosen Befragungen durch *Harakat*-Geheimdienstler in einem anderen Raum des Gebäudes bin.

Sachstand Fahndung

DDR-Botschaft Kabul, 27.3.1984, 12.00 h

```
                    Telegramm

Absender: kabul               Dringlichkeit: blitz
Geheimhaltungsgrad u. Regist.-Nr.: vvs – t – b
7/124 03/84
Empfänger:  gen. koenig
            gen. burkert, sch
            gen. sieber, zk-iv
            gen. lindner, ssoa

sachstand fahndung kerstin beck – 27.3. – 12.00
uhr


im ergebnis zusammenarbeit botschaft-lso konnte
ein groszer kreis der kontaktpersonen der studen-
tinnen durch lso unter kontrolle genommen wer-
den. acht personen wurden in diesem zusammenhang
verhaftet.
vernehmungen gestalten sich schwierig und er-
brachten zum teil sehr widerspruechliche ergeb-
nisse. gesichert ist, dasz bisher aufgearbeiteter
personenkreis mit beck in verbindung stand bzw.
am verschwinden von beck beteiligt war.
```

die bisher vorliegenden ergebnisse bestaetigen, dasz beck bis vermutlich 20.3. sich in kabul aufgehalten hat und nach diesem zeitpunkt in versteck auszerhalb stadt untergebracht wurde. fahndungsmasznahmen konzentrieren sich auf provinz logar und orte, die sich in naehe pakistanischer grenze befinden.

mit ueberschreiten der grenze zu pakistan ist mit einer groeszeren kampagne gegen dra, ddr und su zu rechnen. bitte pruefen, inwieweit botschaft islamabad in diesem falle wirksam werden mueszte.

eingeschaetzt werden kann, dasz organe der chad – lso und sarandoi – innenministerium sichtbar alle erdenklichen masznahmen unternehmen, um fahndung nach beck erfolgreich abzuschlieszen.

krueger
27.3.

Ermittlungsverfahren
§ 213 (2) StGB

MfS/BV Berlin	Berlin, 28.03.1984
Diensteinheit IX	
Mitarbeiter Wengk	Reg.-Nr. XX 810/84

Beschluss

über das Anlegen
eines operativen Vorganges /
zentralen Operativen Vorganges

1. Deckname
2. Tatbestand gem. §§

---

eines Untersuchungsvorganges zur Person

Beck Kerstin 110260 5 1901 1 Gera

Tatbestand gem. §§ 213(2) StGB

	Ermittlungsverfahren mit Haft	Auslieferungshaft
	Ermittlungsverfahren ohne Haft	Ausweisungsgewahrsam
x	Ermittlungsverfahren (Fahndung)	Ausweisung ohne Gewahrsam
	Ermittlungsverfahren gegen Unbekannt	Verdachtsprüfung/Vorkommnisuntersuchung

eines Sicherungsvorganges

---

einer Feindobjektakte/Kontrollobjektakte/Zentralen Feindobjekt- bzw. Kontrollobjektakte

1. Deckname
2. Bezeichnung des Objektes

	Wengk, Hptm.
Bestätigt 7.4.84	Kranitz Pönitz, Obl

Ministerrat
der Deutschen Demokratischen Republik
Ministerium für Staatssicherheit

Berlin, den 28.03.1984

Verfügung

Gemäß § 98 der Strafprozessordnung wird gegen ~~den~~/die

Name	B e c k		
Vorname	Kerstin		
geboren am	11.02.1960	in	Gera
Beruf	ohne	zuletzt	Studentin
Wohnanschrift	1035 Berlin, Jessnerstraße 60		

aus den unten angeführten Gründen die Einleitung eines Ermittlungsverfahrens angeordnet.

Gründe:

Die Beschuldigte BECK steht im dringenden Tatverdacht, einen ungesetzlichen Grenzübertritt begangen zu haben, indem sie von einem bis zum 14. März 1984 vorgesehenen Studienaufenthalt in

Afghanistan rechtswidrig nicht in die DDR zurückkehrte.

Strafbar gemäß § 213 (2) StGB

Kranitz

Siegel Leiter des Untersuchungsorgans

Mohammad Nabi Mohammadi

Mudschahedin-Quartier Peschawar, 28. – 31.3.1984

Am Mittwoch, dem 28.3.1984, führt die Politische Abteilung von *Harakat* ein sogenanntes Interview mit mir und will auch Fotos von mir machen. Am nächsten Tag erscheint ein unsympathischer Herr der »Kultur«-Abteilung von *Harakat*. ›Welche Kultur der wohl macht‹, frage ich mich und weigere mich, mit ihm Russisch zu sprechen. Der nicht besonders nette Mann fährt mich daraufhin barsch an: »Sie müssen Russisch verstehen, Sie sind aus Ostdeutschland.«

»Aber in Ostdeutschland spricht man Deutsch und nicht Russisch! Ich kann und will mich mit Ihnen nicht auf Russisch unterhalten«, entgegne ich ihm in Dari.

Meine Nerven liegen blank, und ich sage erst mal gar nichts mehr. Ich will nicht schon wieder irgendwelche sinnlose Diskussionen führen.

Schließlich lenkt er ein und hält mir mitgebrachte Ausweispapiere und Briefe, die sie erschossenen sowjetischen Soldaten abgenommen haben, unter die Nase.

»Können Sie das lesen?«, fragt er in Dari.

»Ja, kann ich«, sage ich trotzig.

Der Feind bekommt einen Namen und ein Gesicht, hat Bilder von seiner Familie dabei, die wahrscheinlich noch nicht einmal weiß, dass der Sohn in Afghanistan und noch dazu tot ist. Ich sehe mir die Ausweise an, lese die Namen. Alles blutjunge Soldaten, keiner älter als 20. Unbewusst schüttle ich meinen Kopf. »Scheiß Krieg«, fluche ich halblaut in Deutsch.

Der namenlose Herr von der »Kultur«-Abteilung beginnt seine Befragung nun doch in Dari. Alle Fragen, die mir Abdul Karim schon gestellt hat, muss ich noch einmal beantworten. Offensichtlich versuchen sie, mich mürbe zu machen, mich auszuquetschen, ob ich mich irgendwann einmal verspreche oder etwas sage, was nicht stimmt oder mit dem bisher Gesagten nicht zusammenpasst. Was weiß ich. Sie haben anscheinend immer noch Angst, ich könnte ein russischer Spion sein. Fotos machen sie natürlich auch. Zu allem Überfluss kommt auch noch ein Mullah gegen Abend und liest mir aus dem Koran vor, um meinen Geist zu öffnen, wie er mir erklärt.

Ich lasse alles über mich ergehen, bin aber am Abend so erschöpft, dass ich nicht mal mehr Lust habe, mit Rulam auf das Dach zu gehen.

Der nächste Morgen bringt mir ein bisschen Ruhe und Frieden, denn es ist schon wieder Freitag. Mein zweiter Freitag in diesem Haus, das mir langsam zum Gefängnis wird. Sie lassen mich den ganzen Tag alleine. Nur mittags kommt jemand vorbei, um mir eine Schüssel voll Reis mit *Dal,* kleinen gelben Linsen, zu bringen.

Nach dem Abendgebet kommen alle zurück, und Sufi Chak Sar eröffnet mir, dass ich morgen hohen Besuch bekommen werde.

»Wer ist es diesmal? Vielleicht der Chef selber?«, frage ich ein bisschen genervt.

»Ja!«, sagt er. »Ahmad Nabi kommt morgen früh, um dich zu sehen.«

»Oh!«, fällt mir darauf nur ein.

Der Gründer und Chef von *Harakate Inqelabe Islami*, Mohammad Nabi Mohammadi persönlich, betritt um zehn Uhr begleitet von seinen Sicherheitsleuten das kleine Büro und setzt sich hinter den Schreibtisch. Er ist ein Mann von circa 60 Jahren, hat wie alle Geistlichen einen gepflegten, langen schwarzen Bart, einen weißen Turban auf dem Kopf und eine ruhige, besonnene Ausstrahlung. Bevor er in den Widerstand ging, war er Mullah und Koranlehrer im Dorf seiner Heimat. Die neuen Sitten in Kabul und die sowjetische Besetzung seines Landes konnte er nicht gutheißen, er musste sie bekämpfen. Zusammen mit anderen Mullahs gründete er die Islamische Revolutionsbewegung, die *Harakate Inqelabe Islami*. Seine Mudschahedin kämpfen vor allem in den paschtunischen Stammesgebieten im Osten und Süden des Landes.

Er fragt mich in Paschtu, wie es mir gehe, ob ich irgendetwas bräuchte und ob mich alle gut behandeln würden.

Befangen antworte ich ihm nicht in Paschtu, sondern in Dari, dass es mir gut gehe – obwohl es nicht stimmt –, ich hier alles habe, was ich brauche, und alle nett und sehr gastfreundlich zu mir seien. Auch bedanke ich mich mit gut gewählten Worten bei ihm für die Hilfe seiner Organisation und seiner Mudschahedin, die mich sicher diesen gefährlichen Weg nach Pakistan gebracht hätten.

Er nickt bedächtig, holt dann Rupien im Wert von 50 Dollar aus seiner Tasche und hält sie mir hin.

Ich lehne dankend ab. »Ich brauche kein Geld«, sage ich verwundert zu ihm. Ich verstehe nicht, warum und wofür er mir Geld geben will.

Er gibt es einem seiner Männer, der es mir in die Hand drückt. Ich sehe kurz hilfesuchend zu Sufi Chak Sar, weil ich nicht weiß, wie ich reagieren soll. Er nickt mir zu, und bedeutet mir, dass ich es ruhig nehmen könne. Die rechte Hand auf der Brust und alles Gute für die Zukunft wünschend verabschiedet sich die hochrangige Delegation von uns und schwebt förmlich aus der Tür. Ich schaue mir das Bündel Rupien an und zucke mit den Schultern. »Was soll ich damit machen?«

»Steck es ein, es gehört dir. Er hat es dir geschenkt, damit du nicht mittellos dastehst. Das ist so Sitte«, klärt mich Sufi Chak Sar auf.

Mittellos für was? Hatten sie etwa immernoch nicht aufgegeben, mich zu verheiraten?

Den ganzen Tag unterhalten sich alle Mudschahedin über diesen Besuch, welche Ehre es gewesen sei, dass ihr Führer höchstpersönlich zu ihnen gekommen sei.

»Er ist auch nur ein Mensch«, sage ich irgendwann ein bisschen respektlos, kriege aber noch die Kurve und ergänze: »Aber ein sehr, sehr schlauer, da er euch alle anführt.«

Ich beschließe, obwohl es noch heller Tag ist, auf das Dach zu gehen und meinen Kopf auszulüften. Atta schickt mir Rulam hinterher, damit er auf mich aufpasst. Beim Hochsteigen kommt mir ein junger Mudschahed entgegen, der mir spontan die Hand zum Gruß hinstreckt. Ich zögere kurz, weil ich keinem die Hand geben will, um den mühsam erarbeiteten Respekts-Abstand zu wahren. Doch dann sehe ich, dass am untersten Glied seines Daumens noch ein kleiner Daumen herausgewachsen ist. Damit er nicht denkt, dass ich ihm wegen dieses »Schönheitsfehlers« nicht die Hand geben will, schlage ich nun doch in seine hingehaltene Hand ein. Er freut sich königlich und will gar nicht wieder loslassen. Rulam schnauzt ihn an, er solle weitergehen. Ich befreie mit einer kurzen Drehung meine Hand aus seiner. Er sieht mich verblüfft an. Dabei berühre ich aber seinen kleinen Daumen und habe ein ganz komisches Gefühl.

»Weißt du, warum er zwei Daumen an einer Hand hat?«, frage ich Rulam.

»Nein, es war wohl Allahs Wille«, sagt er.

»Genau, Allahs Wille! Er ist ein *Alien*!«, sage ich zu Rulam.

»Was ist denn das, ein *Alien*?«, fragt er prompt zurück.

»Die kommen vom Himmel auf die Erde«, erkläre ich ihm mit Schalk im Nacken. »Vielleicht hat Gott sie sogar extra hierher geschickt?«

»Du willst mich verarschen!«, empört sich Rulam.

»Ja«, gebe ich zu. »Aber im Ernst, ich glaube, es kommt davon, dass ihr immer nur eure Cousinen heiratet«, sage ich und verdrehe die Augen, denn dieses Mal habe *ich* das leidige Thema Heirat angesprochen. Rulam grinst mich nur wissend an und lehnt sich, als wir endlich oben angekommen sind, lässig an die Begrenzungsmauer auf dem Dach. Ich lasse mir den warmen Wind ins Gesicht wehen und schaue über die Dächer der Stadt. Wie immer hängt eine Staubwolke wie eine Glocke über Peschawar. Das unablässige Hupen tausender Motorrikschas, Taxis und Trucks ist von früh bis spät die Begleitmusik dieses Zentrums des afghanischen Widerstandes.

Nicht nur *Harakat* hat hier ihr Hauptquartier, noch etliche andere afghanische Mudschahedin-Organisationen wie die *Hesbe Islami* von Gulbuddin Hikmetyar und die *Dschamiate Islami* Burhanunddin Rabbanis steuern von hier aus ihren Kampf in ihren Gebieten. Sie alle werden mehr oder weniger stark von Pakistan, den USA und Saudi-Arabien finanziell und materiell, das heißt mit Waffen und Gerät, unterstützt. Verwundete Kämpfer, die es unter Aufbietung ihrer letzten Kräfte wieder zurück nach Pakistan geschafft haben, werden in den Krankenhäusern der Stadt den Möglichkeiten entsprechend medizinisch versorgt. Internationale Hilfsorganisationen aus allen Ländern der westlichen Welt wie das Internationale Komitee des Roten Kreuzes, das Hochkommissariat für Flüchtlinge der Vereinten Nationen, Médecins sans Frontières, aber auch die Hilfsorganisation Roter Halbmond der islamischen Welt leiten von hier aus die Betreuung der Verwundeten und der Flüchtlinge in den zahllosen Flüchtlingslagern in der gesamten Nordwestlichen Grenzprovinz Pakistans. Immer wieder begeben sich auch mutige Ärzte auf eigene Faust nach Afghanistan hinein, um dort in den entlegenen Bergdörfern den Menschen zu helfen, die keine Möglichkeit haben, nach Pakistan zu fliehen oder ins Hunderte von Kilometern entfernte Krankenhaus in Kabul oder irgendeiner Provinzhauptstadt Afghanistans zu gelangen.

Das Dach füllt sich nach und nach mit Neugierigen, weil sich herumgesprochen hat, dass ich oben bin. Rulam findet es daher besser, wenn wir wieder ins Zimmer gehen und lieber am Abend noch einmal heraufkommen.

Am Nachmittag verabschiedet sich Sufi Chak Sar von uns allen. Es warten noch wichtige Aufgaben auf ihn, schließlich sei er der Beauftragte für die Provinz Kabul, sagt er. Er könne leider nicht so lange bleiben, bis sich meine Angelegenheit gelöst habe. Ich bitte ihn, seiner jungen Frau und seiner Mutter die besten Grüße auszurichten, und danke ihm für seine Unterstützung und Gastfreundschaft.

»Ich werde deine Rezitationen vermissen«, sage ich zu ihm, als er schon halb zur Tür hinaus ist. Er dreht sich noch einmal um und zwinkert mir mit beiden Augen zu.

Polizeiliche Abmeldung

```
Bezirksverwaltung                    Berlin, 30.03.1984
für Staatssicherheit Berlin
Untersuchungsabteilung

Präsidium der Volkspolizei
Abt. Pass.- und Meldewesen
```

Berlin

Von unserer Dienststelle durchgeführte Ermittlungen haben ergeben, dass die Person

B e c k, Kerstin
geb. am 11.02.1960 in Gera
wohnhaft: 1035 Berlin,
Jessnerstr. 60

die DDR ohne Genehmigung verlassen hat und sich für ständig außerhalb des Staatsgebietes der DDR aufhält.

Es wird gebeten, die polizeiliche Abmeldung vorzunehmen.

gez. Jantz
Hauptmann

Aufklärung

Mudschahedin-Quartier, Sonntag 01.4.1984, 10.00 h

»Rulam, du musst für mich in die Apotheke gehen und etwas kaufen. Du sagst zu dem Apotheker, es ist für dieses monatliche Frauenleiden. Ich brauche so ein Paket mit Mulltüchern drin, aber kein Kleenex für die Nase. Kannst du dir das merken?«, sage ich, als ich am Vormittag mit ihm allein im Zimmer bin.

»Was hast du nun wieder für eine Krankheit?«, fragt er verwirrt.

»Es ist keine Krankheit, alle Frauen kriegen das einmal im Monat, außer wenn sie schwanger sind«, erkläre ich ihm, während er mich ungläubig anguckt. Ich merke, dass er keine blasse Ahnung hat, wovon ich spreche. Woher auch. Aufgeklärt wird er über diese Dinge erst am Tage seiner Hochzeit. Wenn in Afghanistan Mädchen und Frauen ihre Periode haben, dann müssen sie diese Tage mit Heimlichtuerei durchstehen. Sie benutzen zusammengelegte Baumwolltücher zum Aufsaugen des Blutes. Diese werden nachts gewaschen und halbwegs getrocknet. Bis zum Morgen sind sie schon wieder von der Wäscheleine verschwunden. Tampons wären mir natürlich lieber gewesen, schon wegen der Entsorgung, aber die gibt es hier gleich gar nicht zu kaufen. Außerdem wüsste ich nicht, wie ich ihm *das* erklären soll. Ich habe sowieso noch keine Vorstellung, wie ich dieses Problem lösen werde.

»Geh erst einmal und hole mir so ein Paket«, sage ich zu ihm. »Wenn du wiederkommst, werde ich dir alles erklären.«

»Versprochen?«, fragt er unsicher.

»Versprochen!«

Ich gebe ihm ein paar von meinen Rupien und denke: ›Wenn Ahmad Nabi wüsste, wofür ich die jetzt ausgebe.‹

Rulam kommt – gepriesen sei der Verstand des Apothekers – mit dem richtigen Paket zurück. Ich verstecke es in meinem Bündel unter dem Bett und setze mich neben Rulam. Auf einem Blatt Papier male ich ihm zum besseren Verständnis einen 28-Tage-Zyklus auf und erkläre ihm: »Frauen haben an gewissen Tagen in der Mitte des Zyklus kleine Eier im Bauch, die von den Spermien des Mannes befruchtet werden können, und dann entsteht daraus ein Baby – oder auch nicht. Die Frau kann nämlich auch jeden Tag eine Tablette nehmen, damit sie nicht schwanger wird. Oder der Mann lässt seine Frau in Ruhe in dieser bestimmten Zeit. Alle 28 Tage ungefähr wird alles mit Blut herausgespült. Das dauert ein paar Tage, und dann beginnt die ganze Sache wieder von vorne.«

»Sehr merkwürdig«, sagt er, »und du bist dir sicher, das ist bei allen Frauen so?«

»Ja«, sage ich, »auch bei afghanischen.«

Er denkt eine Weile nach und sieht sich das Bild an. Ich zweifle, ob er es wirklich verstanden hat.

»Weißt du wenigstens, wie das funktioniert so zwischen Mann und Frau?«, frage ich ihn und reibe zur Veranschaulichung meine ausgestreckten Zeigenfinger nebeneinander.

»Ja«, sagt er und grinst mich breit an.

»*Alhamdullilah* – Na, Gott sei Dank!«, sage ich erleichtert.

»Wo bekommt man diese Tabletten?«, fragt er mich vorausschauend.

»Deine zukünftige Frau geht zu einer Ärztin, und die kann sie ihr geben. In Kabul und auch in manchen Dörfern in Afghanistan gibt es Frauenkomitees, die den Frauen diese Tabletten kostenlos ausgeben und sie über Empfängnisverhütung aufklären, so wie ich dich jetzt gerade. Die Mullahs wollen davon nichts wissen. Sie sagen, Kinder sichern den Fortbestand der Familie, und außerdem wäre es ein Eingriff in die gottgegebene Natur. Viele Frauen wollen aber gar nicht sechs, sieben oder zehn Kinder, aber sie wissen genauso wenig wie du, warum sie andauernd schwanger sind. Ich hoffe, du bist jetzt schlauer.«

Er nickt und steckt den Zettel ein. Gedankenversunken sitzen wir eine ganze Weile nebeneinander. Plötzlich wird die Tür schwungvoll aufgestoßen, und Ali und Atta kommen mit dem Mittagessen, das sie in einer Garküche vorn an der Hauptstraße gekauft haben, herein.

»Was macht ihr denn da?«, fragt Ali hintersinnig.

»*Hitschie* – nix«, antworten wir beide im Chor und müssen darüber lachen.

Auch der nächste Tag vergeht ohne eine Entscheidung, ohne Informationen. Rulam und ich putzen das Zimmer, waschen Wäsche, falten Papierflieger, unterhalten uns über »Gott und die Welt« und wie winzig und unwissend wir zwei sind. Er rezitiert aus dem Koran, weil er weiß, dass ich es entspannend finde. Geduldig versucht er, mir damit Arabisch beizubringen. Er unterrichtet mich, wie man Allah in vollendeter Schönschrift schreibt und wie man daraus ein Bild entstehen lassen kann, wie man Mohammad und Fatima genauso formvollendet aufmalen kann, und erklärt mir, dass Mohammad der Gesandte Allahs, Fatima Mohammads Tochter und Ali sein Schwiegersohn war. Wir stecken die Köpfe zusammen, als hätten wir gerade ein Geheimnis entschlüsselt.

Fahndungsersuchen

Verhaftung – Zuführung – Vermisst-
Aufenthaltsermittlung – Ausweismissbrauch*)

Name: B E C K
(auch frühere Namen)

Vornamen: Kerstin
(Rufname unterstreichen)

PKZ: 110260519011
Geburtsort: Gera
Staatsbürgerschaft: DDR
Grund: unges. Grenzübertritt

Ersuchende Behörde:
Generalstaatsanwalt von Berlin
– Hauptstadt der DDR –
Aktenzeichen: 213 – 5 – 84

Tgb.-Nr.: Datum: 2.4.84

Gewalttätig! – Schusswaffe! Ja – Nein*)
Ausbrecher – entwichen – simuliert – geistesgestört*)

Letzte Wohnadresse:
1035 Berlin, Jessnerstr. 60

Fahndungsbuch überprüft, Ausschreibung besteht
für 76/6740

D.S. i.A.
Heyer
Staatsanwalt
Unterschrift und Dienststellung

*) Nichtzutreffendes streichen!

Generalstaatsanwalt
von Berlin
Hauptstadt der DDR
Abteilung IA

1026 Berlin, den 2.04.1984
Postfach
Telefon 2 10 93 71

Generalstaatsanwalt von Berlin, 1026 Berlin,
Littenstraße 16–17

H a f t r i c h t e r!

Ich beantrage den Erlass eines Haftbefehls gegen die

Studentin B e c k, Kerstin
geb. am 11.02.1960 in Gera
wohnhaft gewesen: 1035 Berlin,
Jessnerstraße 60

Sie wird beschuldigt, ungesetzlichen Grenzübertritt begangen zu haben. Die Beschuldigte befand sich zu einem Stu-

dienaufenthalt in der
Demokratischen Republik
Afghanistan, der bis zum
13.03.1984 befristet war.
Am 13.03.1984 entfern-
te sich die Beschuldigte
von der Studiengruppe und
kehrte nicht in die DDR
zurück.

Strafbar gemäß § 213(2) StGB

Der Erlass eines Haftbefehls ist gemäß § 122(1) 1,(2)1 StGB wegen Fluchtverdacht begründet, der sich bereits aus der Straftat ergibt.

Im Auftrag
Heyer
Staatsanwalt

Der Richter des Stadtbezirksgerichts Berlin-Mitte erlässt daraufhin unter dem Aktenzeichen Hs.B. 140/84/ F am gleichen Tag einen Haftbefehl:

Haftbefehl

Die Beck, Kerstin, geboren am 11. Februar 1960
in Gera, wohnhaft gewesen: 1035 Berlin, Jessner-
straße 60
ist in Untersuchungshaft zu nehmen.

Sie wird beschuldigt, ungesetzlichen Grenzübertritt begangen zu haben.
Die Beschuldigte befand sich zu einem Studienaufenthalt in der Demokratischen Republik Afghanistan, der bis zum 13. März 1984 befristet war.
Am 13. März 1984 entfernte sich die Beschuldigte von der Studiengruppe und kehrte nicht in die DDR zurück.

Vergehen/Verbrechen gem. § 213 (2) StGB
Er/Sie ist dieser Straftat dringend verdächtig.
Die Anordnung der Untersuchungshaft ist gemäß § 122 (1) 1 (2) 1 StPO gesetzlich begründet, weil sich Fluchtverdacht aus dem Charakter der Straftat ergibt.

Gegen diesen Haftbefehl ist das Rechtsmittel der Beschwerde zulässig (§ 127 StPO).
Sie ist binnen einer Woche nach Verkündung des Haftbefehls bei dem unterzeichneten Gericht zu Protokoll der Rechtsantragstelle oder schriftlich durch den Betroffenen oder einen in der DDR zugelassenen Rechtsanwalt einzulegen (§§ 305, 306 StPO).

Abschied

Mudschahedin-Quartier Peschawar, 3. – 5.4.1984

Für den 3. und 4. April hat sich der pakistanische Geheimdienst angekündigt, um mich zu interviewen. Ich werde durch Verbindungstüren und -flure von unserem Gebäude zu einem

Nachbargebäude gebracht. Dort warte ich in einem großen Versammlungsraum mit vielen Tischen und einer Sitzgruppe zusammen mit Rulam, Ali, Atta und Ingenieur Abdul Karim auf die Herren des ISI. Wir bekommen Cola und Fanta serviert, dann stellen sie mir die gleichen Fragen wie schon Abdul Karim zuvor. Ich kann ihnen nichts Neues berichten. Trotzdem wollen sie jede noch so kleine Information haben. Was ich über geplante Grenzbefestigungen zwischen Afghanistan und Pakistan wisse. Ich erkläre ihnen, dass es nur ein Gerücht in Kabul gäbe, dass die sowjetische Armee alle fünf oder zehn Kilometer einen Posten errichten werde und einen Stacheldrahtzaun entlang der Grenze ziehen wolle. Das ist natürlich völlig unrealistisch in diesen Bergen. Aber es gibt dieses Gerücht.

Nach drei oder mehr Stunden beenden sie endlich die Befragung und sagen, ich müsse noch im Raum bleiben und auf den Fotografen warten. Rulam, Atta und Ali gehen auch. Sie haben noch etwas anderes vor für heute, sagen sie. Nach über einer Stunde erscheint endlich Abdul Karim mit einem Mann, der eine sehr moderne Kamera in der Hand hat. Er schießt ein paar Bilder von mir mit der blanken Wand und zur Abwechslung auch mit der blaugestrichenen Holztür als Hintergrund. Abdul Karim verlässt mit ihm den Raum und lässt mich allein zurück.

»Und was ist mit mir?«, rufe ich ihm nach.

»Jemand wird gleich kommen und dich wieder zurück in dein Zimmer bringen.« Mit diesen Worten schließt er die Tür von außen zu, damit ich nicht verloren gehe.

Aus dem »gleich« werden vier Stunden. Ich wandere in dem großen Raum zwischen den Tischen hin und her und lerne dabei, was eigentlich Geduld ist. Es dämmert schon, als mich endlich jemand erlöst und über die Dächer zurück zu unserem Gebäude bringt.

Als ich das Zimmer betrete, sitzen meine drei Mudschahedin auf dem Boden und essen ein selbstgekochtes Mahl.

»Ich habe riesengroßen Hunger«, sage ich. »Die haben mich einfach da vergessen. Habt ihr mich nicht vermisst?«

»Setz dich und iss«, sagt Atta unbeeindruckt. Warten ist für ihn ein normaler Zustand. »Du bist viel zu ungeduldig.«

Ich seufze nur und ergebe mich innerlich. Irgendwann muss die Sache doch mal vorbei sein. Es ist mir völlig schleierhaft, warum die mich nicht einfach in Islamabad in der BRD-Botschaft abgeben, dann wären sie mich doch endlich los. Warum zögern sie alles hinaus, verstecken mich, drohen mir, machen mir Angst und Heiratsangebote. Pokern die etwa um mich? Auf welchem Basar bin ich hier eigentlich?

Nach dem Mittagessen des 5. April schlage ich die Zeit mit Lesen tot. Atta, Ali und Rulam lehnen mit geschlossenen Augen an der Wand und dösen vor sich hin. Die Tür steht offen, um Durchzug zu haben, denn es ist zur Mittagszeit schon ziemlich heiß in Peschawar.

Leise betritt Asisullah Lodin unser Zimmer und klopft, als keiner ihn bemerkt, an die Tür.

»*Salam aleikum*«, sagt er und lacht, als wir uns alle erschrecken.

»Ich habe Neuigkeiten für dich, Sainab-Kristina«, sagt er lächelnd. »Du kannst mit zu mir nach Hause kommen und bei meiner Familie wohnen, bis die Pakistanis endlich ihr Okay für deine Ausreise geben. Mullah Ahmad Nabi hat das angeordnet.« Dass er auf einer Versammlung der Mudschahedin-Führer aller Parteien schwer um mich gekämpft hat, sagt er mir nicht. Er verrät mir auch nicht, dass seine einzigen Verbündeten die zwei Gesandten Ahmad Shah Massouds waren, die genau wie er meinen Wunsch nach Freiheit respektieren und in mir keine Agentin des *KGB* sehen. Er hatte sie überzeugen können, dass ich tatsächlich nichts weiter wolle, als den Kommunismus hinter mir zu lassen und nach Westdeutschland zu fliegen, um dort zu studieren.

»Wann?«, frage ich ungläubig. »Jetzt gleich?«

Er nickt und sagt: »Pack deine Sachen, unten wartet ein Taxi.«

Ich bin völlig fassungslos. Endlich kann ich aus diesem Haus raus! Ich juble innerlich und beeile mich, mein Bündel unter dem Bett hervorzuholen. Doch im gleichen Moment fällt mir auch schmerzhaft ein, dass es nun Abschied nehmen heißt von meinen Freunden. Abschied für immer. Drei Wochen waren wir Tag und Nacht zusammen, haben gemeinsam Höhen und Tiefen des Lebens gemeistert, waren manchmal dem Tod näher als dem Leben. Das verbindet für immer.

Ich schaue zu Rulam und bekomme Tränen in die Augen. Er sieht so traurig aus, wie man als Mann nur traurig aussehen kann. Seine Schultern hängen nach unten, seine Hände hat er zu Fäusten geballt. Er kann nicht mal meinen Blick erwidern, so sehr kämpft er mit sich. ›Rulam‹, denke ich, ›ich werde dir ewig dankbar sein und dich nie vergessen, solange ich lebe. Du hast dein Leben für mich riskiert, und ohne dich hätte ich hier nicht so lange durchgehalten. Aber ich muss weiter, ich kann nicht bei dir bleiben. Mein Weg ist hier noch nicht zu Ende.‹ Ich versuche ihm diese Gedanken zu übermitteln, und er sieht mich tatsächlich an. Ich lege meine rechte Hand auf mein Herz und kreuze meinen Zeigefinger über meinen Mittelfinger, so wie er es im Flüchtlingslager in *Saman* getan hat. Er dreht seinen Kopf weg zum Fenster und schließt seine Augen.

»Was soll ich mit dem Schleier machen? Soll ich ihn mitnehmen oder braucht ihr ihn noch?«, frage ich geistesabwesend, während ich meine Sachen in eine Plastiktüte hinein sortiere.

»Den nehmen wir wieder mit zurück nach Kabul, er gehört der Frau von Assad-Ullah«, antwortet Ali unbeeindruckt von allem. »Lege dir nur das weiße Tuch über die Haare, das reicht.«

»Und das Kleid, die Hose und die Latschen lasse ich auch

im Bündel«, sage ich, um das aufkommende Chaos in meinem Kopf zu ordnen.

»Ja, ja, lass alles in dem Bündel da liegen, wir kümmern uns schon darum«, sagt er.

»Hier, deine Stiefel«, sage ich zu Ali, als ich sie unter dem Bett hervorziehe. »Leider ist der Reißverschluss ein bisschen ausgerissen. Du musst es im Basar nähen lassen. Putzen müsste man sie auch mal.«

»Das macht nichts, das geht auch so«, freut er sich und nimmt sie in die Hand.

»Atta, kannst du die ganzen Tabletten hier gebrauchen?«, frage ich ihn.

»Ja, lass sie gerade da liegen, ich stecke sie nachher ein.«

»Was ist eigentlich mit meinem Pass?«, fällt mir plötzlich ein. »Hast du den noch?«

»Nein«, antwortet Dr. Lodin an Attas Stelle. »Den haben die Pakistanis.«

Ich zucke mit den Schultern und gebe ihm die Bücher zum Halten. Dann fange ich bei Atta, dem Ältesten, an, mich zu verabschieden. Wir reichen uns die Hände und ich sage zu ihm:

»Atta, du warst mir wie ein Vater. Du bist so weise, so klug, tust alles mit Überlegung, ich hoffe, dass du bald Frieden haben wirst in deinem Land. Ich danke dir bis zu den Sternen und wieder zurück für alles, was du für mich getan hast.«

Auch Atta ist sichtlich bewegt von unserem Abschied. Er bekommt feuchte Augen, umfasst meine Schulter und klopft mir leicht auf den Rücken.

»Alles, alles Gute, Sainabdschan«, sagt er dabei. Ich versuche zu lächeln, aber meine Tränen, meine Gefühle wollen heraus. Mit meinem Handballen wische ich mir über die Augen, bevor ich Ali die Hand zum Abschied reiche. Ich bedanke mich bei ihm für alles, auch für die interessanten Gespräche mit ihm. »Ich habe viel gelernt von dir«, sage ich und lasse seine

Hand wieder los. Mit einem freundlichen Lächeln, das ich vorher bei ihm noch nie gesehen hatte, wünscht er mir viel Glück, und ich solle mich melden, wenn ich in Deutschland bin.

»Ich habe doch gar keine Adresse von euch! Ihr müsst sie mir noch aufschreiben«, sage ich aufgeregt.

Rulam holt geistesgegenwärtig den Zettel von heute Vormittag aus seinem Hemd, reißt ein Stück ab und schreibt schnell die Adresse von sich und seinem Onkel Atta darauf.

Er gibt mir das Stück Papier und sagt: »Ich hoffe, du kannst es lesen.«

»Ja«, sage ich und stecke den Zettel in meine Handtasche.

Dann reiche ich Rulam die Hand und sage leise: »*Chuda hafis, Rulamdschan* – Auf Wiedersehen, lieber Rulam.«

»*Chuda hafis, Sainab asiesam* – Auf Wiedersehen, meine liebe Sainab«, antwortet er genauso leise. »*Dschaiyat chali mebaschad* – Ich werde dich vermissen.«

»Ich dich auch!« Wir sehen uns in die Augen, und ich bin versucht, ihn zu umarmen. Doch ich zwinge mich, es nicht zu tun. Ich weiß, dass ich dann nicht wieder aufhören könnte zu weinen. Auch Rulam macht keine Bewegung und beherrscht sich vollkommen. Ein verrückter Gedanke schwirrt mir durch den Kopf. ›Was wäre, wenn ich doch … – Nein, unmöglich!‹

Hörbar atme ich tief durch, wische meine Tränen weg und folge Dr. Lodin zur Tür hinaus. Atta, Ali und Rulam kommen mit nach unten an das große Eingangstor.

»*Chuda hafis*«, sage ich zu jedem, den ich treffe. »Ich verlasse euch jetzt.«

Eine große Traube von neugierigen Mudschahedin folgt uns zum Tor und sagt mir »Auf Wiedersehen«.

Bevor ich in das Taxi einsteige, drehe ich mich noch einmal zu allen um und hebe ein letztes Mal die Hand zum Abschiedsgruß. Lachend winken einige Männer zurück. Dr. Lodin steigt vorne ein und sagt dem Taxifahrer, wohin er fahren soll. Durch das Seitenfenster des Taxis suche ich mit den Augen Rulam in dieser Menschenmenge. Ich kann ihn nicht gleich finden und bekomme Panik. Als das Taxi anfährt, entdecke ich ihn endlich. Wir sehen uns ein letztes Mal an. Angelehnt an die Hauswand steht er da und beobachtet mich. Er hat den Anhänger meiner Kette in der Hand und hält ihn an seine Lippen. Seine Augen füllen sich mit Tränen, aber er blinzelt nicht einmal. Ich will dieses Bild von ihm in meiner Erinnerung behalten und schließe zum Abschied meine Augen.

Wir werden uns nie wiedersehen.

Dann lehne ich mich in das weiche Polster des Sitzes zurück und lasse meinen Tränen freien Lauf. Ich weine nicht nur um Rulam, weil ich in ihm einen seltenen Freund verliere. Ich weine auch aus Erleichterung, endlich hier wegzukommen. Ich bin erschöpft von all den Gesprächen, Interviews und Bekehrungsversuchen, von dem zweiwöchigen Eingesperrtsein in diesem Haus und von der Anspannung, was mir der nächste Tag, was die Zukunft bringt. Werde ich je irgendwann in Westdeutschland ankommen?

Pressekonferenz

Peshawar, 5.–11.4.1984

Als wir das Haus der Lodins erreichen, habe ich mich wieder gefasst. Ich lasse meinen Kummer im Taxi zurück und verschließe mein Herz. Doktor Lodin sieht mich verständnisvoll an und sagt auf Deutsch: »Es wird schon alles gut werden.«

Eine Woche, vom 5. bis zum 11. April, verbringe ich in der bestbewachten Wohnung von Peschawar. Rund um das Haus und in der Straße sind Mudschahedin postiert, die jeden beobachten, der sich auffällig oder unauffällig dem Haus nähern will.

Asisullahs Mutter, seine zwei Brüder, seine Schwägerin und eine Tante mit ihrem Sohn nehmen mich so überaus herzlich in ihrer Familie auf, dass ich meinen Abschiedsschmerz verdränge. Sie bedauern mich, dass ich so lange in diesem Bürohaus mit so vielen Männern ausharren musste, aber nun wäre ich ja hier bei ihnen und könne bald nach Deutschland.

Die Einladung, bei seiner Familie zu wohnen, löst nicht nur das anstehende Problem mit meinem Frauenleiden, endlich kann ich mich auch mal wieder heiß duschen. Ich spüle den Dreck der vergangenen drei Wochen von meinem Körper und lasse alles durch den Abfluss laufen. Mein Innerstes, meine Seele, jedoch kann ich nicht waschen. Sie wird sich immer und an alles erinnern.

Als ich aus dem Bad komme, fühle ich mich wieder wie ein richtiger Mensch – geborgen in einer Familie.

Dschamila, die Frau von Asisullahs Bruder Esmatullah, erwartet ihr erstes Kind, und wir unterhalten uns oft über ihre Ängste und Sorgen deswegen. Diese kann man nur verstehen, wenn man sich vergegenwärtigt, unter welch widrigen Umständen Frauen in Afghanistan Kinder bekommen und wie hoch die Sterblichkeitsrate ist, nicht nur der Babys, sondern auch der Mütter. Sie wünscht sich ein Mädchen, weil es ihr dann später zu Hause helfen kann, wenn sie vielleicht wieder ein Kind erwartet.

Ich sage ihr, dass es eine gute Überlegung sei, obwohl doch die Väter immer zuerst einen Sohn wollen. Wir beschließen, dass es eigentlich egal ist, Hauptsache das Kind ist gesund und die Mutter lebt.

Am Samstag, dem 7. April, erscheint Olga Svintsova, eine Mitarbeiterin der Organisation *Résistance International* mit Sitz in Paris bei den Lodins. Asisullah und Olga kennen sich zweifellos, sie hat den Deutsch sprechenden Schweizer Journalisten Ruedi Rohr mitgebracht. Die Unterhaltung, die wir führen, wird als Artikel im Magazin *Stern* (Nr. 18/1984) erscheinen. Außerdem zeichnen wir ein Interview für die Sender *Radio Liberty* und *Radio Free Europe* auf, in dem ich die sowjetischen Soldaten auffordere, ihre Waffen niederzulegen und mit dem sinnlosen Morden in Afghanistan aufzuhören. Sie ziehen das ganze, mir völlig unbekannte sensationsjournalistische Programm durch, machen Fotos, während ich esse – als ob ich kurz vorm Hungertod gewesen wäre! Ich bin irgendwie wie vor den Kopf gestoßen und komme mir blöd vor. Zum Abschied wundert sich Herr Rohr noch einmal über meine Geschichte und sagt: »Da habe ich erwartet, eine Topagentin des *KGB* zu treffen, und wen finde ich? Eine verschüchterte Studentin.«

Am 9. April bekomme ich endlich Besuch von zwei Herren der westdeutschen Botschaft. Sie sehen ein bisschen gestresst aus, versichern mir aber, dass sie alles tun werden, damit ich bald nach Deutschland fliegen könne. Im Moment seien ihnen jedoch noch die Hände gebunden, da die pakistanische Staatssicherheit noch nicht fertig sei mit meiner Angelegenheit.

»Muss ich eigentlich politisches Asyl beantragen?«, frage ich skeptisch.

Sie verneinen die Frage.

»Es gibt einen Artikel im Grundgesetz, den Artikel 116, um genau zu sein, wonach auch ein in der DDR geborener Mensch – so wie Sie – Deutscher ist und die gleichen Rechte genießt wie einer, der in der Bundesrepublik geboren wurde. Wenn Sie bei uns in der Botschaft ankommen, stellen wir Ihnen sofort einen bundesdeutschen Pass aus, Sie bekommen ein Flugticket und können in die Bundesrepublik Deutschland fliegen«, erklärt mir einer der beiden Herren.

Ich staune nicht schlecht und erzähle ihnen, dass dies das Druckmittel der *Harakat*-Leute gewesen sei. Ich müsse einen

Asylantrag stellen, der nur schwer bewilligt werden würde, darum wäre es besser, ich würde einen von ihren Kommandanten heiraten.

Sie schütteln den Kopf, wahrscheinlich nicht nur über meine Unwissenheit.

Einen Tag später kommen zwei Herren von der britischen Botschaft, die für den *MI5*, den britischen Geheimdienst, Informationen sammeln und auswerten. Sie machen mir immerhin Mut, dass alles unternommen werde, damit ich baldmöglichst nach *Germany* fliegen könne.

Am Abend des 11. April werde ich mit den Frauen in ein Nebenzimmer geschickt. »Es kommt jemand, der noch nichts von dir wissen darf«, sagt Asisullah Lodin geheimnisvoll zu mir. »Ich muss zuerst mit ihm sprechen.«

Nach einer halben Stunde öffnet er die Tür und bittet mich zu kommen. Ein Mann sitzt auf der Matte im Besucherzimmer und sieht mich mit seinen hellen, blaugrauen Augen an. Ich bin unsicher, wer oder was er ist. Asisullah hatte mir nichts verraten. Angesteckt vom Spionen-Virus bleibe ich skeptisch, ob es nicht ein Agent der DDR-Botschaft oder gar des *KGB* sein könnte. Alles ist möglich hier in Peschawar, alles, auch das Unwahrscheinlichste. Asisullah hatte erst am Vormittag Andeutungen über Spione und Agenten des *KBG* und verfeindeter Mudschahedingruppen gemacht, die in der Stadt nach mir suchen würden. Dabei ist ihnen jede Tarnung, jede Verkleidung recht, ob als Bote oder Bettler, falscher Verschleierter oder falscher Journalist.

Da die Lodins selbst kein Telefon im Haus haben, müssen sie immer zum Nachbarn gehen, um zu telefonieren. Jedes Mal, wenn es klopft wegen eines Anrufes, erschrecken wir uns alle und verstecken uns in der Küche aus Angst vor irgendwelchen Überfallkommados. So gab es auch gestern spät am Abend einen Anruf, dass der pakistanische Geheimdienst mich jetzt abholen wolle, um mich nach Islamabad zu bringen. Es war uns völlig unverständlich, warum die deswegen nachts um 23 Uhr anriefen. Es herrscht ständig eine gewisse Anspannung, die nicht unbegründet ist. Dr. Lodin ist schließlich ein hochrangiger Vertreter der Organisation *Harakte Inqilabe Islami*. Und nun bin ich auch noch bei ihm untergebracht.

Mit den mir verinnerlichten Höflichkeitsfloskeln begrüße ich den Fremden einfach in Dari.

Doch der Mann, der mir da gegenübersitzt, ist das absolute Gegenteil eines Ostagenten. Meine Zurückhaltung ist völlig unbegründet. Er sei Amerikaner, erklärt er mir in fließendem, fast akzentfreiem Deutsch, und Journalist für die Nachrichten-Agentur *Reuters*. Asisullah und Tom Heneghan kennen sich. Am Vormittag hatte er in Islamabad im Reuters-Büro angerufen und Tom gebeten, er solle unbedingt nach Peschwar kommen, es gäbe da eine interessante Sache für ihn. Ohne weiter zu fragen, war er sofort aufgebrochen. Er hatte von der Flucht einer ostdeutschen Studentin gehört und war sich sicher, dass Asisullah ihm darüber Informationen geben würde.

»Wen Asisullah alles kennt«, wundere ich mich nur. Aber wenn es dem afghanischen Widerstand nützt, dann werde ich eben alles noch einmal von vorne erzählen, ich hatte es Atta versprochen. Außerdem scheint mir dieser Journalist hier ein bisschen anders zu sein. Er will nicht nur die Sensationsgeschichte, er ist viel sachlicher als dieser Schweizer, er will Fakten, sucht Zusammenhänge und Hintergründe.

Am nächsten Morgen, es ist der 12. April 1984, sehe ich ihn um zehn Uhr wieder. Er ist eingeladen zur offiziellen Pressekonferenz der Mudschahedin, die in einer Villa in Peschawar stattfindet. Außer ihm und einigen afghanischen und pakistanischen Journalisten ist auch ein schwedisches Fernsehteam anwesend, das gerade über afghanische Flüchtlinge in Pakistan Aufnahmen machen will. Sie dürfen mit mir ein Interview auf Englisch führen, das wenige Tage später im schwedischen

Fernsehen ausgestrahlt wird. Damit ist meine Flucht und mein Verbleib nun öffentlich, und ich soll nach dem Willen des *ISI* so schnell wie möglich außer Landes. Meine »Sache« ist entschieden.

Nach der Pressekonferenz übergibt mir ein Mann meine kleine Ledertasche, die Atta vor fast vier Wochen in Musahee Deh in Verwahrung genommen hatte.

»Sieh nach, ob noch alles drin ist!«, sagt er zu mir auf Englisch.

Ich blättere meinen Pass durch, sehe im Umschlag der Hülle die 20 DM stecken, die mir meine Mutter kurz vor dem Abflug in Schönefeld gegeben hatte, finde auch die Bilder meiner Familie und ein Polaroid-Foto aus Kabul, aber ein Bild ist nicht mehr da: das von Tasa Gul mit zwei seiner Brüder und einem Cousin.

»Ein Bild fehlt, das von Tasa Gul«, sage ich.

»Das behalten wir aus Sicherheitsgründen, es ist besser, wenn du es nicht mehr hast«, ist seine vieldeutige Antwort.

Resigniert zucke ich mit den Schultern, eine meiner Gesten, über die sich schon Rulam während der Interviews immer lustig gemacht hatte. Es gibt eben Momente, wo jede Diskussion sinnlos ist, es keine Argumente mehr gibt, da kann man nur noch mit den Schultern zucken und sich seinen Teil denken.

Danach werde ich, wieder halb verschleiert mit einem großen Tuch, erst noch einmal zu den Lodins nach Hause gefahren. Gemeinsam mit der Familie warte ich dort, bis mich Beamte des pakistanischen Sicherheitsdienstes mit einem Auto abholen. Wieder muss ich Abschied nehmen von liebgewordenen Menschen. Ich drücke Dschamila trotz ihres Bauches ganz fest und wünsche ihr eine glückliche Geburt. Dann bedanke ich mich bei allen anderen der Familie und verlasse sie mit dem Versprechen, im nächsten Jahr wiederzukommen.

Übergabe

Peshawar-Islamabad, 12.4.1984, 13.00 h

Mit einem mulmigen Gefühl in meinem Bauch steige ich in das bereitstehende graue Auto und setze mich neben eine mich freundlich anlächelnde Sicherheitsbeamtin des *ISI*. Vorne sitzen ihr männlicher Kollege und der Fahrer. Mitten auf freier Strecke zwischen Peschawar und Islamabad überholt uns hupend ein Auto und bedeutet uns anzuhalten. Wir wechseln das Fahrzeug und rasen weiter in Richtung Islamabad. Dort halten wir in der Toreinfahrt einer Villa. Hinter unserem Wagen wird ein weiteres Auto geparkt, in das ich nun einsteigen soll. Ich kann mich nur noch wundern und setze mich in das neue Auto um. Die Fahrt geht nun kreuz und quer durch Islamabad, vorbei an blauen Schildern mit der sinnigen Aufschrift »*Keep Islamabad clean* – Halte Islamabad sauber«, was anscheinend auch gemacht wird, denn im Gegensatz zu Peschawar ist hier alles ordentlich, rechteckig und sauber. Kleine weiße Schilder zeigen die Richtungen an, in der diese und jene Botschaft liegt. Das Auto biegt links ab und dann wieder rechts, und plötzlich sagt der mitfahrende pakistanische Sicherheitsbeamte:

»*We will now go to the Russian Embassy, okay?* – Wir fahren jetzt zur russischen Botschaft, okay?"

»*No!!! This is not true!* – Nein!!! Das ist nicht wahr!«, rufe ich aus und sehe schon alle meine Felle davonschwimmen.

»*Ha, ha, just kidding* – ich habe nur Spaß gemacht«, amüsiert er sich über meinen Schock und hört gar nicht wieder auf zu lachen. Ganz offensichtlich ist er heute sehr gut gelaunt.

Wir biegen um die nächste Ecke und nähern uns einem großen eisernen Tor, das sich bei unserer Ankunft wie von Geisterhand öffnet. Beim Hineinfahren entdecke ich das blankgeputzte Messingschild neben dem Tor und lese erleichtert:

»*Embassy of the Federal Republic of Germany* – Botschaft der Bundesrepublik Deutschland«.

Telegramme

islamabad blitz -n-
vd 124

gen. koenig

1.
trotz intensiver bemuehungen bisher nicht gelungen, gespraech mit verantwortlichem vertreter pak. mfaa zu fuehren. auch versuch zustaendige mitarbeiter in privatwohnung zu erreichen (freitag pak. arbeitsfrei) bisher erfolglos. setzen bemuehungen fort, um gespraech entsprechend weisung zu fuehren und verbleib der beck festzustellen.
2.
nur pakistan times auf innenseite und urdu-zeitung jang in ea mit bild berichten 13.4. ueber flucht ddr-studentin beck aus kabul. beck verbreitete gegenueber presse in peschawar am 12.4. verleumdungen ueber ddr, udssr und dra. erklaerte absicht, in brd um ‚politisches asyl' zu bitten.

meier
13.4.

islamabad blitz -n-
vd 125

gen. koenig
ihr vd 00

trotz wiederholter unterstreichung dringlichkeit anlasses einschlieszlich einschaltung generaldirektor, pak. mfaa ermoeglichte erst 16.00 uhr ortszeit gespraech gen. paulo mit direktor (su und osteuropa), nasir mian. gen. paulo darlegt anliegen entsprechend weisung. direktor mian gab vor, trotz berichterstattung in pak. presse, keine kenntnis von sachverhalt zu haben. pak. mfaa muesse erst mit hilfe zustaendiger behoerden sachverhalt klaeren sowie identitaet und tatsaechliche staatsbuergerschaft der beck feststellen. zu veroeffentlichung verleumderischer aeuszerungen der beck in pak. presse erklaerte mian, dasz pak. regierung keine verantwortung fuer auftreten ddr-buergerin uebernehmen koenne und keinen einflusz auf publizierung in presse habe. ddr sollte keine voreiligen schluesse ueber pak. verhalten zu gegebenem vorfall ziehen.
abschlieszend mian zusagte weiterleitung ersuchen ddr zu moeglichkeit eines gespraeches mit ddr-buergerin beck.
da generaldirektor qurban sich ueber vorfall aus presse informiert zeigte, ist reaktion mian offensichtlich auf zeitgewinn gerichtet.
ueber verbleib der beck bisher keine information.

meier
14.4.

Ankunft in Deutschland

An diesem Samstag, dem 14. April 1984, und genau einen Monat nach meinem Verschwinden in Kabul, fliege ich in sicherer Botschaftsbegleitung von Islamabad nach Karatschi. Das Flugticket ist auf einen falschen Namen ausgestellt und hat eine Buchung bis nach London. Aber mein neuer Pass, der ist echt, auch wenn ihn keiner am Flughafen sehen will. Durch ein Seitentor werde ich in einem Kleinbus direkt zur Gangway des aus Tokio kommenden Lufthansa-Flugzeuges gebracht und besteige es ohne pakistanisches Ein- und Ausreisevisum. Die letzte Etappe meiner Flucht lege ich fast allein zurück. Neben mir sitzt ein Steve King aus Kalifornien, der mich löchert, warum ich schon vor allen anderen Passagieren eingestiegen sei. Er hatte durch das Kabinenfenster beobachtet, dass ich mit einer Eskorte bis zur Rolltreppe gebracht worden war und mich dort von einem europäisch aussehenden Mann verabschiedet hatte. Ich erzähle ihm irgendeine Geschichte, aber er lacht nur und fragt und fragt.

»O. k.«, sage ich schließlich, »hier ist der *Dawn* von heute, eine pakistanische Tageszeitung in Englisch. Lies das, dann weißt du, warum.«

Um 2.30 Uhr morgens verlasse ich Pakistan in Richtung Frankfurt. Von der Besatzung ist einzig der Pilot informiert, welch heikle Fracht er in Reihe 27 an Bord hat. Mitten in der Nacht unternimmt er einen kleinen Spaziergang durch sein Flugzeug. Unsere Blicke kreuzen sich kurz, ein winziges Lächeln huscht über sein Gesicht.

Die Landung in Frankfurt ist ein Erlebnis der besonderen Art. Noch Jahre später überwältigten mich die Emotionen, wenn ich auf dem Frankfurter Rhein/Main-Flughafen ankomme, die Räder auf der Landebahn aufsetzen, das Flugzeug heftig abgebremst wird und die Chef-Stewardess ihre Ansage macht: »Herzlich willkommen in Frankfurt am Main ...«

Ein bisschen unsicher darüber, was nun kommt, schiebe ich meinen Pass und einen Zettel von der Botschaft in Islamabad dem Beamten des Bundesgrenzschutzes in seinem Kontrollhäuschen hin. Auf dem mit Schreibmaschine getippten Papier steht, dass man mich nach meiner Einreise zur Sozialstation des Flughafens bringe solle.

»Warten Sie bitte kurz hier an der Seite, bis alle Passagiere kontrolliert sind«, sagt der Mann ungerührt zu mir, nachdem er erst den Zettel, dann meinen neuen Pass und anschließend mich genau gemustert hat.

»Die Sozialstation macht nicht vor elf Uhr auf. Ich bringe Sie erst mal in unser Büro«, erklärt er mir wenig später auf den verschlungenen Wegen des Flughafens. Seine Kollegen begrüßen mich lachend, denn sie freuen sich, dass sie der schon gestern herumschnüffelnden Presse ein Schnippchen geschlagen haben. Keiner erwartet mich zu so früher Stunde in Frankfurt. Sie gratulieren mir zu meiner gelungenen, außergewöhnlichen Flucht, fragen mich, ob ich einen Kaffee haben wolle, und beschließen dann, mich in einen Raum des Transitbereiches, in dem mehrere Doppelstockbetten stehen, zu bringen.

»Sie können sich hier noch ein wenig hinlegen und ausruhen«, sagt einer der *BGS*-Männer zu mir und verschwindet.

Ich suche mir ein Bett in der Ecke und lege mich lang. Aber an Schlaf ist nicht zu denken. Es ist viel zu hell, es gibt viel zu viele unbekannte Geräusche um mich herum, und außerdem bin ich viel zu aufgeregt, um irgendwie auch nur eine Sekunde schlafen zu können.

Endlich ist es elf Uhr.

Auf der Sozialstation werden einige Papiere ausgefüllt, die freundliche Dame fragt mich, ob ich einen Arzt nötig hätte. Ich verneine, denn eigentlich geht es mir gut. Ich bekomme 20 Mark und eine Fahrkarte nach Gießen überreicht. Dort, so erklärt sie mir, befindet sich ein Aufnahmelager für Flüchtlinge und Übersiedler aus der DDR, wo ich erst einmal registriert werden würde. Es sei nicht weit vom Gießener Bahnhof entfernt, ich solle einfach nach dem Weg fragen. Ein Zivildienstleistender begleitet mich zum unterirdischen Bahnhof des Frankfurter Flughafens – und dann stehe ich plötzlich ganz allein da. Es ist zwar nicht gerade der Duft der großen weiten Welt, der mir hier unten um die Nase weht, doch mir wird bewusst, dass ich da angekommen bin, wo ich hinwollte.

»Ich hab's geschafft, ich habe es wirklich geschafft«, sage ich mir immer wieder. Das Warten auf den Zug ist die einzige Verschnaufpause, bevor mein nächster Lebensabschnitt beginnt. Ich brauche ein Dach über dem Kopf, Geld und einen Studienplatz. Alles andere wird sich finden.

Im Notaufnahmelager Gießen werden nicht nur Anmeldeformulare ausgefüllt und von der *CARITAS* Kleider an mittellos einreisende Deutsche wie mich ausgegeben. Ich werde auch von freundlichen Herren des *BND* (Bundesnachrichtendienst), des *MAD* (Militärischer Abschirmdienst) und des amerikanischen Geheimdienstes befragt und durchleuchtet. Obwohl ich ihnen keine tiefgreifenden Neuigkeiten berichten kann, habe ich das Gefühl, dass sie meine Freude über die gelungene Flucht teilen, genauso wie der Leiter des Notaufnahmelagers und seine mir herzlich zugetane Sekretärin. Ich erhalte einen Anruf von Herrn Dr. Todenhöfer, damals Mitglied der *CDU/CSU*-Fraktion des Bundestages, der mich auch im Namen des Außenministers beglückwünscht und andeutet, dass ich ziemlichen außenpolitischen Wirbel verursacht hätte. Ich zucke mal wieder unbewusst mit den Schultern und denke dabei an Rulam. Wo wird der jetzt wohl sein?

Zum Abschluss meiner Gespräche mit den Geheimdiensten bietet mir der Bundesnachrichtendienst an, ständig über mich zu wachen, wenn ich es wünsche. Es bestünde durchaus die Möglichkeit, dass der DDR-Geheimdienst mit mir Kontakt aufnehmen würde und mich zu einer Rückkehr in die DDR zwingen könne. Da ich auf solch eine Begegnung verzichten kann, unterschreibe ich ein Papier, auf dem ich mein Einverständnis zu so einer Überwachung gebe. Ich kann mich nicht erinnern, ob es ein Ablaufdatum hatte.

Ein Journalist des *Stern* kommt mit einem Fotografen ins Lager und macht mich ausfindig. Er legt mir das Manuskript von Ruedi Rohr vor und fragt, ob ich es einmal durchsehen könnte. Ich lese lauter unglaubliche Sachen über Spaghetti auf Afghanisch und finster blickende »Mudsch«, die er sich aus dem Gespräch mit mir zusammengereimt hatte. Dem Journalisten erkläre ich, dass der Artikel ziemlich daneben sei. Kurzerhand nehme ich einen Stift, streiche die Hälfte durch und schreibe meinen Kommentar dazu. Sie bieten mir an, ein neues Interview zu führen, doch dazu kommt es nicht mehr, denn inzwischen hat auch die Konkurrenz erfahren, dass ich in Gießen bin. *Bild am Sonntag* schickt umgehend einen Reporter samt Fotografen ins Lager, um mich mit einem Exklusiv-Vertrag für 2000,– Mark zu kaufen. Ich lehne ab, doch er lässt nicht locker. Ob das Pferd denn eine Stute oder ein Hengst gewesen sei, scheint für ihn sehr bedeutsam zu sein. Ich sehe ihn ungläubig an und verstehe die Welt nicht mehr. Da gibt es einen Krieg, in dem ganze Dörfer ausgelöscht werden, und der fragt mich solchen Quatsch.

Ich beschließe, unter diesen Umständen überhaupt keinen Journalisten mehr zu treffen, und verstecke mich im Büro des Lager-Leiters. Dort begegne ich Herrn Professor Kraus, Ministerialdirigent im Hessischen Sozialministerium. Er erinnert mich irgendwie an Sufi Chak Sar. Seine braunen Augen sind genauso listig, aber sein Gehirn arbeitet mindestens dreimal so schnell wie das von Sufi Chak Sar. Wir unterhalten uns lange und machen schließlich Nägel mit Köpfen. Wenn ich einverstanden sei, könne ich das bevorstehende Osterfest bei seiner Familie verbringen, seinen Bruder Willy (mit Ypsilon), einen Ostasienforscher und Herausgeber eines der wenigen Bücher über Afghanistan, treffen, der mir bei der Entscheidung über meinen zukünftigen Studiengang und -ort behilflich sein würde.

Bis ich mein Zimmer in Heidelberg beziehe, vergehen noch zwei Wochen, die ich im Hause der Familie Kraus verbringe. Auch hier werde ich überaus herzlich aufgenommen, verwöhnt und umsorgt. So gut wie keiner weiß, dass ich in Herkenrath bin. Einzig dem *BBC World Service* gebe ich telefonisch ein Interview in Dari, und am 1. Mai zeichnet Gerhard Löwenthal mit mir ein Interview in Mainz im ZDF-Sendezentrum auf.

Es fällt mir nicht leicht, die sichere, familiäre Umgebung zu verlassen. Doch ich muss endlich auf eigenen Füßen stehen.

Am 3. Mai, dem letzten Anmeldetag für das Sommersemester 1984 an der Universität Heidelberg, schreibe ich mich in Ethnologie, Iranistik und Vorderasiatischer Archäologie ein. Vom Studentenwerk Heidelberg bekomme ich ein Wohnheimzimmer zur Verfügung gestellt. Mein beim BAföG-Amt gestellter Antrag auf ein zinsloses Darlehen inklusive Wohngeld wird schon zwei Wochen später genehmigt. Alles, was ich mir gewünscht hatte, war wunderbarerweise eingetroffen. Ich fühle mich wie auf einer Glückswelle und bin unendlich dankbar dafür.

Am Montag darauf sitze ich in meinen ersten Vorlesungen und Seminaren: Einführung in die Ur- und Frühgeschichte, Vorderasiatische Rollsiegel, Mittelpersisch. Nebenbei muss ich in vier Semestern das Große Latinum nachholen.

Und ich habe noch nicht einmal meine Eltern angerufen. Das schaffe ich erst Mitte Mai. Ich schiebe diesen Anruf vor mir her, wie einen unbezwingbaren Berg, aus Angst vor ihrer Reaktion. Völlig unbegründet, wie sich bei unserem ersten Telefonat herausstellt. Erfreut sind sie natürlich nicht, und sie haben sich vier Wochen lang die größten Sorgen um mich gemacht, bis sie endlich am 14. April in den Nachrichten des Westberliner Radiosenders *RIAS* von dem glücklichen Ausgang meiner Flucht erfahren haben. Doch sie hoffen, dass ich mir alles gut überlegt habe, und wünschen mir alles Gute für die Zukunft.

Das Telefongespräch wird wie alle meine Anrufe aufgezeichnet, und ich kann es, ebenso wie die folgenden Protokolle, 19 Jahre später noch einmal nachlesen, in den Unterlagen der *BstU*, der Bundesbeauftragten für die *Stasi*-Unterlagen.

Operative Personenkontrolle (OPK) »Abflug«

In der Strafsache gegen mich ergeht am 10.4.1984 vom Generalstaatsanwalt der DDR gemäß § 108 der Strafprozessordnung (StPO) der DDR die Anordnung zur Durchsuchung der Räume in 1035 Berlin, Jessnerstraße 60 und die »Beschlagnahme von Gegenständen, die als Beweis dienen können oder der Einziehung unterliegen«.

Unter der Registriernummer XX 736/84 wird von der BV (Bezirksverwaltung für Staatssicherheit) Berlin, Abteilung XX am 30.4.1984 eine OPK (Operative Personenkontrolle) mit dem Decknamen »*Abflug*« angelegt. Ziel sei es, »die näheren Umstände des UGV (ungesetzlichen Verlassens) aufzuklären, begünstigende Bedingungen dafür zu beseitigen und Möglichkeiten für eine Rückführung der B., Kerstin zu prüfen«.

Diese Abteilung schickt »im Zusammenhang mit der operativen Bearbeitung der ehemaligen DDR-Bürgerin Beck, Kerstin« am 21.5.1984 an das Ministerium für Staatssicherheit, HVA XI/5, einen Brief mit der Bitte, »unter Nutzung der inoffiziellen Möglichkeiten … Ermittlungshandlungen in Heidelberg zu prüfen«, um Fragen nach meinem »Studienfortgang,

Umgangskreis, Meinungsäußerungen, Wohnanschrift und speziellen Aktivitäten des *BND* oder anderer Dienste gegen die B.« abzuklären.

Am 28.5.1984 ergeht an das Ministerium für Staatssicherheit, HA III, eine Anfrage zur »Einleitung von gezielten Kontrollmaßnahmen«, um zwei Telefonanschlüsse in Heidelberg zu überwachen.

Die operative Personenkontrolle wird am 14.11.1984 beendet. Im Abschlussbericht vom 5.11.1984 heißt es: »Abschluss OPK, da eine Rückführung der B., Kerstin nicht möglich ist. In der Bearbeitung wurde festgestellt, dass die B., Kerstin unter Mitwirkung des *BND* durch Kräfte der afghanischen Konterrevolution nach Pakistan verbracht wurde, von wo aus sie in die BRD gelangte. Nach ihrem ungesetzlichen Verlassen wurde der Tatbestand durch die bekannte Sendung ›Kennzeichen D‹ des BRD-Fernsehens und durch weitere Massenmedien der BRD ausgeschlachtet. Dabei äußerte B. sich pol. negativ. Im Zusammenwirken zwischen DE der HVA und den LSO der DVRA konnten eine Reihe von an der Straftat beteiligten Personen festgenommen werden.

Die B., Kerstin studiert gegenwärtig Archäologie an der Universität Heidelberg. Da eine weitere Bearbeitung nicht möglich ist, erfolgt die Ablage der OPK in der Abteilung XII, ... [Rest geschwärzt].«

Der Fahndungs- und Untersuchungsvorgang, angelegt am 10.5.1984 unter der Registriernummer XX 810/84 bei der BV Berlin, HA IX, wird am 16.3.1988 mit dem Vermerk »gesperrt« beendet.

Am 16.5.1984 verfügt der Generalstaatsanwalt der DDR, das am 28.3.1984 eingeleitete Ermittlungsverfahren gemäß § 150 Ziff.2 StPO vorläufig einzustellen.

Am 8.10.1987 (einen Tag nach dem 38. Jahrestag der DDR) ergeht die Verfügung des Generalstaatsanwaltes der DDR, das vorläufig eingestellte Ermittlungsverfahren (§ 213 StBG) gemäß Ziffer 3 der Festlegungen des Vorsitzenden des Staatsrates der DDR zum Amnestiebeschluss vom 17.7.1987 endgültig einzustellen. Die Fahndung wird gelöscht, der Haftbefehl aufgehoben.

Eine Wiedervorlage wird für den 8.10.1990 festgelegt.

Am 24.2.1988 ergeht eine Abverfügung durch die Abteilung IX der Bereichsverwaltung Berlin. Der Fahndungsvorgang gegen mich, am 8. Oktober 1987 an die Staatsanwaltschaft von Berlin – Hauptstadt der DDR zur endgültigen Einstellung übergeben, soll in der Abteilung XII archiviert werden. Bei Anforderung der Unterlagen durch andere Abteilungen ist es unbedingt erforderlich, die Zustimmung der Abteilung IX BV Berlin einzuholen.

Im Frühjahr 1985 habe ich ein Einreisevisum für Pakistan in meinem in Islamabad ausgestellten deutschen Pass und fliege, obwohl mir das Auswärtige Amt davon abrät, zusammen mit einem Freund nach Pakistan. Ich hatte den Lodins versprochen, nach einem Jahr wiederzukommen. Dschamila hatte inzwischen ihre kleine Tochter Amina glücklich auf die Welt gebracht. Ich wollte sie unbedingt wiedersehen. Ich erfahre viele Sachen, die mir Asisullah vor einem Jahr verheimlicht hatte. Am meisten trifft mich die Nachricht vom Tod Madschieds. Doch so viel ich auch frage, sie sagen mir nichts über das Schicksal von Rulam, Atta und Ali. Auch wissen sie nicht, was aus Tasa Gul geworden ist.

Sicher war manche Begegnung, die ich in den sieben Wochen in Pakistan hatte, nicht zufällig, und ich habe dem *ISI* eine Menge Arbeit beschert. In ein afghanisches Flüchtlingslager in der Nähe von Quetta wurde ich nicht eingelassen, doch ich habe der Mutter meines Paschtu-Lehrers aus Heidelberg eine Tüte mit Medikamenten und eine Kassette mit einer Nachricht ihres Sohnes übergeben können.

Meine Familie kann ich erst Ende November 1989 in Westberlin wieder in die Arme schließen. Am 22. Dezember 1989 wird durch die Übergangsregierung der DDR auch der Visum- und Umtauschzwang für Einreisen in die DDR aufgehoben, ebenso ergeht eine Amnestie für alle wegen Republikflucht per Haftbefehl gesuchten Personen.

Mit gemischten Gefühlen passiere ich am 24. Dezember 1989 den Grenzübergang Prinzenstraße/Heinrich-Heine-Straße in Berlin und betrete nach über sechs Jahren wieder »das Land, in dem meine Eltern wohnen«. Während ich mit meiner Flucht einen Entwicklungssprung gemacht habe, ist hier die Zeit stehen geblieben. Es ist noch alles so, wie ich es einst hinter mir gelassen habe. Oder auch nicht, denn schließlich gibt es nicht nur für mich eine familiäre Wiedervereinigung, auch Deutschland wird im Oktober 1990 wieder ein einig Vaterland und der Sozialismus wieder zur theoretischen Gesellschaftsutopie.

Epilog

1989 ziehen die letzten sowjetischen Truppen und Berater aus Afghanistan ab. Es folgt ein Bürgerkrieg, in dem sich die einzelnen Mudschahedin-Gruppierungen untereinander bekriegen. *Harakate Inqelabe Islami,* die Islamische Revolutionsbewegung, dessen Gründer der Paschtune Mohammad Nabi Mohammadi war und mit deren Hilfe ich nach Pakistan gelangte, ist 1995 in die Taliban-Organisation eingegliedert worden. Viele ihrer Mitglieder wurden Minister der Taliban-Regierung, die seitdem ein blutiges, religiös-fanatisches, menschenverachtendes Regime in Afghanistan führte. Auch Mullah Mohammad Omar, Mitglied des großen Paschtunenstammes der Ghilzai und geistiger Führer der Taliban, war einmal ein *Harakat*-Kommandant, der seine Unterschrift unter ein Papier setzte, das mir den unbehelligten Grenzübertritt von Afghanistan nach Pakistan ermöglichte.

Ihr Ziel, aus Afghanistan einen islamischen Gottesstaat zu machen, hatten die Taliban bis auf ein Gebiet im Norden und auf das Pandschiertal erreicht. Doch zu welchem Preis! Das Land ist bankrott, die Wirtschaft liegt darnieder, nur der Opiumhandel funktioniert weiterhin hervorragend. Die Frauen werden in die Häuser verbannt, dürfen keinen Beruf mehr ausüben, Mädchen dürfen nicht mehr in die Schule, ein Mann ohne Bart ist kein gläubiger Moslem und kann sofort erschossen werden. Willkür und Anarchie, Selbstjustiz und Zerstörung herrschen im Land.

Versuche einzelner Mudschahedin-Gruppen, 1995 eine Regierung in Kabul zu bilden, scheitern an ihrer Uneinigkeit. Die Hauptstadt wird erobert und wieder verlassen. Bedeutende Kulturgüter wie die Buddha-Statuen im Bamyantal, die für die Idendität und Geschichte eines ganzen Landes stehen, werden am 26. Februar 2001 von fanatischen Taliban-Kriegern zu Staub zerschossen.

Am 9. September 2001 wird der charismatische Mudschahedin-Führer Ahmed Schah Massud von zwei arabisch sprechenden Selbstmordattentätern, die sich als Journalisten einer belgischen Zeitung ausgeben, in seinem Hauptquartier im Pandschiertal in Afghanistan lebensgefährlich verletzt. Kurz darauf stirbt er. Ist es für viele Afghanen ein unvorstellbarer Verlust, für den es keinen Ersatz gibt, so ist es für andere Kräfte, die um die Herrschaft im Land ringen, die Ausschaltung eines Machtfaktors. Zwei Tage später, am 11. September 2001, legen zwei Selbstmordattentate in New York die World-Trade-Center-Hochhäuser und umliegende Gebäude sowie in Washington Teile des Pentagons in Schutt und Asche und begraben fast 3000 Menschen unter sich. Bei einem vierten Flugzeugabsturz an diesem Tag kommen weitere Menschen ums Leben.

Als mutmaßlicher Drahtzieher wird ein Mann aus Saudi-Arabien benannt, Osama Bin Laden. Der hält sich im Grenzgebiet zwischen Afghanistan und Pakistan versteckt und leitet von dort aus ein weltweites Netzwerk des Terrors, genannt al-Qaida, die Wurzel.

Die Suche der Amerikaner nach diesem Mann bringt einen neuen Krieg nach Afghanistan. Unterstützt durch amerikanische Eliteeinheiten und Kampfbomber, gelingt es den Truppen der Nordallianz Afghanistans, die Taliban-Regierung zu zerschlagen und Kabul zu erobern. Die Taliban ziehen sich in ihre paschtunischen Stammesgebiete im Osten und Süden zurück und beginnen sofort, fast schon nach alter Tradition, einen Guerilla-Krieg gegen die neuen Besatzer, der bis heute andauert.

Auf dem Petersberg bei Bonn findet von Ende November bis Anfang Dezember 2001 zehn Tage lang unter der Schirmherrschaft der Vereinten Nationen eine Konferenz zur Bildung einer neuen afghanischen Regierung statt. Diese soll die Grundlagen schaffen für Frieden in einem Land, das 22 Jahre lang erst einem Widerstandskrieg gegen eine Besatzungsmacht und nach deren Abzug im Jahre 1989 einem sinnlosen Bürgerkrieg ausgesetzt war. Am runden Tisch saß auch Dr. Asisullah Lodin.

Zum Präsidenten der neuen Republik Afghanistan wird Hamid Karsai, ein im amerikanischen Exil lebender Paschtune aus der afghanischen Königs-Linie der Durrani, ernannt.

Hoffnung keimte wieder auf in diesem Land, Schleier wurden zaghaft gelüftet, Häuser wieder bewohnbar gemacht, Minenfelder geräumt, Mädchen wie Jungen wieder in die Schule geschickt, Pläne für den Aufbau des Landes geschmiedet, internationale Hilfsorganisationen und Friedenstruppen entsendet. Sogar der über 80-jährige König Sahir Schah kehrte nach fast 30 Jahren Exil in Italien in seine Heimat zurück, um damit ein Zeichen der Zuversicht zu setzen.

Millionen afghanischer Flüchtlinge wagen dennoch nicht die Rückkehr in ihre Heimat. Viele haben sich in den vergangen 25 Jahren eine neue Existenz in anderen Ländern der Welt aufgebaut und wollen mit ihren Familien lieber dort bleiben. Andere sind skeptisch, trauen dem Frieden nicht, der von noch immer aktiven Taliban-Kämpfern und Stammesfürsten mit allen zur Verfügung stehenden Mitteln sabotiert wird. Bürokraten behindern den Wiederaufbau, Gelder verschwinden in dunklen Kanälen, zugesagte Aufbauhilfe wird verschleppt oder nicht gewährt. Nur der Handel mit Rauschgiften, der funktioniert besser als je zuvor, und es wird nichts unternommen, weder von Seiten der afghanischen noch von irgendeiner anderen Regierung, um ihn zu unterbinden.

Dass meine Flucht im Jahr 1984 gelingen konnte, habe ich vor allem meinen vier Begleitern und der Cleverness unseres

Anführers Atta zu verdanken. Er hatte unterwegs nicht ohne Grund entschieden, einen Tag Rast zu machen – der Regen war sicher nur ein Vorwand – oder plötzlich eine andere Route als vorgesehen über die Berge zu nehmen. Dem alten Mann mit dem Esel waren wir wohl nicht zufällig begegnet. Zudem bestand stets die Gefahr von Luftangriffen, russischen Militärposten und räuberischen Überfallen durch Banditen, wie wir sie kurz vor der pakistanischen Grenze erlebten.

Und selbst in Pakistan war lange durchaus nicht sicher, was aus mir werden würde. Durch eine Notlüge Attas entging ich in *Terimangal* der Verhaftung durch selbsternannte Paschtunen-Milizen und den Straßenkontrollen der pakistanischen Polizei.

Für die pakistanische Regierung war ich ein höchst unwillkommenes Sicherheitsrisiko und in ihren Augen auf keinen Fall ein Flüchtling, sondern eine Agentin des *KGB*.

Indem mich Dr. Lodin, Mitglied einer der einflussreichsten afghanischen Familien und damals politischer Berater von Mohammad Nabi Mohammadi, dem Chef der *Harakt e Inqelab e Islami*, schließlich bei seiner Familie in Peschawar einquartierte und mich unter seinen persönlichen Schutz stellte, rettete er nicht nur meine Flucht, sondern auch mein Leben.

Erst nach einer Zusage des damaligen deutschen Außenministers Hans-Dietrich Genscher an die pakistanische Regierung, mich in der Bundesrepublik Deutschland aufzunehmen, hatte ich schließlich Pakistan verlassen können.

Weltpolitik interessierte mich vor zwanzig Jahren wenig. Dass sie geheimdienstlich gesteuert wird, *KGB* und *CIA* vordergründig gegeneinander arbeiteten, im Hintergrund, in den höchsten Ebenen, ihre Aktionen aber abstimmten, dass vieles, was dem *BND* zugetragen wurde, selbstverständlich an die *CIA*, den britischen *MI 5*, den DDR-Geheimdienst und den *KGB* weitergegeben wurde, davon hatte ich keine Ahnung.

Erich Mielke, der Chef der *Stasi*, Markus Wolf und weitere ranghohe Offiziere, die in den Verteilern der Telegramme aus Kabul genannt werden, waren informiert, dass ich mit den Mudschahedin nach Pakistan unterwegs war. *KGB* und *Stasi* deckten die *CIA*-Operation, waren selbst an den Hintergrund-Informationen, die dabei herauskommen würden, interessiert, und gaben nichts an ihre Botschaften in Kabul weiter. Man ließ den DDR-Botschafter Kurt Krüger absichtlich im Unklaren, damit er die Aktion nicht gefährdete. Während ich schon in Pakistan war und in der DDR bereits ein Ermittlungsverfahren wegen Republikflucht gegen mich eingeleitet wurde, glaubten die Mitarbeiter der DDR-Botschaft, ich sei noch in Kabul, hielte mich irgendwo versteckt und wolle einen Afghanen heiraten.

Die von der »Bundesbeauftragten für die Unterlagen des Staatssicherheitsdienstes der ehemaligen Deutschen Demokratischen Republik« mir überlassenen knapp 300 Seiten Unterlagen aus dem Jahr 1984 sind nur die Spitze eines Eisberges. Sie zeigten mir auch die staatsmachtlichen Folgen meiner Flucht: Verhöre, Protokolle, Haft- und Durchsuchungsbefehle, Telefonüberwachung und Observierung meiner Person durch die *Stasi* auch in der Bundesrepublik.

Der afghanische Geheimdienst *Chedamate Aetlaate Daulati* (*ChAD*) nutzte damals ebenfalls die Gunst der Stunde. Unter dem Vorwand der Mittäterschaft bei meiner Flucht verhaftete und beseitigte das Regime Karmal unliebsame, zum Teil völlig unbeteiligte afghanische Geschäftsmänner und verdächtige Personen, die als Untergrundkämpfer tätig sein könnten.

Der dritte Sekretär der amerikanischen Botschaft in Kabul, Richard Vandiver, wurde Mitte April 1984 wegen »antiafghanischer Betätigung« und wenige Monate später auch Gerd Triller, der Konsul der BRD-Botschaft, der zum Zeitpunkt meiner Flucht nicht in Kabul, sondern auf Heimaturlaub war, zur unerwünschten Person erklärt und des Landes verwiesen.

1983/84 arbeitete die *CIA* eng mit Gulbuddin Hikmetyar

und seinen Kämpfern zusammen, unterstützte ihn finanziell und logistisch. Ein taktischer Fehler, wie sich später herausstellte, denn Hikmetyar war kein verlässlicher Partner. Die *CIA* wollte für ihr weiteres Vorgehen in Afghanistan mehr über die Strukturen und Kommunikationswege der zahlreichen anderen Mudschahedin-Gruppierungen erfahren. Dazu sollte nun mein Fluchtvorhaben ausgenutzt werden. Um die Operation »Lapislazuli« erfolgreich durchführen zu können, wurden mit dem *KGB* Absprachen getroffen. In den Tagen meiner Flucht sollten möglichst keine Kampfhandlungen stattfinden. Weder sollte die sowjetische Armee in dem gesamten Gebiet östlich von Kabul, dem Logartal und den Pässen des Hindukusch gegen die Mudschahedin Einsätze fliegen, noch sollten sich in diesem Gebiet die Mudschahedin untereinander bekriegen. Zum Stillhalten wurde Hikmetyar ebenso wie der Mudschahedin-Führer Ahmad Schah Massud, der »Löwe vom Pandschirtal«, verpflichtet wie auch der pakistanische Geheimdienst *ISI,* der in keiner Weise in das Geschehen eingreifen sollte.

Nach meinem Grenzübertritt hatte die *CIA* dann kein weiteres Interesse mehr an mir. Sie hatte die erforderlichen Informationen über das Verbindungs- und Kommunikationsnetz von *Harakate Inqelabe Islami* und konnte sie nun gezielt infiltrieren. Die Hintermänner, Clanchefs und Geheimdienste taktierten mit ihrem neuen Wissen längst um die Machtverteilung im Land nach einem Abzug der Russen.

Wegen interner Meinungsverschiedenheiten der Mudschahedin-Führer verschiedener Parteien wurde ich als Pfand noch zwei Wochen in Pakistan festgehalten. Einige Untergrundgruppen forderten mehr Geld für ihr Stillhalten, und der Kommandant aus *Terimangal* wollte auch nicht so leicht seine Heiratsabsichten aufgeben. Auf einer Versammlung aller Mudschahedin-Führer der ostafghanischen Provinzen wurde über mein Schicksal entschieden. Dr. Lodin und die Berater Ahmad Schah Massuds haben nie an meiner ehrlichen Fluchtabsicht gezweifelt und konnten die anderen Beteiligten dazu überreden, mich ziehen zu lassen.

Heute fliegen noch immer täglich Kampfhubschrauber, Raketen und Granaten durch die afghanische Luft. Es ist das gleiche Szenario wie vor 150 Jahren, als die britische Kolonialmacht versuchte, Afghanistan dem Empire einzuverleiben, oder wie vor knapp 25 Jahren, als eine sogenannte sozialistische Revolution aus der Sowjetunion importiert werden sollte. Noch immer machen die Großmächte ihren Anspruch auf dieses Gebiet geltend. Noch immer rivalisieren die afghanischen Stämme um die Macht in ihrem Land und lassen sich dabei ausnutzen von Organisationen, die unter dem Deckmantel einer Religion die Welt beherrschen wollen.

Alles, jeder Krieg, jeder Putsch, jede terroristische Aktion, jede nationale oder internationale Wirtschafts- und Finanzkrise ist in ein komplexes System eingebunden, miteinander verwoben wie ein riesiges Netz. Solange die Gier nach Macht und materiellen Dingen das Denken der Menschen beherrscht, wird es keinen Frieden geben, weder in Afghanistan noch in Palästina, weder im Kosovo noch im Irak. Es wird weiterhin eine Forschungsanstalt für chemische und biologische Kriegsführung geben, die sich mit der effizienten Tötung von Menschen beschäftigt. Ob Taliban oder al-Qaida, es wird auch immer Menschen geben, die ihnen blind folgen, ohne sie zu hinterfragen.

Dabei braucht man nur die Augen aufzumachen, um zu sehen; nachzudenken, um zu erkennen.

Frieden kann man sich nicht erkaufen. Frieden und Barmherzigkeit, Zufriedenheit und Nächstenliebe beginnen in den Köpfen, den Gedanken der Menschen. Nach einem der zehn Gebote zu leben wäre ein Anfang.

»Du sollst nicht töten.« 2. Mose 20,13

Danksagung

Wie soll man Menschen danken, die ihr Leben verloren haben? Auf dem Rückweg von Peshawar nach Kabul wurden Atta, Ali und auch Rulam kurz hinter der Grenze bei einem Feuergefecht getötet. Ob sie und auch Madschied im versprochenen Paradies angekommen sind, das allein hat ihr Schöpfer entschieden. Ich werde sie nie vergessen, solange ich lebe.

Ich danke ganz besonders Dr. Asisullah Lodin und seiner Familie sowie allen afghanischen Helfern in Afghanistan und Pakistan für ihren Mut, ihr Verhandlungsgeschick, ihre Geduld und Unterstützung bei meiner verschleierten Flucht.

Meinen Eltern danke ich, dass sie nach Bekanntwerden meiner Flucht und trotz erheblicher Beeinträchtigung ihres Lebens stets zu mir gehalten und dafür sogar den Staatsdienst quittiert haben. Auf meine Oma (gestorben am 4. November 2004) bin ich ganz besonders stolz, weil sie sich von den Behörden der DDR nicht hat beeindrucken lassen und hartnäckig auf einer Rentner-Besuchsreise zu mir nach Heidelberg bestanden hat.

Wasir Taniwal, der heute mit seiner Familie in Amerika lebt, danke ich besonders für seine umfassende Unterrichtung in den Sprachen Paschtu und Dari, für alle kleinen Erzählungen und Hinweise über afghanische Traditionen und seine paschtunische Kultur, ohne deren Kenntnis ich mich nicht so leicht in Afghanistan zurechtgefunden hätte – und für seine Loyalität mir gegenüber.

Mein ganz besonderer Dank gilt auch Tasa Gul; du hast zu deinem Wort gestanden, obwohl ich dich enttäuscht habe. Wo auch immer du bist, verzeih mir.

In der Bundesrepublik Deutschland haben mir viele Menschen geholfen, Fuß zu fassen und ein neues Leben zu beginnen. Ganz besonders und an erster Stelle danke ich jedoch Herrn Professor Rudolf Kraus, seiner Frau Gisela und deren Tochter Elisabeth für ihre überaus herzliche Aufnahme in ihre Familie und Herrn Professor Willy Kraus für seine Unterstützung bei der Auswahl der Universität für mein weiteres Studium.

Ich danke dem Auswärtigen Amt, dem damaligen Außenminister Hans-Dietrich Genscher und seinen Beamten in Bonn, Kabul und Islamabad und hier vor allen den Herren Föhl, Altmann und Helmrich für ihre Hilfe und Unterstützung im April 1984. Auch Herrn Dr. Jürgen Todenhöfer, damals Mitglied des Bundestages, danke ich für sein Engagement in meiner Angelegenheit. Ebenfalls gilt mein Dank den Mitarbeitern des Notaufnahmelagers in Gießen.

Ich danke Herrn Gerhard Löwenthal († 6. Dezember 2002) und seinen Mitarbeitern vom »ZDF-Magazin«, die mit Leidenschaft in dieser Sendung auf Missstände in der DDR wie auch auf die in der Welt aufmerksam machten und mich großzügig für ein zehnminütiges Interview entlohnten, um mir damit den Neuanfang in der Bundesrepublik zu erleichtern.

Ich danke Herrn Professor Nadjmabadi, Iranistikprofessor an der Universität Heidelberg, den Herren Professor Karl Jettmar (†), Doktor Peter Snoy und Raziq Palwal vom Südasieninstitut der Universität Heidelberg sowie Herrn Professor Harald Hauptmann, Herrn Professor Dietrich Sürenhagen und Frau Hermine Schäfer vom Institut für Ur- und Frühgeschichte und Vorderasiatische Archäologie und ganz besonders auch Herrn Professor Rainer M. Boehmer vom Deutschen Archäologischen Institut in Berlin-Dahlem, bei denen ich zwischen Mai 1984 und Juni 1989 Vorderasiatische Archäologie, Ethnologie und Iranistik studiert habe und die stets Anteil an meinem Werdegang genommen haben.

Ich hätte gern Herrn Karlheinz Deller, emeritierter Professor am Institut für Sprachen und Kulturen des Vorderen Orients der Universität Heidelberg, bei dem ich einige Semester Assyriologie studierte und mit dem ich vier Jahre lang die Keilschriftbibliographie zusammenstellte, ein Exemplar meines Buches geschenkt. Leider geht das nicht mehr. Im Dezember 2003 hat er sich von dieser Welt auf Erden verabschiedet. Er war es, der in unseren Gesprächen über Gott und die Welt die DDR immer »das Land, in dem deine Eltern wohnen« nannte.

Ich danke Tom Heneghan von der Nachrichtenagentur Reuters für seinen sachlichen Bericht über meine Flucht damals und unseren Kontakt bis heute.

Der Agentur Eggers & Landwehr gratuliere ich zu ihrem Mitarbeiter Thomas Hölzl. Durch sein Zutun und kosmische Gesetze gelangte mein Manuskript in die Hände (und in den Kopf) von Bernhard Suchy, Lektor beim Ullstein-Verlag …

Last, but not least danke ich meinem Mann Smail dafür, dass er immer an mich und dieses Buch geglaubt hat.

Und wem dankt man zum Schluss? Dem Schöpfer aller Welten und seinen unsichtbaren Helfern.

Kerstin Beck

Grundgesetz für die Bundesrepublik Deutschland

vom 23. Mai 1949

XI. Übergangs- und Schlussbestimmungen
Artikel 116
Begriff »Deutscher«, Wiedereinbürgerung

(1) Deutscher im Sinne dieses Grundgesetzes ist vorbehaltlich anderweitiger gesetzlicher Regelung, wer die deutsche Staatsangehörigkeit besitzt oder als Flüchtling oder Vertriebener deutscher Volkszugehörigkeit oder als dessen Ehegatte oder Abkömmling in dem Gebiete des Deutschen Reiches nach dem Stande vom 31. Dezember 1937 Aufnahme gefunden hat.

(2) Frühere deutsche Staatsangehörige, denen zwischen dem 30. Januar 1933 und dem 8. Mai 1945 die Staatsangehörigkeit aus politischen, rassischen oder religiösen Gründen entzogen worden ist, und ihre Abkömmlinge sind auf Antrag wieder einzubürgern. Sie gelten als nicht ausgebürgert, sofern sie nach dem 8. Mai 1945 ihren Wohnsitz in Deutschland genommen haben und nicht einen entgegengesetzten Willen zum Ausdruck gebracht haben.

Strafgesetzbuch der DDR

Paragraph 213

Ungesetzlicher Grenzübertritt
(1) Wer widerrechtlich die Staatsgrenze der Deutschen Demokratischen Republik passiert oder Bestimmungen des zeitweiligen Aufenthalts in der Deutschen Demokratischen Republik sowie des Transits durch die Deutsche Demokratische Republik verletzt, wird mit Freiheitsstrafe bis zu zwei Jahren oder mit Verurteilung auf Bewährung, Haftstrafe oder mit Geldstrafe bestraft.
(2) Ebenso wird bestraft, wer als Bürger der Deutschen Demokratischen Republik rechtswidrig nicht oder nicht fristgerecht in die Deutsche Demokratische Republik zurückkehrt oder staatliche Festlegungen über seinen Auslandsaufenthalt verletzt.
(3) In schweren Fällen wird der Täter mit Freiheitsstrafe von einem Jahr bis zu acht Jahren bestraft. Ein schwerer Fall liegt insbesondere vor, wenn

1. die Tat Leben und Gesundheit von Menschen gefährdet;
2. die Tat unter Mitführung von Waffen oder unter Anwendung gefährlicher Mittel und Methoden erfolgt;
3. die Tat mit besonderer Intensität durchgeführt wird;
4. die Tat durch Urkundenfälschung (§ 240), Falschbeurkundung (§ 242) oder durch Missbrauch von Urkunden oder unter Ausnutzung eines Verstecks begangen wird;
5. die Tat zusammen mit anderen begangen wird;
6. der Täter wegen ungesetzlichen Grenzübertritts bereits bestraft ist.

(4) Vorbereitung und Versuch sind strafbar.

Glossar

Alle Wörter, die in Dari, Paschtu, Urdu oder Arabisch vorkommen, sind in der folgenden Liste der deutschen Aussprache gemäß geschrieben. (Ch wie in Bach)

Afghanis – Landeswährung
Ahmadsai – Volksstamm der Paschtunen
Ali – männlicher Vorname
Ali Cheel – Name eines Dorfes in Afghanistan
Alien – [englisch] Fremder, Außerirdischer
Aman-Ullah – männlicher Vorname, afghanischer Reformkönig 1919–1929
Amani-Lyceum – deutsches Gymnasium in Kabul
ARIANA – [dari] Fluggesellschaft Afghanistans
Assad-Ullah – männlicher Vorname
Atta – männlicher Vorname

Baba – [dari] Väterchen, Opa, auch liebevolle Anrede für Kinder
Badachschan – Provinz im Nordosten Afghanistans mit extrem hohen Bergen und schwer zugänglichen Tälern
BND – Bundesnachrichtendienst

ChAD – siehe Chedamat e Aetelaat e Daulati
Chak Sar – Name, wörtl. Erd-Kopf
Chedamate Aetelaate Daulati – [dari] Staatlicher Nachrichtendienst, Geheimdienst Afghanistans in den 80er Jahren, Abkürzung: ChAD
Cheel – [paschtu] (Volks-)Stamm

Chrysopras – grüner Halbedelstein
Chudawand – [dari] der Herrgott

Dari – afghanische Landessprache, das afghanische Persisch
Daud, M. – afghanischer Präsident v. 1973–1978
DDR – Deutsche Demokratische Republik
D(V)RA – Demokratische (Volks-)Republik Afghanistan
Dschamiate Islami – [dari] Islamische Vereinigung, Mudschahedin-Organisation
Dschamila – weiblicher Vorname
Dschihad – [arabisch] der heilige Krieg der Moslems
Dschinn – [arabisch] böser Geist, Kobold, Dämon
Dschui – [Dari] meist offener Abwasserkanal, zwischen Bürgersteig und Straße
Durand, Sir Mortimer – britischer Diplomat des 19. Jahrhunderts, legte 1892 die Grenze zwischen Afghanistan und Britisch-Indien fest

Ethnie – Volksgruppe

Fatiha – [arabisch] 1. Sure des Korans, die Öffnende

Hadschi – [arabisch] einer der nach Mekka gepilgert ist
Harakate Inqilabe Islami – [dari] Islamische Revolutionsbewegung, Mudschahedin-Organisation
Hezbe Islami – [Dari] Islamische Partei, Mudschahedin-Organisation
Hidschra – [arabisch] Auswanderung des Propheten Mohammed von Mekka nach Medina im Jahre 622 nach Christus, es beginnt die islamische Zeitrechnung
Hindukusch – Gebirge in Afghanistan, Ausläufer des Himalaja
Ho-Chi-Minh-Pfad – Versorgungsweg der nordvietnamesischen Truppen im Krieg gegen die USA. (1964–1975)

Hodscha Nasreddin – türkischer Till Eulenspiegel des 13. Jahrhunderts

ISI – Inter-Services Intelligence, pakistanischer Geheimdienst, unterstützte maßgeblich logistisch, finanziell und materiell die verschiedensten Mudschahedingruppen. Chef von 1980–1987: Generalleutnant Achtar Abdul Rahman Chan

Kaaba – religiöser Mittelpunkt des Islam, Pilgerstätte bei Mekka (Saudi-Arabien)
Kadi – [arabisch] Richter
Kafir – [arabisch] Ungläubiger, Heide
Kalaschnikow – [russisch] Erfinder des gleichnamigen Schnellfeuergewehres AK 47 (1949)
Kalima – die drei Glaubensformeln des Islam
Kamies – afghanisches Überhemd/Kleid, das mindestens bis zu den Knien reicht, bei Frauen mindestens bis zur Wade
Kandahar – Stadt im Süden Afghanistans
KGB – staatlicher sowjetischer Geheimdienst
Koran – Das heilige Buch der Moslems
Kutschie – [Dari/Paschtu] Nomade

Ladschwar – [Dari/Paschtu] Lapislazuli, dunkelblauer Halbedelstein
Logartal – Gebiet südlich von Kabul
Lso – Landessicherheitsorgane

MAD – Militärischer Abschirmdienst
Madschied – männlicher Vorname
Malalai – weiblicher Vorname, legendäre afghanische Kämpferin im 2. britisch-afghanischen Krieg 1880
Masare Scharif – [Dari] Stadt im Norden Afghanistans. In der berühmten Moschee soll sich das Grab von Mohammads Schwiegersohn Ali befinden.

Médecins sans Frontières – Hilfsorganisation »Ärzte ohne Grenzen«
Mekka – Pilgerstätte der Moslems in Saudi-Arabien mit der Kaaba in der Mitte
MfAA – Ministerium für Auswärtige Angelegenheiten
Mudschahed – [arabisch] ein Kämpfer des Dschihad
Mudschahedin – [arabisch] die Kämpfer (Plural)
Muezzin – [arabisch] ruft die Gläubigen zum Gebet
Muhadscher seere tschadri – [Dari] Emigrant/Flüchtling unterm Schleier
Muslima – weibliche Form von Moslem, eine Gläubige

Nasrien – weiblicher Vorname
Naswar – [Dari] afghanischer Kautabak, Rauschmittel aus winzig klein gehacktem Tabak vermischt mit Haschisch oder Opium und Holzasche
Naurus – [Dari] Neujahrstag am 21. März
Nifal – [Dari] auch Nipal, Napalm, vom sowjetischen Militär in Afghanistan eingesetzt
NSW – Nicht-Sozialistische Welt
Nuristan – Gebiet in Nordostafghanistan, sehr gebirgig, die Einwohner wurden erst im letzten Jahrhundert zum Islam bekehrt, halten daneben noch an ihrem traditionellen Glauben, einer Naturreligion, fest
Nuristani – Angehöriger einer der Volksgruppen Nuristans
NWFP – North West Frontier Province, das paschtunische Stammesgebiet in Pakistan

Paktia – östliche Provinz in Afghanistan, gehört zu Paschtunistan
Paratschinar – Grenzort in Pakistan
Paschtu – eine Landessprache Afghanistans
Paschtune – Angehöriger der größten Volksgruppe Afghanistans

Paschtunistan – Land der Paschtunen
Peschawar – Stadt in Pakistan, Provinzhauptstadt der NWFP
Pohantun – [Paschtu] Universität

Rulam – männlicher Vorname, bedeutet »Jüngling«
Rupie – pakistanische Währung

Saddat, Anwar al – ägyptischer Staatspräsident, 1981 ermordet
Sahib – [Hindi/Urdu] Herr, Meister
Sainab – weiblicher Vorname, bedeutet »Reines, schönes Wasser«
Salam aleikum – [arabisch] Friede sei mit dir! Begrüßungsformel
Saman – Ort in Pakistan
Sandali – [Dari] Höckerchen, im Winter mit glühender Holzkohle oder einem Petroleumkocher darunter und einer großen Steppdecke darüber, die man sich bis zum Hals hochzieht, als wärmender Aufenthaltsort genutzt
Sarruna – weiblicher Vorname
Schahied – [arabisch] Märtyrer, gefallen im heiligen Krieg, dem Dschihad
Schurawi – [Dari] Sowjets
Spin Rar – [Paschtu] auch Safid Kuh [Dari] Weißer Berg, Bergkette östlich von Kabul, höchster Berg ist der Sikaram mit 4755 m
StGB – Strafgesetzbuch
StPO – Strafprozessordnung
SU – Sowjetunion
Sufi – religiöser islamischer Mystiker
Sure – [arabisch] surat, Kapitel im Koran

Tadschike – Angehöriger einer Volksgruppe Afghanistans, auch Bezeichnung für Stadtmensch
Taliban – [arabisch] wörtlich Schüler der Koranschule

Tanur – Lehmbackofen für Brot
Tasa Gul – männlicher Vorname, wörtl. »Frische Blume«
Terimangal – Grenzdorf in Pakistan
Tschadri – [Dari] der afghanische Schleier

UNHCR – [englisch] United Nations High Commissioner for Refugees, Der hohe Flüchtlingskommissar der Vereinten Nationen

Wa-aleikum salam – [arabisch] Und mit dir sei Friede! Antwort auf die Begrüßungsformel Salam aleikum
Wallah(i) – [arabisch] Bei Gott! Schwur
Wesir – [arabisch] Minister

Inhalt